Wolfgang Metternich

Begegnungen
am Jakobsweg

Wolfgang Metternich

Begegnungen am Jakobsweg

Kunst · Kultur · Geschichte

Philipp von Zabern

Die Deutsche Nationalbibliothek verzeichnet diese Publikation
in der Deutschen Nationalbibliografie;
detaillierte bibliografische Daten sind im Internet über
http://dnb.d-nb.de abrufbar.

© 2015 by WBG (Wissenschaftliche Buchgesellschaft), Darmstadt.
Die Herausgabe des Werkes wurde durch die Vereinsmitglieder der WBG ermöglicht.
Satz: TypoGraphik Anette Klinge, Gelnhausen
Umschlaggestaltung: Jutta Schneider, Frankfurt am Main
Umschlagabbildung: (oben) Außenansicht der gotischen Kathedrale Santa Maria la Mayor,
    Burgos © picture-alliance / Lou Avers; (unten) Thinkstock / Pasha Patriki
Gedruckt auf säurefreiem und alterungsbeständigem Papier
Printed in Germany

Besuchen Sie uns im Internet: www.wbg-wissenverbindet.de
ISBN 978-3-8053-4830-0

Elektronisch sind folgende Ausgaben erhältlich:
eBook (PDF): ISBN 978-3-8053-4943-7
eBook (epub): ISBN 978-3-8053-4944-4

Inhalt

Vorwort 7

Die Wunder des Apostels Jakobus Der Kult eines Heiligen entsteht 10

Der hl. Jakobus und die Reconquista Der Matamoros 31

Der Weg Wie man zum Ziel gelangt 52

Phänomenologie eines Jakobspilgers Sucher, Büßer, Tourist 69

Kunstdenkmäler am Jakobsweg Europäische Kunst des Mittelalters im Dialog 87

Die Heiligen und ihre Verehrung Die Wallfahrtsorte am Jakobsweg 102

Das Ziel Santiago, die Stadt des Apostels 114

Orden am Jakobsweg Die Funktion der geistlichen Organisationen 129

Sicherheit und Versorgung der Pilger Herbergen, Hospitäler, persönlicher Schutz 147

Sternenweg – Via Triumphalis – Leidensweg Die Spiritualität der Wallfahrt
    nach Santiago de Compostela 159

Santiago – Rom – Jerusalem Die Konkurrenz der Wallfahrtsziele 170

Der Jakobsweg im 21. Jahrhundert Gelebter Glaube und Rummelplatz 182

Literatur 193

Register 201

Vorwort

Der Jakobsweg zieht heutzutage Hunderttausende in seinen Bann. Die Zahl der Pilger, deren Ankunft im Pilgerbüro von Santiago de Compostela bisher offiziell registriert worden ist, hat die Grenze von zweieinhalb Millionen bereits überschritten. Die Pilger kommen zwar in ihrer Mehrheit noch aus Spanien, mittlerweile sieht man aber viele Pilger aus allen Erdteilen der Welt. Die Faszination der Pilgerfahrt zeigt sich auch auf dem Büchermarkt und in den Medien. Die Neuerscheinungen bei den Büchern reißen nicht ab. Ist denn nicht alles gesagt, ist denn Forschung zu diesem Thema überhaupt noch möglich?

Zugleich sieht man den Jakobsweg in einem radikalen Wandel begriffen. Aus einigen beschaulichen Wanderwegen in Europa ist ein weit gespanntes Netzwerk von Jakobswegen geworden, das sich von Russland, der Ukraine und dem Balkan bis nach Santiago de Compostela am anderen Ende Europas erstreckt. Die Massenbewegung auf diesen Pilgerpfaden führt zu neuen Sichtweisen im Hinblick auf die Motive der Pilger und den Charakter des Weges.

Die historische Grundlagenforschung hat wertvolle Erkenntnisse über den Jakobsweg und seinen Endpunkt, das Grab des Apostels Jakobus d. Ä. im Nordwesten der Iberischen Halbinsel, publiziert. Begleitend sind umfangreiche Text-Bild-Bände, Reiseberichte, alte und neue Pilgerführer sowie praktische Ratschläge, wie man seine Pilgerfahrt erfolgreich gestalten kann, vorgelegt worden. Heute ein Gesamtwerk über das Phänomen der Pilgerfahrt nach Santiago zu publizieren, hieße, ein mehrbändiges Kompendium von lexikalischen Ausmaßen in Druck zu geben. Gleichwohl gibt es noch immer Lücken, auch manche Irrtümer harren noch einer präzisen Bearbeitung. So haben – überfällige – neue Untersuchungen zur Baugeschichte der Kathedrale von Santiago gerade erst begonnen; auf das Ergebnis darf man gespannt sein. Andere Ergebnisse der Forschung zum Jakobsweg sind an entlegener Stelle publiziert und dem schnellen Zugriff des interessierten Lesers verwehrt.

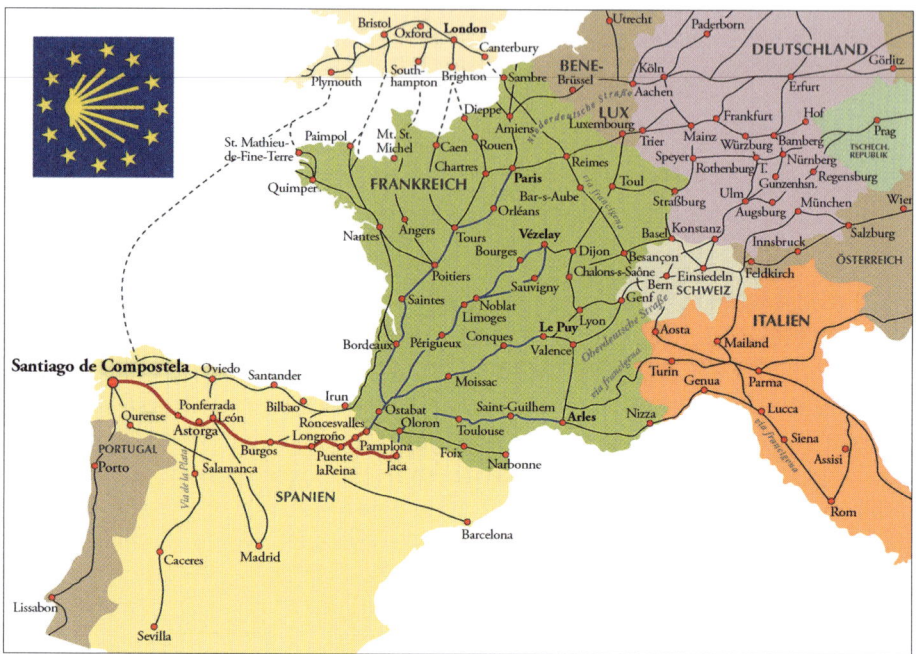

Die wichtigsten Jakobswege in Europa. Die Hauptrouten von Deutschland nach Spanien waren die Nieder- und die Oberdeutsche Straße.

In dem vorliegenden Buch geht es gar nicht so sehr um die Frage, wo denn nun die Gebeine des »wahren Jakob« liegen, in Jerusalem, Santiago oder Toulouse. Das ist Glaubenssache. Es geht vor allem darum, neue Erkenntnisse facettenartig in einem Zusammenhang mit den bisherigen Ergebnissen der Forschung darzulegen. Überraschende Funde bleiben da nicht aus. Auch bisher ausgesparte Themen des Jakobsweges werden erstmals erörtert, womit keinesfalls die Gewissheit verbunden ist, endgültige Fakten dargelegt zu haben.

Die Diskussion der Sachverhalte soll angeregt werden. Darüber hinaus werden neue Herleitungen altbekannter Motive vorgeschlagen, hier und da andere Akzente gesetzt. Einen wichtigen Schwerpunkt bildet die Epoche des ausgehenden 11. und des 12. Jahrhunderts, die Zeit des ebenso überragenden wie zwielichtigen Erzbischofs Diego II. Gelmirez. Auch angesichts der Bewertung seiner Person und seiner Leistungen ist die Diskussion noch lange nicht an ihrem Ende angelangt.

Der Autor hat das Grab des Apostels Jakobus vor mehr als vierzig Jahren kennengelernt, damals noch begleitet von den Klängen einer franquistischen Militärparade unter den strengen Augen des Diktators Franco. Vor zwanzig Jahren begann dann die wissenschaftliche Beschäftigung mit dem Thema, deren Forschungsergebnisse hier vorgelegt werden. Zwei große Wanderungen und viele Reisen auf Jakobswegen in ganz Europa lieferten allmählich das weitere Arbeitsmaterial für das Buch. Dabei haben viele Menschen geholfen, in vielen Begegnungen kam es zum Gedankenaustausch, zu Rat und Hilfe. Die Liste derer, denen der Autor Dank schuldet, ist lang. Das beginnt mit der Familie, welche die Zeit für die Reisen und die Bewältigung der Arbeit am Schreibtisch gerne einräumte, das setzt sich über Reisebegleiter, Kollegen und Ansprechpartner an vielen Orten in Europa fort. Manchmal war es schon eine große Hilfe, wenn nur eine Tür geöffnet wurde. Da gilt vor allem den Kustoden und den Inhabern der Schlüsselgewalt in Spanien, aber auch an vielen weiteren Orten, großer Dank.

Das vorliegende Buch versteht sich als Diskussionsbeitrag. Es soll aber auch jedem, der sich für den Jakobsweg interessiert, Informationen und Anregungen bieten und darüber hinaus auch Freude bereiten. Auf einen aufwendigen Anmerkungsapparat wurde deshalb verzichtet. Stattdessen offeriert das ausführliche Literaturverzeichnis denjenigen, die ihr Wissen über den Jakobsweg vertiefen wollen, weiterführende Anregungen. Zum Thema Jakobsweg ist eine lebhafte Forschung im Gange. Der Leser möge die hier vorgestellten Facetten aus der Begegnung des Autors mit dieser alten Wallfahrt als Anregung zu einer weiteren Beschäftigung mit dem Thema nutzen.

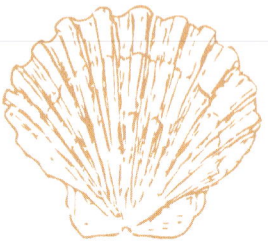

Die Wunder des Apostels Jakobus
Der Kult eines Heiligen entsteht

Die Hunderttausende, die heute alljährlich auf zahllosen »Jakobswegen« dem Grab des Apostels Jakobus in der Kathedrale von Santiago de Compostela zustreben, haben schon bei ihren Reisevorbereitungen, zumindest aber auf den ersten Metern ihrer Wanderschaft ein Problem. Ihr Ziel mag ihnen im Zeitalter von Internet und Navigationshilfen noch einigermaßen klar vor Augen stehen. Ob sie aber eine auch nur annähernd klare Vorstellung von dem Heiligen mit Namen Jakobus haben, der dort in der Kathedrale unter einem Gebirge von Gold und Silber in der Krypta ruhen soll, darf doch sehr in Zweifel gezogen werden.

Ein biblischer Name

Um wen handelt es sich bei Jakobus? In der Bibel ist der Name Jakob oder Jakobus nicht gerade selten. Dabei können wir den Erzvater Jakob aus dem Alten Testament von vornherein ausscheiden. Er wurde noch nie mit den Gebeinen in Santiago in Verbindung gebracht. Es bleiben aber eine ganze Reihe weiterer, im Neuen Testament genannter Personen aus der Umgebung Christi, bei denen sich die Forschung nicht einmal auf eine genaue Anzahl einigen kann. Rolf Legler nennt deren sechs, das von Kurt Hennig herausgegebene *Jerusalemer Bibellexikon* nennt vier, das renommierte *Lexikon der christlichen Ikonographie* (begr. v. Engelbert Kirschbaum, Hrsg. Wolfgang Braunfels) kommt auf drei und Reclams *Lexikon der Heiligen und der biblischen Gestalten* begnügt sich mit zwei Namen.

Die Situation ist ähnlich wie bei den im Neuen Testament in der Umgebung Jesu aufgeführten Marien, von denen mindestens drei, eher aber vier genannt werden, da deren Identifizierung den Theologen bis zum heutigen Tag Schwierigkeiten bereitet. Unstrittig sind unter diesen Maria, die Mutter Jesu, und Maria Magdalena, die Büßerin. Mit anwesend war aber auch Maria, die Frau des Klopas (Kleopas). Außerdem wird noch Maria von Bethanien erwähnt, die aber später ohne jeden Beleg mit Maria Magdalena gleichgesetzt wurde.

Was verbindet nun, außer ihrer Nennung im Neuen Testament, diese Marien mit den biblischen Personen mit Namen Jakobus? Die Antwort macht die Sache nicht einfacher. Die meisten von ihnen sind mit Jesus und damit auch untereinander in irgendeiner Weise verwandt. Die ersten Keime des Christentums sprossen im Kreis der Verwandtschaft Jesu, wobei sich deren Mitglieder durchaus nicht immer nach den Regeln der Nächstenliebe verhielten. Und ein Jakobus, dem dann acht Jahrhunderte später in Santiago de Compostela eine ehrenvolle Grablege bereitet wurde, war mittendrin.

Die Verwandtschaft dieses nur schwer kenntlich zu machenden Jakobus zu den Marien, insbesondere zur Gottesmutter, wirft zusätzlich Probleme auf. Drei Kandidaten mit Namen Jakobus gilt es, genauer zu betrachten. Es geht hier zunächst um den »Herrenbruder« Jakobus, der im Neuen Testament noch am besten bezeugt ist. In ihm einen leiblichen Bruder Jesu zu sehen, stellt die von allen christlichen Kirchen nie bezweifelte Jungfräulichkeit Mariens vor und nach der Geburt des Herrn ganz grundsätzlich infrage. Meist behilft man sich deshalb mit der Aussage, Josef, der Ehemann Mariens, sei vor der Ehe mit ihr bereits Witwer gewesen und habe seine Söhne Jakobus, Judas, Simon, Joses und weitere Schwestern, die im Neuen Testament und in den Apokryphen in der Umgebung Jesu auftreten, mit in die Ehe gebracht. Sie wären dann keine leiblichen Kinder Mariens und somit nur Halbbrüder von Jesus gewesen.

Andere Exegeten bezeichnen diese Geschwister Jesu eher als Vettern, was man mit sprachwissenschaftlichen Argumenten durchaus aus einem auf Aramäisch, der Muttersprache von Jesus, geschriebenen Urtext der Evangelien ableiten könnte. Damit gehören sie zwar zur Verwandtschaft, aber das Problem der unbefleckten Empfängnis von Maria wird so auf elegante Weise umgangen. Diese These geht schon auf die Zeit der Kirchenväter der Spätantike zurück, unter denen der hl. Hieronymus einen besonderen Rang einnimmt. Seine Argumentation deckt sich aber nicht genau mit zahlreichen Stellen im Neuen Testament, in denen die diversen Jacobi erwähnt werden. Die Kontroversen um den »wahren Jakob«, die meist an der Konkurrenz zwischen Santiago de Compostela und St. Sernin in Toulouse festgemacht werden, gehen in der Tat bis in die frühchristliche Zeit zurück. Die Identifizierung des richtigen Jakobus bleibt eine Gleichung mit mehreren Unbekannten, im Gegensatz zu den Lehren der Mathematik jedoch eine, die letztlich nicht aufzulösen ist.

In die engere Wahl kommen – ungeachtet der Tatsache, dass auch sie in der Jakobusverehrung gerne miteinander vermischt werden – in Santiago nach dem »Herrenbruder« Jakobus eigentlich nur die beiden Apostel Jakobus der Ältere und Jakobus der Jüngere. Doch bei der Einreihung der Apostel beginnt schon das nächste Problem. Die zwölf von Jesus berufenen Apostel hat es in dieser kompletten namentlichen Aufzählung nie gegeben. In den frühen Apostellisten finden sich vor dem 5. Jahrhundert eigentlich nur vier bis acht bzw. neun Namen: Petrus, Andreas, Jakobus und Johannes, die Söhne des Fischers Zebedäus, auch Donnersöhne genannt, dazu später Philippus, Bartholomäus, Matthäus-Levi und Thomas sowie der ungetreue Judas Ischarioth. Von diesen wird nach der Auferstehung Matthäus häufig weggelassen und nach Entscheid des Apostelkollegiums durch den »Völkerapostel« Paulus ersetzt.

Von Jakobus dem Jüngeren und dem wahrscheinlich gar nicht zum Kreis der Apostel gehörenden »Herrenbruder« Jakobus findet sich in den frühen Apostelkatalogen kaum eine Spur. Sie werden denn auch vom Kirchenvater Hieronymus zu einer Person zusammengefasst; eine sehr zweifelhafte Auslegung der Schrift, welche die katholische Kirche aber bis zum heutigen Tag akzeptiert. Zumindest werden diese beiden kaum je mit einer Missiontätigkeit in Spanien in Verbindung gebracht, wodurch sie aus dem Wettbewerb um eine Ruhestätte in Santiago de Compostela ausscheiden.

Eindeutig scheint nach den Belegstellen im Neuen Testament nur die Zugehörigkeit Jakobus d. Ä. zum von Jesus berufenen Kreis der Apostel zu sein. Er war wie sein Bruder Johannes, der »Lieblingsjünger« Jesu, ein Sohn des Zebedäus und der Salome, der Schwester von Maria. Die beiden wegen ihres Temperamentes als »Donnersöhne« bezeichneten Anhänger und Verwandte Jesu hatten eine besonders enge Beziehung zu ihrem Vetter Jesus, sei es auf dem Berg Tabor bei der Verklärung Christi oder auch am Ölberg, kurz vor seiner Gefangennahme und Kreuzigung. Wie fast alle anderen Apostel aber fehlt auch Jakobus unter dem Kreuz. Dennoch ist er der hl. Jakobus, dessen Gebeine nach Auffassung der katholischen Kirche und zahlreicher gläubiger Pilger in einem silbernen Schrein unter dem Hochaltar der Kathedrale von Santiago de Compostela zur letzten Ruhe gebettet sind. So ist es zumindest in der Bulle Papst Leos XIII. vom 1. November 1884 zu lesen.

Ein Heiliger für viele Zwecke – Patrozinium und Zuständigkeit

Heilige sind Mittler zwischen Gott und den Menschen. Sie zeichneten sich zu ihren Lebzeiten durch ein vorbildliches Leben im christlichen Glauben, gute Werke, Wundertaten und Bekennermut aus, der in vielen Fällen im Martyrium endete. Märtyrer hatten es leicht, zur Ehre der Altäre zu gelangen. Der Tod konnte als persönliches Opfer für den Glauben in der Nachfolge des Todes Christi am Kreuz verstanden werden, weshalb die Christen schon in der Antike die Überzeugung entwickelten, dass die Märtyrer direkt in den Himmel vor das Angesicht Gottes gelangten. Zu den Märtyrern gehörte auch Jakobus d. Ä., da er während der Herrschaft Herodes Agrippa I. über Judäa vermutlich im Jahr 44 n. Chr. in Jerusalem enthauptet wurde. Aber auch ohne seinen gewaltsamen Tod hätte der Rang eines Heiligen für Jakobus nie infrage gestanden. Als Apostel, zumal als einer derjenigen, die von Jesus gleich zu Beginn seines öffentlichen Wirkens berufen wurden, gab es von den ersten Tagen des jungen Christentums an nie einen Zweifel, dass Jakobus wie auch seine Apostelkollegen weit aus der schnell wachsenden Menge der Christen herausragten.

Ein Verfahren zur Heiligsprechung, wie es die katholische Kirche heute praktiziert, gab es in den ersten tausend Jahren des Christentums ohnehin nicht. Die Christengemeinden und damit das Kirchenvolk bestimmten selbst, wer unter ihnen durch frommen Lebenswandel und besondere Leistungen als Heiliger galt. Einflüsse aus dem antiken Heroenkult waren da durchaus wirksam. Erst ab dem 6. Jahrhundert bedurfte es der bischöflichen Genehmigung, wenn eine feierliche Erhebung der Gebeine eines Kandidaten und ein nachfolgender Totenkult am Grab des neuen Heiligen eingerichtet werden sollten. Schon früh hatten diese neuen Kultorte auch wirtschaftliche Bedeutung. Die Menschen kamen zum Grab des Heiligen, um seinen Beistand zu erflehen, man versuchte Teile, Partikel oder auch Berührungsreliquien des Körpers zu erlangen, Wallfahrten entwickelten sich, Pilger brachten Gaben und Geld. Ein erster Höhepunkt war erreicht, als es nach dem 6. Jahrhundert bald zur Pflicht wurde, in jedem Altar eine Reliquie zu deponieren.

Erst ab dem 10. Jahrhundert zogen die Päpste das Verfahren, Heilige zu kanonisieren, allmählich an sich. Aber noch mehrere Jahrhunderte lang behaupteten auch die Bischöfe das Recht, Heilige zu benennen, wenngleich sich allmählich die Unterscheidung durchsetzte, dass nur die vom Papst anerkannten Persönlichkeiten zu »Heiligen« wurden, während sich die Kandidaten der Bischöfe mit dem Titel eines »Seligen« begnügen mussten. Ein Verfahren zur Heiligsprechung im modernen Sinne etablierte erst Papst Sixtus V. im Jahr 1588, und dieses wurde bis zum Pontifikat Johannes Pauls II. noch mehrfach verändert und verfeinert. Die Kosten eines solchen Verfahrens haben die Antragsteller zu tragen, für den Vatikan eine wichtige Einnahmequelle. Bei 1799 Heilig- und Seligsprechungen allein in der Amtszeit Johannes Pauls II. verzeichnete der Vatikan eine Einnahme von fast 45 Millionen Euro. Weitere rund 1500 Verfahren sind seither anhängig.

Doch kehren wir zurück zu unserem Pilgerheiligen. Jakobus d. Ä. wird als Heiliger und Patron heute fast ausschließlich in Verbindung mit der Wallfahrt auf dem Jakobsweg gesehen. Davon wird auf den folgenden Seiten noch mehr als einmal die Rede sein. Ein Heiliger, zumal einer aus der ersten Garnitur wie Jakobus d. Ä., hat jedoch noch viele weitere Pflichten und Patronate, welche wiederum eine vermehrte Anzahl von Pilgern und Gläubigen zu seinem Grab strömen lassen. Das ist nicht ungewöhnlich, im Falle Jakobus d. Ä. ist die Liste der Zuständigkeiten jedoch besonders lang. Er ist der Patron von ganz Spanien, aber auch der Stadt Innsbruck und vieler weiterer Orte, die den Namen des Heiligen als Ortsnamen führen. Er ist der Patron der Krieger, selbstverständlich der Pilger und Wallfahrer, der Arbeiter, Schröter und Lastenträger, der Seeleute, der Waisen, Hutmacher, Strumpfwirker, Wachszieher, Kettenschmiede, Apotheker und Drogisten, außerdem zuständig für das Wetter, das Gedeihen von Äpfeln und weiterer Feldfrüchte und Helfer gegen Rheumatismus.

Die meisten dieser Patronate sind für uns heute kaum noch nachvollziehbar und bisweilen nur an lokalem Brauchtum ablesbar. So brachten am 25. Juli, dem in der abendländischen Kirche vorwiegend gefeierten Jakobstag, die Bauern die ersten Äpfel zum Markt, ein Grund, dem Heiligen für eine gute Ernte zu danken. Als Patron der Seeleute ist der hl. Nikolaus von Myra wesentlich bekannter. Das Patronat des Jakobus dürfte daher eher die vielen Pilger im Auge gehabt haben, die von den Britischen Inseln, der Kanal- und der Atlantikküste auf kurzem Weg die gefährliche Seereise nach Nordspanien und weiter nach Santiago wagten.

Zum Patron der Krieger wurde er im Verlauf der spanischen Reconquista, der Wiedereroberung der nach 711 muslimisch gewordenen Gebiete der spanischen Halbinsel ab etwa 718. Hiervon und von der Rolle des Apostels Jakobus ist im folgenden Kapitel ausführlich die Rede. Zu Beginn der erst in der Neuzeit als »Reconquista« bezeichneten kriegerischen Auseinandersetzungen der christlichen Königreiche im Norden mit muslimischen Gegnern spielte der Apostel Jakobus keine Rolle. Er war nach der fragwürdigen Erhebung seiner Gebeine zu Beginn des 9. Jahrhunderts ein lokaler Heiliger, der nach dem Gebot Christi seinen Feinden verzieh. Zum Kriegerheiligen wurde er, nach dem erhöhten Druck durch die Invasionen der Almoraviden und Almohaden und nicht zuletzt durch den Einfluss der Ritterorden, erst ab dem 12. Jahrhundert, machte in seiner neuen Rolle allerdings rasch Karriere.

Wie erkennt man einen Apostel? – Gestalt und Typus

Doch zunächst werfen wir einen Blick auf die vielfältigen Erscheinungsformen des Apostels. Da stellt sich die Frage, woran man einen Apostel erkennt, wie er sich von anderen Heiligen unterscheidet. Wir kennen die Apostel in ihrer bildlichen Darstellung sowohl als Kollegium wie auch in zahllosen Einzeldarstellungen. Die bekannteste kollegiale Darstellung ist das letzte Abendmahl, das die Apostel gemeinsam mit Christus einnehmen. Sehr schöne frühe Beispiele sind die Kuppelmosaiken im Baptisterium der Orthodoxen, auch Neonbaptisterium genannt, aus dem 5. Jahrhundert und im Baptisterium der Arianer, beide in der an herausragenden Mosaiken so reichen Stadt Ravenna. Sie zeigen die Taufe Christi im Jordan, in einer Reihe darunter die zwölf Apostel.

Im Baptisterium der Orthodoxen haben die Figuren den Vorteil, namentlich gekennzeichnet zu sein, sodass die einzelnen Apostel erkennbar sind. Dennoch sehen sie alle nahezu gleich aus. In feierliche Gewänder gekleidet, tragen sie in ihren nach damaligem liturgischem Brauch verhüllten Händen Märtyrerkronen. Nur bei genauem Hinsehen erkennt man unterhalb der Taufszene mit Johannes dem Täufer und Christus die beiden Apostel Petrus und Paulus, deren herausgehobene Bedeutung im Apostelkollegium schon damals unbestritten war. Petrus ist als älterer Mann mit Bart dargestellt, Paulus mit schmalem Gesicht und hoher Stirnglatze wiedergegeben. Das war im 5. Jahrhundert möglicherweise eine noch lebendige Erinnerung an ihr tatsächliches Aussehen. Die späteren Attribute, der Schlüssel für Petrus und das Schwert für Paulus, fehlen noch. Alle anderen Apostel sehen gleich aus.

Betrachten wir in diesem Kreis Jakobus d. Ä., eine der herausragenden Persönlichkeiten unter den Aposteln, so sehen wir ebenfalls keinen

Unterschied. Reiches Gewand, kurz geschnittene Haare, die Andeutung eines Kinnbartes und die Märtyrerkrone. Stünde nicht sein Name bei der Gestalt, so könnte es auch jeder andere der engsten Gefährten Jesu sein. Wie in Ravenna ist es auch in den Kirchen von Rom und an anderen Orten des spätrömischen Reiches. Im Unterschied zu den Märtyrerkronen von Ravenna können die Apostel Buchrollen, später auch die am Ende der Spätantike aufkommenden gebundenen Bücher als Zeichen ihrer Lehrbefugnis im Glauben tragen. Voneinander unterscheidbar sind sie neben den »Apostelfürsten« Petrus und Paulus nicht. Mitunter wurden die Apostel in der Gegenwart Jesu sogar nur als zwölf Schafe – ein Hinweis auf den guten Hirten Christus – oder als die zwölf Sternzeichen, die das ganze christliche Jahr symbolisierten, dargestellt. Das sollte sich in den folgenden Jahrhunderten nur sehr langsam ändern.

Bei der Kennzeichnung der Apostel trat bald eine weitere Schwierigkeit auf. In der östlichen Reichshälfte des römischen Reiches, aus der ab dem 6. Jahrhundert das byzantinische Reich hervorgehen sollte, wurde der Primat der Nachfolger Petri, der Bischöfe von Rom, vor allem von den selbstbewussten Patriarchen in der Kaiserstadt Konstantinopel, aber auch von den Patriarchen in Jerusalem, Antiochia und Alexandria frühzeitig bestritten. Das zielte nicht auf den Rang Petri innerhalb des Apostelkollegiums, wohl aber auf die sich steigernden Ansprüche seiner Nachfolger in Rom, das nach den Gotenkriegen des 6. Jahrhunderts in steilem Niedergang begriffen war.

Auch hielt man in der Ostkirche zwar an der Zwölferzahl der »Gesandten« – das ist die eigentliche Bedeutung des Begriffs Apostel – zur Verkündigung des Glaubens fest, die offizielle Namensreihe war jedoch schon bald eine völlig andere. Wie im Westen zählte man in der griechischen Apostelreihe die ersten acht Namen in der gleichen Weise: Petrus, Paulus, Andreas, Thomas, Philippus, Jakobus d. Ä., Simon, Bartholomäus, ergänzte das Zwölferkollegium aber durch die vier Evangelisten Matthäus, Markus, Lukas und Johannes. Die erst im 11. Jahrhundert endgültig vollzogene Trennung der orthodoxen von der abendländischen Kirche zeichnete sich schon frühzeitig ab. Es ist deshalb kein Wunder, wenn sich Pilger aus den beiden Hemisphären zwar in Jerusalem und auch in Rom an den Gräbern der Apostelfürsten, bis auf wenige Ausnahmen aber eher selten in Santiago de Compostela trafen.

Die westliche Apostelreihe hingegen verfeinerte sich in den folgenden Jahrhunderten, wobei man auch das Problem der dreizehn Apostel nach der Zuwahl von Matthias und Paulus für den abtrünnigen Judas Ischarioth in den Griff zu bekommen versuchte. Paulus gehörte seit der Zeit der Apostelgeschichte, also erst nach der Kreuzigung und der Auferstehung Jesu, durch seine Missionsreisen und seine ausgedehnte Lehrtätigkeit als »Völkerapostel« zwar unbestritten zum Apostelkollegium. Beim letzten Abendmahl aber konnte er aus eben diesen Gründen nicht gezeigt werden. Also wurden Matthäus/Matthias herangezogen. Sie wurden kaum merkbar bei Bedarf miteinander verschmolzen, sodass beim Abendmahl die Zwölferzahl erreicht wurde, später aber Paulus seinen Platz im Apostelkollegium ungehindert einnehmen konnte. Blieb noch der ebenfalls in der Apostelgeschichte erwähnte Barnabas, auch Josef genannt. Er wurde mal mitgezählt, mal wieder nicht, sodass seine Zugehörigkeit zu den Aposteln bis heute nicht recht geklärt ist. Mit Blick auf die Auswahl der diversen Träger des Namens Jakobus ist das in der abendländischen Kirche ein zwar erstaunliches, aber kein ungewöhnliches Verfahren.

Die früheste Kennzeichnung betraf Petrus und Paulus, deren Symbole Schlüssel und Schwert waren. Sodann unterschied man die Gefährten Jesu nach ihrem Dienstalter, d.h. dem Zeitpunkt ihrer Berufung. Neben Petrus waren dies in der Gruppe der Erstberufenen Andreas, dessen bekanntes Attribut das diagonale Andreaskreuz wurde, sowie Jakobus d. Ä. und der Evangelist Johannes. Von diesen wurde der Lieblingsjünger Johannes in der Regel jung, bartlos und mit Schlange und Kelch dargestellt, während die Symbole des Jakobus der Pilgerstab, der Pilgerhut und die Muschel wurden. Diese werden uns noch mehrfach beschäftigen.

Zur zweiten Gruppe der von Jesus zu Beginn seiner Lehrtätigkeit berufenen engsten Anhänger zählen Philippus mit dem Attribut des Kreuzes, Bartholomäus, der das Messer, mit dem ihm die Haut abgezogen worden sein soll, vorzeigt, und Levi-Matthäus, der üblicherweise mit Beil, Messlatte und Winkelmaß abgebildet wird. Abgesehen von den Attributen reicht so weit auch die Übereinstimmung mit der griechischen Apostelliste. Die dritte Gruppe umfasste dann Jakobus den Jüngeren, dessen Symbol die Walkerstange wurde, Judas Thaddäus, als dessen Attribute wechselweise oder auch gemeinsam das Beil, eine Keule, die Hellebarde sowie Steine erscheinen, Simon Zelotes mit Säge und Beil sowie Judas Ischariot mit dem Münzbeutel, in dem er die dreißig Silberlinge für den Verrat an Jesus verwahrte.

Die noch überzähligen Matthias und Barnabas wurden, wenn überhaupt, mit Beil und Lanze sowie beide mit Steinen abgebildet. Die Werkzeuge stehen für die Marterinstrumente, mit denen die Apostel zu Tode gebracht worden sein sollen, weshalb sie in Ravenna auch mit der

Märtyrerkrone dargestellt werden. Bis auf die Enthauptung des nun in Santiago verehrten Jakobus d. Ä. ist über das weitere Wirken der meisten Apostel und auch über ihre angeblichen Martyrien kaum etwas bekannt. Die frommen Legenden aus späterer Zeit überwiegen hier bei Weitem die sehr wenigen gesicherten Tatsachen aus der ersten Zeit des Christentums. Festzustellen sind jedoch bei den Marterwerkzeugen die zahlreichen Anleihen der Apostel untereinander, ein Bestreben, das wir auch bei der Begründung einer eigenen Ikonografie für Jakobus d. Ä. feststellen können. Wenden wir uns also wieder dem Jakobus von Santiago de Compostela zu.

Der »wahre Jakob«

Die Darstellung der Apostel ohne Attribute, allenfalls mit Buch oder Schriftrolle, währte bis ins Hohe Mittelalter. Die Kennzeichnung der Apostel durch Symbole setzte sich nur langsam durch. Hinzu kommt, dass sich im Abendland die Skulptur, einer der Hauptträger der Bildsprache im Hohen Mittelalter, erst in der zweiten Hälfte des 11. Jahrhunderts erneut zu einem eigenständigen und bedeutenden Medium der bildenden Kunst entwickelte. Da wirkte die Abneigung der Kirche gegen die antike Großplastik, die fast ausschließlich heidnische Götter und Heroen, aber auch Kaiser, Feldherren und Senatoren, kurz, die Verfolger und Feinde der ersten Christen darstellte, noch sehr lange nach. Und so treffen wir auch Jakobus d. Ä. zunächst nur als Apostel mit Buch, aber ohne Muschel und die weiteren Kennzeichen des Pilgers. So ist er an der Porte Miègeville der Abteikirche von St. Sernin in Toulouse vom Ende des 11. Jahrhunderts und sogar in fast identischer Weise an der kurz darauf entstandenen Puerta de las Platerías an der Kathedrale von Santiago de Compostela dargestellt.

Die beiden Reliefs sind nicht nur wegen der noch fehlenden, einhundert Jahre später aber allgemein üblichen Symbole des Apostels interessant. Sie verweisen auch auf einen harten Wettbewerb zwischen den beiden Kirchen in Toulouse und Santiago. Es ging um nichts weniger als die Frage, wer denn nun im wirklichen Besitz des »wahren Jakob« sei. Diese Rivalität, in der es natürlich auch um die Lenkung der Pilgerströme und der damit verbundenen Einnahmen ging, dürfte in den gigantischen Ausmaßen der gleichzeitig mit der Kathedrale von Santiago errichteten Kirche von St. Sernin ihren Ausdruck gefunden haben. Darüber hinaus reklamierten auch die Armenier in ihrer Jako-

Santiago de Compostela, Kathedrale, Puerta de las Platerías, Jakobus der Ältere, um 1100.
Toulouse, St. Sernin, Porte Miègeville, Jakobus der Ältere, um 1100.

buskirche in Jerusalem, dem Ort des bezeugten Martyriums von Jakobus, die begehrten Gebeine für ihr Gotteshaus. Das musste vor allem
die Pilger, die sowohl Jerusalem als auch Santiago de Compostela aufsuchten, doch etwas irritieren.

Zum Titelheiligen des Gotteshauses in Toulouse, das noch heute
über einen Reliquienschatz mit Relikten von 175 Heiligen verfügt,
wurde jedoch der Bischof Saturninus (Sernin), der im 3. Jahrhundert
dort das Martyrium erlitt. Gegen diesen bedeutenden Lokalheiligen
konnten sich die viel später aufgetauchten Gebeine eines Jakobus nicht
durchsetzen. Im Gegenteil, im Mittelalter wurde der Kult des Saturninus derart ausgeweitet, dass er zu einem fast apostelgleichen Heiligen
wurde. Der Kampf um die Gunst der Pilger wurde mit allen Mitteln
geführt. Die Nachweise, dass die Gebeine des Jakobus in St. Sernin in

Toulouse ihre letzte Ruhestätte gefunden hätten, sind aber noch dürftiger als ihre Lokalisierung in der Krypta von Santiago. Karl der Große soll die Reliquien St. Sernin geschenkt haben. Woher er sie erhalten hatte, wird in der Überlieferung nicht weiter ausgeführt.

Da in mancher Legende ein wahrer Kern steckt, ist eine solche Stiftung durch Karl den Großen noch nicht einmal ausgeschlossen. Es könnte sich aber auch um den Apostel Jakobus den Jüngeren, den Sohn des Alphäus, gehandelt haben. Zwischen den beiden Aposteln mit diesem Namen wurde im Mittelalter nicht immer genau unterschieden, wenn aber, dann galt der in Santiago verehrte Jakobus d. Ä. immer als der bedeutendere Apostel. Die Nähe des Jakobus zu Karl dem Großen aber geht ausgerechnet auf eine legendenhafte Überlieferung aus Santiago selbst zurück, wo im vierten Buch des *Codex Calixtinus*, dem sog. *Pseudo-Turpin*, von den Taten Karls des Großen in Spanien, seinen Kämpfen gegen die Mauren und seinen reichen Zuwendungen an die Kirche über dem Jakobusgrab die Rede ist – immerhin mehr als 20 Jahre, bevor das Apostelgrab überhaupt entdeckt wurde. Die Absicht des *Pseudo-Turpin* ist klar. Der hoch angesehene Kaiser Karl der Große sollte im 12. Jahrhundert, als die Kämpfe gegen die muslimischen Almoraviden und Almohaden zeitweise auf des Messers Schneide standen, zum frühen Vorkämpfer der Reconquista, der mehrere Jahre in Spanien verbrachte und auch Santiago besuchte, stilisiert werden. Die historischen Tatsachen sprechen eine andere Sprache. Karls Spanienfeldzug war letztlich ein Desaster und endete mit der Niederlage seiner Nachhut gegen die Basken am Pass von Roncesvalles. Immerhin versuchte man in Toulouse, die Karlslegende für die Aufwertung der Kirche von St. Sernin in Toulouse zu instrumentalisieren.

So dubios die Herkunft auch war, das Stiftskapitel von St. Sernin konnte, wie an weiteren Orten auch, der Versuchung nicht widerstehen, die Ruhestätte des Apostels bis ins 16. Jahrhundert hinein für sich zu beanspruchen. Der Besitz einer bedeutenden Reliquie, wozu ein leibhaftiger Apostel allemal zählte, glich im Mittelalter einer Lizenz zum Gelddrucken. Am Ende des 11. Jahrhunderts stand die Wallfahrt nach Santiago auch außerhalb Spaniens bereits in einer ersten Blüte, und die Versuchung war deshalb in Toulouse groß, an dem Geld und den Gaben, die von den Pilgern zum Grab des Apostels gebracht wurden, zu partizipieren. Toulouse lag an der von der Provence ausgehenden *Via Tolosana*, einem der im *Codex Calixtinus* ausgewiesenen Hauptwege nach Santiago de Compostela. Vielleicht konnte man ja einige Pilger auf dem Weg zum »wahren Jakob« in Toulouse davon überzeugen, auf die noch vor ihnen liegenden fast 1000 Kilometer nach Santiago zu verzichten. Abgesehen von einigen Impulsen für einen der großartigsten romanischen Kirchenbauten Frankreichs hatten diese Bestrebungen aber keinen Erfolg. Die Pilger zogen weiter.

Immerhin sind nicht nur an den beiden monumentalen Reliefs an der Porte Miègeville in Toulouse und an der Puerta de las Platerías sowohl enge Beziehungen als auch die Konkurrenz zwischen den beiden Pilgerzielen ablesbar. Auch die beiden Kirchen wurden, St. Sernin vermutlich zwischen 1073 und 1076, Santiago zwischen 1075 und 1078, nach dem gleichen Konzept begonnen. Von diesem sog.»Pilgerkirchentypus« wird in den folgenden Kapiteln noch die Rede sein.

Verweilen wir noch einen Augenblick bei der Gestaltung dieses frühen Jakobus-Typus an den beiden genannten Orten. Stünde nicht eindeutig in den Heiligenscheinen der beiden der Name »Jacobus«, käme kein Mensch auf den Gedanken, in den Reliefs diesen Apostel erkennen zu wollen. Die Inschrift in Toulouse ist leicht verstümmelt, lautete ursprünglich aber wohl »IACOB(BUS) APLS« (Apostolus), während in Santiago eindeutig »IACOB ZEBEDEI«, also »Jakobus Sohn des Zebedäus« zu lesen ist. Es handelt sich daher mit einiger Sicherheit um Jakobus d. Ä., den engen Gefährten Jesu. Begleitet werden die beiden rechts und links von knospenden Baumstämmen, die aus kelchartigem Blattwerk emporwachsen. In Toulouse scheinen diese Stämme oben von zwei löwenartigen Monsterköpfen verschlungen zu werden, während sie in Santiago von kleinen Blattkronen abgeschlossen werden, von denen die linke vollständig erhalten ist. Eine Deutung ist nicht ganz einfach. Die Erklärung, dass es sich hier um Symbole des Glaubens handele, der stets von den Mächten der Finsternis bedroht sei, erscheint nach den Ausführungen in der jüngsten Monografie zu St. Sernin (Cazes, Saint Sernin de Toulouse, 2008) nicht ganz abwegig. Mit Blick auf die zahllosen, mit sexuellen und erotischen Motiven aufgeladenen Bildwerke entlang des Jakobsweges ist jedoch auch eine phallische Deutung der Baumstämme, die oben im Verschlungenwerden durch dämonische Mächte ihren Ausdruck findet, nicht ganz abwegig.

Ein direkter Bezug zur Pilgerfahrt ist bei beiden Reliefs, sieht man von der klaren Namensgebung einmal ab, nicht zu erkennen. Eine klare und zugleich differenzierte Ikonografie des in Santiago verehrten Apostels Jakobus entwickelt sich aber schon bald darauf im 12. Jahrhundert. Vor allem die spanische Forschung unterscheidet zwischen drei bzw. vier Typen, die sich bis zum Beginn des 13. Jahrhunderts herausbildeten. Da ist zunächst der bereits angesprochene ältere Apostel-

Ourense, Kathedrale, Pórtico de Paraíso, Jakobus der Ältere mit Schwert, zwischen 1218 und 1248.

typ mit Buch oder Schriftrolle, bisweilen zwischen zwei Baumstämmen oder auch Palmen stehend. Die Palmen sind ein Symbol für das Martyrium des Apostels, wie es für das Jahr 44 n. Chr. einigermaßen zuverlässig berichtet wird. Allerdings fehlt fast immer das behauptete *cruz primacial con doble travesaño*, in Mitteleuropa als Lothringer-Kreuz bekannt, das Jakobus als den ersten Erzbischof von Spanien charakterisieren soll.

Der zweite Typ ist wesentlich häufiger anzutreffen, auch außerhalb Spaniens. Es handelt sich um den sitzenden Heiligen, der eine Schriftrolle oder ein Buch und einen Stab in den Händen hält. Die bekanntesten Beispiele finden sich in der Kathedrale von Santiago de Compostela selbst. Am Mittelpfeiler des Hauptportals, dem berühmten Pórtico de la Gloria, das in der Zeit zwischen 1168 und 1188 unter den Händen und unter der Leitung von Meister Mateo und seiner Werkstatt entstand, ist er in Lebensgröße mit Schriftrolle und T-Stab dargestellt. Mateo schuf mit hoher Wahrscheinlichkeit auch die Sitzfigur des hl. Jakobus auf dem Hochaltar der Kathedrale, die allerdings seit der Neugestaltung des Altarbereichs und der Krypta in der zweiten Hälfte des 17. Jahrhunderts unter einem Gebirge von Gold und Silber erdrückt zu werden droht. Jakobus wird auf der Schriftrolle als Patron Spaniens bezeichnet, was zu dieser späten Zeit keine besondere Neuerung war.

Der Pórtico de la Gloria, ein schon von der beginnenden Gotik beeinflusstes Meisterwerk mittelalterlicher Skulptur, fand schnell Nachfolger, zunächst in Galizien, in der näheren Umgebung von Santiago. Der zwischen 1218 und 1248 entstandene Pórtico de Paraíso, das Westportal der Kathedrale von Ourense, die auch in weiteren Teilen Übernahmen aus der Kathedrale von Santiago vorweist, sitzt der Heilige ebenfalls vor dem Mittelpfeiler des Portals, nur dass er hier statt Schriftrolle und Stab ein geöffnetes Buch und ein Schwert vorweist. Die Art, wie er dem Betrachter das Schwert vorzeigt, lässt schließen, dass hier das Marterinstrument, mit dem der Apostel enthauptet wurde, gemeint ist und nicht das Schwert des späteren Maurentöters. Es liegt jedoch beim Betrachter, sich für eine Deutung zu entscheiden.

Der sitzende Jakobus ist in ganz Europa vorzufinden. Er stellt bereits einen Mischtypus dar. Einerseits wird er meist, wie der ältere Aposteltypus, mit Buch und Stab, aber auch des Öfteren mit Pilgerhut, Muschel und Pilgerstab dargestellt. Das ist kaum vor dem 15. Jahrhundert der Fall, als die Jakobuswallfahrt im Spätmittelalter eine letzte Blüte erlebte. Man kann jedoch nicht davon ausgehen, dass all diese Sitzfiguren einzig von ihren Vorbildern in der Kathedrale von Santiago beeinflusst wurden. Ebenso haben andere, ebenfalls sitzende Heiligenfiguren teils das Vorbild für den sitzenden Jakobus geliefert, teils auch wesentliche Charakteristika vom sitzenden Jakobus übernommen. Zu den Vorbildern zählen zweifellos »Christus als Weltenrichter« oder der sog. »Wundmale-Christus« auf den zahlreichen Tympana des 12. und 13. Jahrhunderts. Schon der sitzende Christus im Tympanon des Pórtico de la Gloria, direkt über dem hl. Jakobus, macht diese Analogien deutlich.

Zu den vom sitzenden Jakobus beeinflussten Bildwerken kann man unter weiteren auch die Sitzfiguren des Zisterzienserabtes Bernhard von Clairvaux und des hl. Antonius Eremita, des Ordensheiligen der Antoniter, zählen. Letztere hatten, wie zu zeigen sein wird, eine enge Verbindung zu den Jakobswegen und der Pilgerbetreuung in ganz Europa. Der wie ein T-Kreuz gebildete Stab des Jakobus am Pórtico de la Gloria wurde über Jahrhunderte hinweg zum Erkennungszeichen und sogar zum Wappenbild des Antoniterordens.

Von Jakobus mit dem Pilgerstab zum pilgernden Jakobus ist es dann nur noch ein kleiner Schritt. Wir sind beim dritten Typus: der Apostel als Pilger. Es ist nach wie vor nicht genau zu klären, wann dieses Bild zum ersten Mal geschaffen wurde. Überblickt man die Literatur, so stößt man gewöhnlich auf die Angabe, die älteste Darstellung dieser Art sei der Apostel Jakobus vom Südportal der ehemaligen Klosterkirche von Santa Marta de Tera in der spanischen Provinz Zamora. Meist wird sie pauschal ins 12. Jahrhundert datiert und fast immer als die älteste Skulptur bezeichnet, die den Apostel Jakobus als Ebenbild der zu ihm hinziehenden Pilger zeigt, versehen mit Stab, Pilgertasche und Muschel. Dabei wird es in Ermangelung älterer Bildwerke einstweilen auch bleiben.

Santa Marta de Tera, Südportal, Jakobus als Pilger, 12. Jh.

Mimizan, Ste. Marie, Westportal, zweite Hälfte 12. Jh.

Die jüngst (Regueras Grande, 2005) vorgenommene frühe Datierung auf eine Entstehungszeit um 1125 lässt an eine ebenso berühmte Pilgerfigur mit Pilgertasche und Muschel denken, die allerdings nicht den Apostel Jakobus, sondern Christus bei der Begegnung mit zwei Jüngern in Emmaus (Lk. 24,31 ff.) zeigt. Christus, der sich ja selbst zu seinen Lebzeiten als Pilger verstand, wird hier folgerichtig mit Pilgertasche und Jakobsmuschel dargestellt. Die Datierung des Reliefs am Nordwestpfeiler im Kreuzgang des Benediktinerklosters von Santo Domingo de Silos liegt zwischen dem Beginn der Bauarbeiten kurz vor 1073 und 1109, als die Arbeiten am Kreuzgang unterbrochen werden mussten, um erst 1120 unter einem neuen Meister fortgesetzt zu werden. Allgemein aber wird der Pilger-Christus von Santo Domingo de Silos als Werk des ersten Meisters noch ins späteste 11. Jahrhundert datiert, er läge damit eine ganze Generation vor der Skulptur von Santa Marta de Tera.

Noch im 12. Jahrhundert folgen der Jakobusfigur von Santa Marta de Tera, zunächst noch vereinzelt, weitere Skulpturen, die den Apostel als Pilger zeigen. Da sind zunächst die in der Zeit um 1180 einigermaßen sicher datierten Apostelfiguren in der Cámara Santa bei der Kathedrale von Oviedo. Unter ihnen befindet sich selbstverständlich der hl. Jakobus d. Ä. mit Schriftrolle, Kreuzstab und mit Muschel besetzter Pilgertasche. Die Skulpturen, obgleich noch weitgehend dem romanischen Stil in Spanien verpflichtet, haben schon einige Elemente der frühgotischen Plastik aufgenommen, wie sie am Königsportal von Chartres (um 1150) und der Pfarrkirche von Notre-Dame-du-Fort in Étampes an den Portalfiguren in Erscheinung treten.

Weniger bekannt und etwas schwieriger zu beurteilen ist die Jakobus-Pilgerfigur am Portal von Sainte-Marie in Mimizan in den südwestfranzösischen Landes. Die Kirche ist nur noch ein Torso, aber das alte Portal im Westturm ist gut erhalten. Das Portal wird meist und zu Recht in die Zeit um 1220 datiert. Die Figuren der Apostelreihe dürften aber einige Jahrzehnte älter sein und an den Beginn des letzten Quartals im 12. Jahrhundert gehören. Jakobus erscheint auf den ersten Blick als Apostel mit Buch und Stab, unter dem rechten Ärmel schaut jedoch die mit einer Muschel besetzte Pilgertasche heraus. Man hat in der Figur Einflüsse der spanischen romanischen Kunst festgestellt, was an der alten Pilgerstraße *Voie Littoral* von Bordeaux nach Pamplona und Burgos als nicht weiter erstaunlich gelten darf. Die Bezeichung dieses Pilger-Jakobus als bislang älteste Skulptur dieser Art außerhalb Spaniens besteht sicherlich zu Recht.

Ein Heiliger und seine Vita werden gemacht

Warum diese Überlegungen zu den frühen Darstellungen des Apostel Jakobus als Pilger? Interessanterweise fällt die Entstehungszeit dieses Bildtypus genau zusammen mit der Wirkungszeit von Diego Gelmirez, und damit mit der eigentlichen Entstehung der Wallfahrt im frühen

12. Jahrhundert. Erzbischof Diego II. Gelmirez von Santiago de Compostela (um 1069–1149) darf gewiss als die herausragende und prägende Gestalt in der gesamten Geschichte der Jakobuswallfahrt bezeichnet werden. Ebenso genial wie skrupellos und tatkräftig, hat er Santiago de Compostela von einem abgelegenen Wallfahrtsort am Ende der damals bekannten Welt zu einem der drei wichtigsten Pilgerziele in der damaligen christlichen Ökumene gemacht. Ohne ihn gäbe es auch die heutigen Jakobswege in Europa nicht, und es würden wohl keine Pilger aus Europa und dem Rest der ganzen Welt ihre Hand in die Vertiefungen am Mittelpfeiler des Pórtico de la Gloria legen, wie dies bei ankommenden Pilgern seit Langem Brauch ist.

Erzbischof Diego Gelmirez war auch der wichtigste Initiator für die Zusammenstellung des *Liber Sancti Jacobi*, auch *Codex Calixtinus* genannt, das vor der Mitte des 12. Jahrhunderts in Santiago entstand und einen enormen Einfluss auf Propagierung und die Gestaltung der Jakobuswallfahrt in den folgenden Jahrhunderten ausübte. Darüber ist mittlerweile so viel geschrieben worden, dass eine ausführliche Erörterung des Themas an dieser Stelle unterbleiben kann. Verwiesen sei in diesem Zusammenhang auf die Publikationen von Klaus Herbers, vor allem *Der Jakobuskult des 12. Jahrhunderts und der »Liber Sancti Jacobi«* von 1984, dessen von ihm zusammen mit Manuel Santos Noia herausgegebene Edition des *Liber Sancti Jacobi. Codex Calixtinus* von 1998 und die ausgezeichnete, kurz gefasste Darstellung *Jakobsweg – Geschichte und Kultur einer Pilgerfahrt* von 2007.

Hinzu kommt eine kaum mehr überschaubare Literatur zu den Anfängen der Jakobusverehrung und der Jakobuswallfahrt in Spanien. Darunter ragt noch immer das Standardwerk *Las Peregrinaciones a Santiago de Compostela*, vorgelegt 1949 von Luis Vazquez de Parga, Jose M. Lacarra und Juan Uria Riu, heraus. In jüngster Zeit wurde die Bedeutung von Erzbischof Gelmirez für die Jakobuswallfahrt durch die Ausstellung und das begleitende Handbuch *Compostela and Europe – The Story of Diego Gelmirez* (Englisch und Spanisch, 2010) auf dem neuesten Stand der Forschung eingehend gewürdigt.

Es ist heute, ungeachtet der nach wie vor unterschiedlichen Standpunkte zur Echtheit der Jakobusreliquien, Konsens, dass sich die Pilgerfahrt nach Santiago seit dem 9. Jahrhundert in mehreren Etappen von einem lokalen Pilgerziel unter dem programmatischen Namen Santiago de Compostela zu einem Wallfahrtsort von europäischem Rang, neben dem nur Jerusalem und Rom noch Geltung beanspruchen durften, entwickelte.

Als die erste Etappe stellt sich die Auffindung der Gebeine des Apostels zu Beginn des 9. Jahrhunderts, in der Zeit des Bischofs Theodemir von Iria Flavia, dem heutigen Padrón, und des Königs Alfons II. von Asturien dar. Diese Auffindung wird in der genannten Literatur eingehend geschildert. Damals fand ein Einsiedler unter wundersamen Begleiterscheinungen an einem von Padrón nicht weit entfernten Ort die Gebeine des Apostels Jakobus, der nach der Legende schon zu seinen Lebzeiten in Spanien gepredigt hatte, jedoch nach Misserfolgen nach Jerusalem zurückgekehrt war, wo er 44 n. Chr. unter König Herodes Agrippa I. den Märtyrertod erlitt. Gefährten brachten ihn zum Strand und legten ihn in ein Boot, das ihn in nur sieben Tagen an die Küste Galiziens brachte, wo er, nicht weit vom Landungsort entfernt, im späteren Santiago de Compostela in einem noch aus älterer Zeit vorhandenen Marmorgrab beigesetzt wurde. Das ging nicht ohne die Überwindung lokaler Widerstände, vor allem vonseiten der heidnischen Königin Lupa, die aber durch Zeichen und Wunder von der Macht des Heiligen überzeugt und schließlich sogar bekehrt wurde.

Entsprechende Quellen aus dem 9. Jahrhundert liegen, mit Ausnahme der Grabplatte des Bischofs Theodemir, die bei Grabungen in der Kathedrale gefunden wurde, nicht vor. Allerdings sprach sich die Nachricht von der Auffindung eines Apostelgrabes in Galizien in gelehrten Kreisen Europas durchaus herum, und im Spiegel dieser indirekten Bestätigung kann davon ausgegangen werden, dass nach dem Bau einer kleinen Kirche über dem Bestattungsort ein lokaler Kult um das Apostelgrab einsetzte. Genauere Nachrichten zur Auffindung liegen erst aus dem 11. Jahrhundert vor. Eine Urkunde von 1077, als die Jakobuswallfahrt bereits eine europäische Dimension erlangt hatte, nennt erstmals Einzelheiten der Auffindung. Ergänzend liefert ein Brief eines Papstes Leo aus dem 9. Jahrhundert weitere Details, der allerdings erst im 12. Jahrhundert im *Liber Sancti Jacobi* erscheint und hinter dem einmal mehr der Einfluss und die Ziele von (Erz-)Bischof Gelmirez aufscheinen. Wie immer man zu der Erhebung der Gebeine des Apostels im 9. Jahrhundert steht: Die Anfänge der Jakobusverehrung und des Jakobsweges in Spanien sind in jedem Fall ins 9. Jahrhundert zu datieren.

Es war zu dieser Zeit keineswegs leicht, zum Grab des Apostels zu gelangen. Bis auf einen schmalen Streifen im Norden war Spanien seit 711 muslimisch geworden, und die Streitkräfte des Emirs von Córdoba und anderer muslimischer Machthaber beherrschten und kontrollierten den größten Teil der Region, durch die heute der spanische Jakobsweg verläuft. Das sollte sich bis zum Ende des Kalifats von Córdoba kurz nach der Jahrtausendwende auch nicht ändern. Die zweite Etappe bei der Etablierung der Jakobswallfahrt datiert denn auch erst in die Zeit König Sanchos »des Großen« von Navarra (1000/1004–1035), der die alte Römerstraße von den Pyrenäen über Pamplona nach Astorga und Lugo mit teilweise veränderter Streckenführung wieder für Pilger aus ganz Europa öffnete und als Weg von den Pyrenäenpässen nach Santiago de Compostela neu anlegte.

Die dritte Etappe schließlich fällt fast ausschließlich in die Wirkungszeit von Diego Gelmirez. Schon unter seinen Vorgängern war ab ca. 1077 mit dem Bau der heutigen Kathedrale von Santiago de Compostela begonnen worden. Gelmirez trat 1093 ins Rampenlicht, als er, mit Wissen und Wollen des Königs, während zweier Vakanzen des Bischofsstuhles zum Administrator der Kirche von Santiago ernannt wurde. Als er 1100 zum Bischof von Santiago gewählt wurde, machte er die Rangerhöhung seines Bischofssitzes und die europaweite Förderung der Jakobuswallfahrt zu seiner Hauptaufgabe. Dabei hatte er nicht nur die Würde des Apostelgrabes, sondern auch seine eigene Rangerhöhung im Auge. Die intensive und auch finanziell abgesicherte Pflege der Beziehungen zu den in dieser Zeit in der abendländischen Christenheit dominierenden Mächten, zum Papsttum und zum burgundischen Kloster Cluny, führten ihn schließlich zum Ziel. 1120 wurde er zum Erzbischof mit eigenem Metropolitansprengel erhoben.

Auf dem Weg dorthin war er alles andere als zimperlich. Bestechung und Urkundenfälschung waren auch im Mittelalter keineswegs unüblich. Sein Reliquienraub 1102 aus der Kathedrale von Braga, wo er mit zwei priesterlichen Kumpanen die Reliquien des hl. Fructuosus sowie der Märtyrer Cucufaz, Sylvester und Susanna entwendete, wurde später, gewiss auf Veranlassung des Hauptübeltäters, in der *Historia Compostellana* als *pium latrocinium*, als frommer Diebstahl bezeichnet. Er beraubte diese ihrer kostbarsten Schätze. Das war auch für die Zeitgenossen ein dreistes Bubenstück, aber der Erfolg schien die Tat zu rechtfertigen. Lediglich bei dem Versuch, dem Erzbischof von Toledo die Primatialgewalt für ganz Spanien streitig zu machen, scheiterte Gelmirez. Mit dem von ihm initiierten *Codex Calixtinus* legte er sowohl eine Rechtfertigung seines Handelns wie auch zugleich eine geniale Propagandaschrift vor, welche die Jakobuswallfahrt im Mittelalter auf ihren Gipfelpunkt führte.

Es ist eine kaum zu bestreitende Tatsache: Ohne das Wirken und die Machenschaften von Erzbischof Diego Gelmirez, die große Teile

Europas einbezogen und sogar bis in das gerade erst von den Kreuzfahrern eroberte Jerusalem reichten, hätte die seit dem 11. Jahrhundert durchaus schon florierende Pilgerfahrt zum Grab des Apostels Jakobus niemals diesen Aufschwung genommen. Er brachte sie vom 12. bis zum 16. Jahrhundert gleichrangig neben die uralten Pilgerziele Jerusalem und Rom, wo immerhin Christus selbst an den Stätten seines irdischen Daseins bzw. die Apostelfürsten Petrus und Paulus verehrt wurden. Gelmirez begründete zwar nicht die neue Kathedrale von Santiago, trieb aber ihren Bau bis kurz vor deren Vollendung voran. Klug wusste er die geistlichen Mächte des christlichen Abendlandes, die Päpste und den hl. Abt Hugo von Cluny, seinen Zielen dienstbar zu machen, wobei insbesondere die engen Verbindungen sowohl des Erzbischofs wie auch der Könige von Asturien/Léon die spanische Geschichte in der Epoche von Diego Gelmirez nachhaltig bestimmten.

Angesichts des Erfolges von Diego Gelmirez schien der Satz »*Quien va a Santiago y no a Salvador visita el criado y deja al Señor* – Wer zum heiligen Jakob geht und nicht zum Erlöser, der besucht den Knecht und versäumt den Herrn«, zumindest auf dem Weg nach Santiago de Compostela, keine Gültigkeit zu haben. Der Spruch war auf die bis ins 12. Jahrhundert spürbare Konkurrenz zwischen der alten Königsresidenz Oviedo mit ihrem Salvatorpatrizinium und dem aufstrebenden Santiago de Compostela bezogen. Seitdem aber, nicht zuletzt, weil durch die Beschreibung im *Liber Sancti Jacobi* der Jakobsweg auf die Strecke von Burgos über León und Astorga nach Santiago festgelegt war, geriet Oviedo, wie so viele andere Wallfahrtsorte an den Jakobswegen, gegenüber Santiago ins Abseits.

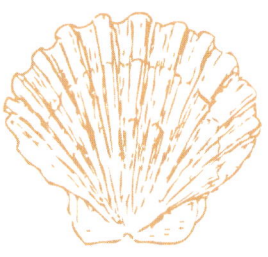

Der hl. Jakobus und die Reconquista
Der Matamoros

Hoch über der weiten, vom Ebro durchflossenen Ebene der Rioja liegt südlich von Logroño auf einem steil aufragenden Felsen eine Burgruine, direkt oberhalb eines kleinen Dorfes. Steigt man von den Häusern der Ortschaft zu den Mauern der alten Burg empor, so gewahrt man zunächst auf dem nach Norden über einer jäh abfallenden Felswand die Anlage begrenzenden Turm ein großes, schmiedeeisernes Kreuz. Seine Kreuzbalken scheinen in Speerspitzen auszulaufen und die beiden Arme des Querbalkens sind von je zwei geschwungenen, nach innen gebogenen Schwingen, ähnlich einem Ankerkreuz, eingefasst. So ungewöhnlich die Gestalt des Kreuzes auf den ersten Blick erscheinen mag, entlang des spanischen Jakobsweges trifft man bis hinein in die Kathedrale von Santiago de Compostela allenthalben darauf. Nach Auskunft einiger ikonografischer Handbücher handelt es sich um das Jakobskreuz. Besser bekannt ist es als das Clavijo-Kreuz, dessen Name sich von der Burg und der gleichnamigen Ortschaft herleitet.

Clavijo liegt nicht unmittelbar am Jakobsweg. Jakobspilger suchen die Burg so gut wie nie auf. Es wäre auch ein beschwerlicher Umweg von mehr als 30 Kilometern mit einem steilen Anstieg. Gleichwohl ist Clavijo nahezu jedem, der sich auch nur oberflächlich mit der Geschichte der Jakobuswallfahrt befasst hat, ein Begriff. Clavijo gilt immer noch vielen als der Ort, an dem der Apostel Jakobus erstmals nach der Auffindung seiner letzten Ruhestätte nachhaltig in den Konflikt zwischen dem muslimischen Spanien und den christlichen Staaten im Norden der Halbinsel eingegriffen hat. So nebulös und legendenhaft sich die mit Clavijo verbundenen Ereignisse des 9. Jahrhunderts auch darstellen, haben sie doch bis zum heutigen Tag tiefe Spuren nicht nur in der Jakobusverehrung, sondern auch in der Geschichte Spaniens und sogar Lateinamerikas hinterlassen.

Die Burg von Clavijo von Norden.

Lassen wir zunächst die Legende zu Wort kommen. Nach Aussage von König Ramiro I. von Asturien (Regierungszeit 842–850) habe dieser es als Schande empfunden, dass die christlichen Könige des Nordens sich den Frieden mit den Muslimen bisher durch eine Tributzahlung erkauft hätten. Jedes Jahr habe man 100 christliche Jungfrauen, 50 aus dem Adel und 50 aus dem einfachen Volk, an die Muslime übergeben müssen. Ramiro I. habe diesen Tribut verweigert und sich mit seinem Heer zum Kampf gestellt. In der Nähe von Clavijo, auf dem Campo de la Matanza, soll daraufhin am 23. Mai 844, nur gut zwei Jahrzehnte nach der Begründung des Jakobuskultes, eine Schlacht zwischen christlichen und muslimischen Streitkräften stattgefunden haben. Andere Angaben datieren das Ereignis schon auf das Jahr 834.

Das christliche Heer wurde vom König persönlich angeführt, die muslimische Armee vom Emir von Al Andalus, Abd ar-Rahman II. (Regierungszeit 822–852). Zu Beginn der Schlacht, in einiger Entfernung von Clavijo, sei das christliche Heer in große Bedrängnis geraten und habe sich dann auf der Flucht bei Clavijo neu gesammelt. In dieser Notsituation sei der Apostel Jakobus dem König im Traum erschienen und habe ihm für die Schlacht am folgenden Tag seine Hilfe versprochen. Die christlichen Truppen seien dann mit dem neuen Schlachtruf »Dios ayuda e Sant Yaque – Hilf uns Gott und heiliger Jakob« in den Kampf gezogen und hätten einen großartigen Sieg errungen. Während des Kampfes sei der Apostel selbst auf einem Schimmel mit dem Schwert in der Hand vom Himmel herabgestiegen, habe die Christen ermutigt und die Feinde in Angst und Schrecken versetzt. Allein 70 000 Muslime seien getötet worden. Zum Dank habe der König in Calahorra ein Gelübde, das »Voto de Santiago«, getan, wonach künftig der Jakobskirche in Santiago von der Bevölkerung eine Abgabe zu entrichten sei, welche die ersten Früchte von Feldern und Weinbergen sowie einen Anteil an der Beute aus Kämpfen mit den Muslimen umfasste. Diese Abgabe sei von da an jedes Jahr fällig geworden.

Die zeitgenössischen Quellen des 9. Jahrhunderts wissen jedoch nichts von einer Schlacht bei Clavijo. Allein angesichts der Opferzahlen hätte dieses Ereignis zumindest im damaligen Spanien Aufsehen erregen müssen. Bei 70 000 getöteten Muslimen wären das Emirat von Al Andalus und seine Hauptstadt Córdoba von Kämpfern praktisch entblößt und den christlichen Heeren dann schutzlos preisgegeben gewesen. Selbst wenn man bei Zahlenangaben die üblichen mittelalterlichen Übertreibungen in Rechnung stellt und man statt der 70 000 nur den Begriff »viele« verwendet, bleibt das Ganze unglaubwürdig. Früh-

Das arabische Spanien im 10. Jahrhundert.

mittelalterliche Heere waren allein schon aufgrund der geringen Bevölkerungsdichte sehr klein, weshalb eine so große Anzahl von Kämpfern
und Gefallenen mit Fragezeichen zu versehen ist.

Abgesehen von wenigen Autoren, welche die Schlacht von Clavijo
844 noch immer als historische Tatsache ansehen, besteht heute in der
Forschung Einigkeit darüber, dass diese Auseinandersetzung nie stattgefunden hat. Die Urkunde mit dem Schlachtbericht ist mit einiger
Sicherheit eine Fälschung von Pedro Marcio, Kanoniker an der Kathedrale von Santiago de Compostela, aus der Mitte des 12. Jahrhunderts.
Bezeichnenderweise fehlt sie noch im *Tumbo A*, dem 1129–1131 angelegten Kartular der Kathedrale von Santiago. Allenfalls ist über die Jahrhunderte die Erinnerung an eines der vielen Scharmützel entlang der
Grenze zwischen muslimischem und christlichem Machtbereich wachgeblieben. Auch die – historisch gesicherte – Schlacht von Simancas
bei Valladolid vom 8. August 939, in der mit Ramiro II. von León und
dem Kalifen Abd ar-Rahman III. im »Feldzug der Allmacht« die mächtigsten Herrscher des christlichen und des muslimischen Spanien auf

einander trafen und in der die christliche Seite den Sieg errang, mag die Legende von der Schlacht bei Clavijo befördert haben.

Kehren wir nun von der Legende zur Burgruine von Clavijo zurück, so zeigen sich weitere Fakten, welche den der Schilderung zugrunde liegenden historischen Hintergrund, die Ereignisse von 844 (oder 834) ganz und gar unglaubwürdig werden lassen. Clavijo ist nämlich keine Burg der Herrscher in den nicht-muslimischen Staaten Asturien/León und Navarra. Steinerne Burgen dieser Art erscheinen im christlichen Abendland erst am Ende des 10. Jahrhunderts. Clavijo ist eine der muslimischen Grenzfestungen entlang des Duero bis zum Ebro, welche das südlich davon liegende Reich der Kalifen von Córdoba gegen Raubzüge und Überfälle aus den christlichen Reichen des Norden sichern sollten. Die Gestalt des Burgtores mit seinem Hufeisenbogen im Kalifatstil gibt einen deutlichen Hinweis. Dieser Portaltyp mit Hufeisenbogen und rechteckiger Rahmung kommt sowohl an der großen Moschee von Córdoba vor als auch an der gewaltigen muslimischen Festung von Gormaz von 965, unmittelbar nördlich des Duero gelegen.

Die Anfänge der Burg von Clavijo dürften allerdings früher als im 10. Jahrhundert liegen, da schon im Jahr 923 von einer Eroberung der Burg durch die Christen die Rede ist. Sie hat bis zum Ende des 10. Jahrhunderts, bis in die Zeit der Feldzüge von Abu Amir Muhammad ibn Abdallah ibn Abi Amir, genannt Al-Mansur bi-llah, der mit seinen Heeren alljährlich den Norden heimsuchte und bis Santiago de Compostela, León und Pamplona vorstieß, noch mehrmals, so als die Burg 960 in navarresischer Hand war, den Besitzer gewechselt. Schließlich konnte man von dieser Burg fast die gesamte Rioja überschauen und kontrollieren, was auch bedeutete, dass der Jakobsweg in seinem heutigen Verlauf angesichts der Grenzsituation und der muslimischen Gefahr nur mit hohem Risiko begangen werden konnte. Diese Situation an der Militärgrenze, der beiderseits ein ausgedehnter Streifen nahezu siedlungsfreien Landes vorgelagert war, dürfte mindestens bis zum Tod Al-Mansurs 1002, vielleicht auch bis zum Untergang des Kalifenreiches ab 1009, angedauert haben. Unter Sancho III. von Navarra, genannt »der Große« (Regierungszeit 1000/1004–1035), kam es dann zu einer Sicherung der Pilgerwege und einer endgültigen Sicherung der Rioja gegen die arabische Bedrohung.

Wenngleich die Legende vom Eingreifen des Apostels Jakobus in der Schlacht von Clavijo eines historischen Fundamentes entbehrt, hat sie doch von ihrem Ursprung im 12. Jahrhundert an bis weit ins 20. Jahrhundert hinein für die Geschichte Spaniens und des Jakobsweges keine geringe Rolle gespielt. Die gefälschte Urkunde des Kanonikers Pedro Marcio steht zunächst in der Nachfolge des Bemühens von Erzbischof Diego Gelmirez, gegen Toledo den Primat über das ganze christliche Spanien zu erlangen. Die von Pedro Marcio zum Vorteil von Erzbischof und Kathedralkapitel von Santiago de Compostela erhobene »Siegessteuer« wurde auf Anordnung König Alfons VII. von Kastilien-Léon ab 1150 zunächst über Jahrhunderte im ganzen christlichen Spanien erhoben. Damit wurde der Apostel auf dem Umweg über eine erfundene Abgabe auf dem fiskalischen Weg zum Patron von ganz Spanien, nicht nur von Galizien, wo sich seine vermeintliche Grabstätte befand, sondern auch von León-Kastilien, Aragón, Katalonien und allen eroberten Gebieten, die vorher zum muslimischen Machtbereich gehört hatten. Das war eine einzigartige Geldquelle für die Stadt und ihre Kathedrale.

Der Matamoros muss warten

In der älteren Literatur ist häufig zu lesen, dass die Entfaltung des Jakobuskultes in einem engen Zusammenhang mit der Reconquista, der Rückeroberung der 711 an die Muslime verlorenen Gebiete der Iberischen Halbinsel stehe. Davon kann nach heutiger Auffassung keine Rede sein. Zwar fanden zwischen Muslimen und den christlichen Territorien im Norden seit dem 8. Jahrhundert permanent kriegerische Auseinandersetzungen, meist in Form von Überfällen und Scharmützeln, statt, es gab aber immer auch Friedensperioden, in denen man miteinander Handel trieb und sich bisweilen sogar miteinander verbündete. Selbstverständlich suchten beide Seiten ihre Macht, ihre Einflusssphäre und ihre Territorien, auch mit Gewalt, auf Kosten der anderen zu vergrößern. Von gezielten Eroberungsversuchen im Sinne dessen, was später als Reconquista bezeichnet wurde, konnte aber vor dem Zusammenbruch des Kalifenreiches zu Beginn des 11. Jahrhunderts keine Rede sein.

Auf der Iberischen Halbinsel standen sich nach 711 auch keine zwei gleichsam monolithischen Machtblöcke gegenüber, die christlichen Staaten im Norden und die Muslime im Rest von Spanien. Vielmehr boten die Staaten, Herrschaftsbereiche und Territorien ein sehr heterogenes Bild. Auf muslimischer Seite standen frühzeitig die aus dem Orient gekommenen Araber in einem Gegensatz zu den nordafrikanischen Berbern, welche bei der Eroberung der Iberischen Halbinsel militärisch die Hauptlast getragen hatten und den Herrschaftsanspruch der Araber immer infrage stellten. Hinzu traten Teile der alten westgotischen Elite, die, um ihre lokalen Machtbereiche zu erhalten, sich mit den Eroberern arrangierten und zum Islam übertraten. Auch Sondergruppen wie Söldnersklaven und Normannen mischten sich tatkräftig in die Auseinandersetzungen der rivalisierenden Gruppen ein. Nicht vergessen darf man auch die Mozaraber, die immer noch zahlreichen Christen unter muslimischer Herrschaft, denen zwar einflussreiche Positionen verwehrt waren, die aber als Unterstützer und Sympathisanten durchaus eine Rolle spielen konnten.

Der Glanz und die Machtfülle des Kalifenreiches von Córdoba vermochten vor allem in der Zeit des Kalifen Abd ar-Rahman III. (929–961), dieses Konfliktpotenzial zeitweise in Schach zu halten. Doch diese Periode währte nur etwa 50 Jahre und endete schon 982, als Al-Mansur bi-llah und seine Söhne die Kalifen zunächst von der Machtausübung verdrängten, bis nach deren Tod das Kalifenreich im Bürgerkrieg versank und mit Kalif Hischam III. 1031 ein Ende fand. Schon vor der Errichtung des Kalifats war es im späten 9. und 10. Jahrhundert zu Aufständen und längeren Herrschaftsperioden lokaler Machthaber gegen die Emire von al-Andalus gekommen, von denen die der Banū Quasī von Zaragoza, der Banū Marwān von Badajoz und Mérida sowie von Umar ibn Hafsun in Ronda und Málaga größere Bedeutung erlangten. Mit der Reconquista hatten diese inneren Wirren im muslimischen Machtbereich nichts zu tun, auch wenn ein groß angelegter Feldzug Abd ar-Rahmans III. gegen das Königreich Léon 939 mit einer schweren Niederlage für den Kalifen endete.

In den christlichen Staaten des Nordens war die Situation kaum besser. Zwischen Asturien, Galizien, dem späteren Königreich Léon, Navarra sowie den Grafschaften von Kastilien und Aragón kam es ungeachtet der engen Verwandtschaft und Verschwägerungen immer wieder zu Bruderkriegen und Erbauseinandersetzungen, die eine konsequente gemeinsame Politik gegen die muslimischen Territorien weitgehend verhinderten. Zwischen 953 und 984 zählte man allein drei »leonesische Erbfolgekriege«, welche die Schlagkraft des Königreiches gegen das im Zenit seiner Macht stehende Kalifenreich nicht gerade erhöhten. Die einzelnen Staaten machten meist, nicht ohne einige bemerkenswerte lokale Erfolge, Politik auf eigene Faust und handelten nicht im Sinne einer christlich motivierten Konzeption der Wiedereroberung des einst westgotischen Spaniens.

Hinzu kam, dass die Emire und Kalifen im südlichen Córdoba der weiten, vom Duero durchflossenen und kaum besiedelten Ebene zwi-

schen dem Kantabrischen Gebirge und dem Kastilischen Scheidege-
birge nur geringe Aufmerksamkeit schenkten. Es fiel deshalb den nördlichen Königreichen nicht schwer, in diesem bis ins 10. Jahrhundert
fast als Niemandsland zu bezeichnenden Gebiet ihre Territorien zu
erweitern. Die vom Norden her gesteuerte Wiederbesiedlung, auch entlang des späteren Jakobsweges, nahm denn auch den langen Zeitraum
vom 9. bis zum 11. Jahrhundert ein und hat mit der erst danach einset-
zenden Reconquista ebenfalls wenig zu tun. Dass in den vielen Kämpfen und Scharmützeln bisweilen auch der Apostel Jakobus um Beistand
gebeten wurde, ist im Mittelalter eine Selbstverständlichkeit. Da bat
jeder den Heiligen um Hilfe, dem er nach Herkunft oder persönlichem
Empfinden nahestand. Unter diesen war auch Jakobus d. Ä. nur einer
von vielen, allerdings mit wachsender Bedeutung. Ein Matamoros, ein
Vorkämpfer gegen den Islam, war er vor dem 12. Jahrhundert noch
nicht.

Kreuzzugsgedanken

Die eigentliche Reconquista setzte erst um die Mitte des 11. Jahrhunderts zögernd ein. Die Gründe sind vielschichtig und die Diskussion
darüber ist noch immer im Gang. Der Fall des Kalifenreiches und der
Zerfall des muslimischen Spaniens in die als »Taifas« bezeichneten
Kleinreiche des 11. Jahrhunderts spielt ganz sicher eine Rolle. Aber
auch eine wirtschaftliche Erstarkung der christlichen Staaten durch die
Erschließung und Wiederbesiedlung des Duero-Raumes ist nicht zu
übersehen. Dieses vergrößerte Potenzial der christlichen Reiche konnte
gegen die muslimischen Kleinstaaten eingesetzt werden. Zusätzlich
brachten die Beilegung innerer Streitigkeiten und glückliche Konstella-
tionen tatkräftige Herrscher hervor, die nun ihren Blick auf den weiten
Raum zwischen den Flüssen Duero und Tajo richteten, wo sie die Fürsten der Taifas teils tributpflichtig machten, teils direkte Eroberungen
bislang muslimischer Territorien in Angriff nahmen. Ein Hauptvertre-
ter dieser Politik war Fernando I. von León (Regierungszeit 1018–1065).
1057 brachte er das Duero-Tal unter seine Kontrolle, eroberte am 25.
Juli 1064 Coimbra im heutigen Portugal und wandte sich schließlich
gegen Zaragoza und Valencia, wo nur sein Tod im Feldlager einen endgültigen Sieg verhinderte.

Mit den Kriegszügen Fernandos I. kommt auch der Apostel Jakobus
wieder ins Spiel. Nach der *Historia Silense* von 1115 erschien der Apostel

im Rahmen der Belagerung Coimbras durch Fernando I. als »*strenuissimus miles Christi*« (sehr machtvoller Ritter Christi) einem Kleriker in Santiago de Compostela in der Nacht vor der Übergabe der Stadt mit dem Stadtschlüssel in der Hand, womit der Sieg sichergestellt war. Die Geschichte der Eroberung, die zum Zeitpunkt der Abfassung der *Historia Silense* schon fast 50 Jahre zurücklag, wurde alsbald in die Mirakel-Sammlung des *Liber Sancti Jacobi* aufgenommen und fand in der Folge eine weite Verbreitung. Eigentlich fand die Eroberung Coimbras nach der älteren spanischen Zeitrechnung am 9. Juli statt. Durch die Einführung des römischen Ritus und der entsprechenden Zeitrechnung in Spanien verschob sich das Datum jedoch auf den 25. Juli, was letztlich dazu führte, dass der Jakobstag in Santiago de Compostela bis zum heutigen Tag unter diesem Datum gefeiert wird.

Mit dieser Darstellung der Rolle des Jakobus hatte es der Apostel geschafft, fortan in die Riege der Ritterheiligen aufgenommen zu werden, Seite an Seite mit dem hl. Georg, dem hl. Martin, dem hl. Mauritius, dem Erzengel Michael, dem Anführer der himmlischen Heerscharen, und dem besonders in den orthodoxen Kirchen verehrten hl. Demetrius. Auch die Angehörigen der Thebaischen Legion, darunter der hl. Victor und der hl. Gereon, sind in dieser Reihe zu nennen.

Diese Ritterheiligen genossen eine besondere Bedeutung im Zeitalter der Kreuzzüge, welche ganz wesentlich von der europäischen Ritterschaft getragen wurden. Das Hauptziel der Kreuzzüge waren natürlich das Heilige Land und Jerusalem. Aber auch die im 11. Jahrhundert einsetzende Reconquista wurde, wie die normannische Eroberung Süditaliens und Siziliens, die Katharerkriege in Südfrankreich und die Eroberung Preußens durch den Deutschen Orden, alsbald zu den Kreuzzügen des Mittelalters gezählt. Im Fall der Reconquista ist jedoch der Zeitpunkt, ab wann dies zutraf, umstritten. Offiziell gilt als Beginn der Kreuzzüge das Jahr 1095, als Papst Urban II. nach einer außerordentlichen propagandistischen Kampagne im französischen Clermont-Ferrand die europäische Ritterschaft zum Kreuzzug ins Heilige Land aufrief. Die Wurzeln dieses Gedankens reichen jedoch weiter zurück, gerade auch wenn man die Situation in Spanien betrachtet.

Schon Papst Alexander II. (1061–1073) hatte dem überwiegend aus französischen, burgundischen, katalanischen und italienischen Söldnern bestehenden Heer, das 1063 die in der Provinz Huesca von Christen und Muslimen bewohnte Stadt Barbastro eroberte und unter den Bewohnern ein Massaker anrichtete, volle Absolution für seine Taten gewährt. In seine Zeit fiel ein Ereignis, das auch im christlichen Abendland aufmerksam registriert wurde: die Schlacht von Mantzikert 1071, in deren Folge das byzantinische Reich fast ganz Kleinasien an die muslimischen Seldschuken verlor. Diese beherrschten damit den bis dahin recht problemlos gangbaren Pilgerweg nach Jerusalem und die Heilige Stadt selbst. Das Reformpapsttum, das zunehmend eine geistige Führungsrolle im Abendland beanspruchen sollte, war gefordert. In dieser Situation wurde der Islam zum Feind schlechthin, gleich ob in Palästina, in Süditalien, wo Robert Guiscard die Stadt Bari, die bis zum Anfang des 11. Jahrhunderts in muslimischer Hand war und dann den letzten Stützpunkt von Byzanz in Apulien bildete, eroberte, und in Spanien. Gerade die Eroberung des nordspanischen Barbastro durch überwiegend nichtspanische Söldner markiert einen wichtigen Wendepunkt in der Einstellung des Papsttums zu den Konflikten zwischen Muslimen und Christen in Spanien und zu deren Charakterisierung als Kreuzzüge.

Auch der Nachfolger Alexanders II., Papst Gregor VII., der schon bei der Wahl Alexanders im Hintergrund die Fäden gezogen hatte, trug sich offensichtlich schon früh mit Gedanken an eine militärische Auseinandersetzung mit dem Islam. Im Jahr 1074 formulierte er, zweifellos unter dem Eindruck der katastrophalen Niederlage von Mantzikert 1071, den Gedanken eines Zuges abendländischer Ritter in den Orient mit dem Ziel, dem Vordringen der islamischen Seldschuken Einhalt zu gebieten. Papst Gregor VII. sah die Ereignisse der Zeit aus einer »globalen« Sicht. Für ihn stellten sich die Rückschläge der Christenheit in einem größeren Zusammenhang dar. Der Begriff des Kreuzzuges war zwar noch nicht ausformuliert, aber die Argumente für die Kreuzzugspropaganda Papst Urbans II. standen nun bereit. Deshalb war für Gregor VII. wie auch für seine Nachfolger auf dem päpstlichen Thron die Unterstützung des Kampfes gegen die erneuten muslimischen Erfolge eine Notwendigkeit. Nach den Erfolgen der christlichen Reiche gegen die islamischen Taifas, darunter die Eroberung der alten westgotischen Metropole Toledo, hatte sich nämlich in Spanien die Situation nicht gerade im Sinne der christlichen Streitkräfte entwickelt.

Unmittelbar nach der Eroberung Toledos hatten sich einige Taifa-Fürsten mit der Bitte um Unterstützung nach Marokko gewandt. Dort hatte die muslimische Sekte der Almoraviden, die den Islam zur ursprünglichen Reinheit zurückführen wollte, um ihre Hauptstadt Marrakesch einen Berber-Staat errichtet, der in den nächsten 30 Jahren auch in Spanien großen Einfluss nehmen sollte. Dessen Herrscher Yusuf ibn Taschfin setzte mit einem Heer nach Spanien über und schlug König Alfons VI. von Kastilien-León im Oktober 1086 in der Schlacht von Sagrajas in der Extremadura vernichtend. Damit war der in den vergangenen Jahrzehnten ungehinderten Expansion der Kastilier nach Süden eine Grenze gesetzt. Obwohl Yusuf seinen Sieg nicht ausnutzte und wegen Nachfolgeproblemen nach Marokko zurückkehrte, waren Macht und Expansionskraft des Königreiches Kastilien-León zunächst nachhaltig geschwächt, zumal Yusuf ibn Taschfin bereits 1089 erneut offensiv wurde. Auch wenn er Toledo nicht zurückerobern konnte und im Ganzen die territorialen Gewinne der Almoraviden sich in bescheidenen Grenzen hielten, konsolidierte er doch bis 1109 seine Macht über die muslimischen Gebiete südlich des Tajo. Daran vermochten auch die Siege des Rodrigo Díaz de Vivar, genannt »El Cid«, der 1094 Valencia eroberte, nichts zu ändern. Nach dessen Tod 1099 eroberten die Almoraviden 1102 Valencia zurück. Wir sind inzwischen in der Epoche von Diego Gelmirez, seit 1100 Bischof von Santiago de Compostela, der den Gang der Ereignisse sicher genau beobachtete.

Es ist eine bislang nicht abschließend diskutierte Frage, ob Diego Gelmirez die Kämpfe mit dem muslimischen Spanien im traditionell gewohnten Rahmen oder bereits als Kreuzzug unter dem Patronat des Apostels Jakobus sah. Im Jahr 1113, als er in Burgos auf Geheiß der Königin Urraca von León zu einer Versammlung von Adeligen über den von den Almoraviden ausgeübten Druck zu sprechen hatte, redete er noch von einem Verteidigungskrieg und nicht von einem offensiv gedachten Kreuzzug. Ganz anders knapp zehn Jahre später in Santiago de Compostela im Jahr 1124, nun bereits in seiner Rolle als Erzbischof und Legat des Papstes. Jetzt sprach er von einem aggressiven Vorgehen gegen die Mauren, zur Verwirrung der Ungläubigen und zur Freude aller Christen. Wie den Kreuzfahrern sicherte er allen, die diesen Kampf führten, einen vollen Ablass, den Nachlass aller Sünden und die Sicherung ihres Eigentums durch die Kirche zu. Damit lag er ganz auf der Linie von Papst Calixtus II., zu dem er engste Beziehungen pflegte und der ihn zum Erzbischof und päpstlichen Legaten erhoben hatte. Papst Calixtus II. hatte 1123 unmissverständlich klar gemacht, dass die Kämpfe in Spanien den Charakter von Kreuzzügen hatten. Ob man das in Spanien damals auch so sah, gilt als offen. Spätestens um die Jahrhundertmitte, als Almeria, Lissabon, Lérida und Tortosa unter dem Zeichen des Kreuzes erobert worden waren, darf der Kreuzzugsgedanke in Spanien als fest verankert angesehen werden. Die Invasion der Almoraviden hatte hier eine Wende in der geistlichen Fundierung der Reconquista gebracht.

Wo der Name von Erzbischof Diego Gelmirez genannt wird, ist es zu seinem Hausheiligen, dem Apostel Jakobus d. Ä., nicht weit. Es ist deshalb keineswegs erstaunlich, wenn der hl. Jakobus von nun an, vor allem in der Propagandaschrift *Codex Calixtinus* und in deren Umfeld, eine sehr aktive Rolle spielt. Nun erst konnten die uralte Legende von der Schlacht bei Clavijo und die erst ein halbes Jahrhundert zurückliegende, aber ebenso wundersam abgelaufene Eroberung von Coimbra ihre volle Wirkung entfalten. Der theologischen Rechtfertigung des Apostels Jakobus als Kriegs- und Ritterheiliger stand nun nichts mehr im Weg, zumal sich nach dem Zusammenbruch des Almoravidenreiches 1145 mit den marrokanischen Almohaden bereits die nächste Gefahr für das christliche Spanien abzeichnete. Die muslimischen Feinde, die ihrerseits im Gegensatz zu den Auseinandersetzungen des 9. bis 11. Jahrhunderts, als es um Grenzkonflikte des Emirs bzw. Kalifen von Córdoba mit den christlichen Staaten ging, den Dschihad, den Heiligen Krieg, propagierten, ruhten nicht. Da waren mächtige Verbündete dringend vonnöten.

Der Maurentöter – ein Bildwerk und seine Symbolik

Die von Erzbischof Diego Gelmirez veranlassten Codices, der *Codex Calixtinus*, der *Liber Sancti Jacobi* und die *Historia Compostellana*, sind, daran kann kein Zweifel bestehen, Propagandaschriften zugunsten des Apostels Jakobus und seiner Grabstätte in der Kathedrale von Santiago de Compostela. Sie dienten der Förderung der einträglichen Wallfahrt ebenso wie dem Bedürfnis, den Apostel den spirituellen wie materiellen Interessen der christlichen Königreiche in Spanien dienstbar zu machen. Gerade in der Verbindung dieser beiden Komponenten und ihrer aktiven propagandistischen Verbreitung, die Diego Gelmirez mit allen Mitteln ins Werk setzte, zeigt sich seine Meisterleistung. In einer Zeit jedoch, in der die Kenntnis der Schrift auf eine sehr schmale Elite beschränkt war, mussten auch noch andere Wege begangen werden, wollte man diese Botschaften der breiten Masse der Bevölkerung nahebringen. Das einzige Medium, welches das Volk erreichen konnte, um ihm im wahrsten Sinne des Wortes diese Sachverhalte vor Augen zu führen, war das Bild, in diesem Fall die Erfindung und Verbreitung eines neuen Bildtypus, des Jakobus Matamoros, des Maurentöters.

Martin Schongauer, der wohl nie in Spanien war, schuf zwischen 1470 und 1491 den Kupferstich *Jakobus der Ältere im Kampf gegen die*

Santiago de Compostela, Südquerhaus der Kathedrale, Matamorostympanon, um 1230.

Ungläubigen. Der Stich zeigt den Heiligen, inmitten von meist berittenen Kriegern in Rüstung und Kleidung des 15. Jahrhunderts, auf einem Pferd sitzend und ein Schwert über seinem Kopf gegen die Feinde schwingend. Er ist mühelos als der Pilgerheilige zu erkennen, trägt er doch auf der Vorderseite seines Hutes die Jakobsmuschel. Sein Pferd vorwärts treibend, reitet er zwei unter diesem zu Fall gekommene Mauren nieder. Während die Kämpfer auf der christlichen Seite meist Helm und Harnisch tragen, erkennt man die Mauren an ihren Turbanen. Im Gegensatz zu den christlichen Rittern sind sie nur mit Schild und Lanze oder dem Schwert bewaffnet. Die Szene ist eindeutig. Es handelt sich nicht um irgendeine Auseinandersetzung mit den Mauren – der Kampf strebte kurz vor dem Tod des Künstlers mit dem Feldzug der »Katholischen Könige« gegen das muslimische Granada einem letzten Höhepunkt zu –, sondern um die Schlacht von Clavijo. Der Apostel war zum Zeitpunkt des Kupferstichs schon seit fast 500 Jahren als Kriegspatron im Einsatz. Und auch in dieser Rolle standen ihm noch große Aufgaben bevor.

Für die Zeit vor dem 12. Jahrhundert sind bislang keinerlei Bildwerke bekannt geworden, auf denen der Apostel Jakobus als Kriegsheiliger oder gar als Maurentöter (Matamoros) dargestellt ist. Das ist nach den geschilderten Fakten um die Legende von Clavijo und die Entwicklung des »*Voto de Santiago*« auch nicht zu erwarten. Als älteste Darstellung galt bislang ein kleines Portaltympanon von etwa 1230 in der

Südwestecke des Südseitenschiffes der Kathedrale von Santiago de Compostela. Das Tympanon befand sich ursprünglich im Kreuzgang, wird in das erste Viertel des 13. Jahrhundert datiert und dem Meister Pedro Boneth zugeschrieben. Es zeigt einen Reiter mit Heiligenschein, aber ohne Rüstung, in der rechten Hand ein Schwert und in der Linken eine Standarte mit Kreuz. Rechts und links sieht man je drei Figuren im Anbetungsgestus, von denen die auf der linken Seite eher männlichen Geschlechts sein könnten, während es sich auf der rechten Seite wohl eher um Frauen handelt. Über der Szene sieht man in kleinen Nischen zehn Engel in Orantenhaltung, gerahmt von Blattwerk. Die Szene ist nach der Inschrift auf der Standarte leicht zu entschlüsseln. »*Sanctus Apostolus Jacobus*« ist da zu lesen. Das Bildwerk steht in der Nachfolge des Pórtico de la Gloria des Meisters Mateo und wird, sicher nicht zu Unrecht, als Darstellung der Schlacht von Clavijo angesehen. Dann wären die Frauengestalten Vertreterinnen der 100 Jungfrauen, die im 9. Jahrhundert angeblich an die Muslime zu übergeben waren.

Mehr als 50 Jahre nach der Herstellung der falschen Urkunde über die Schlacht von Clavijo scheint das Tympanon in der Kathedrale sich dem späteren Bildtypus des Matamoros nur sehr vorsichtig anzunähern. In jüngster Zeit konnte jedoch eine weitere, wesentlich ältere Darstellung dieses Themas ermittelt werden. Außen am Chor der Kollegiatskirche Santa Maria la Mayor in Toro, in der alten christlich-muslimischen Grenzregion am Duero, konnte ein Kapitell mit einer Entstehungszeit ab etwa 1160 als die bislang älteste Bildschöpfung mit diesem Thema identifiziert werden. Zu sehen ist ein Reiter, der einen zu Boden gefallenen Menschen niederreitet. Der Reiter scheint kein Schwert zu führen, es sei denn, dass dieses entweder stark verwittert und/oder abgebrochen ist. Dass auch diese Szene der Schlacht von Clavijo zuzuordnen ist, zeigt die Frauenfigur auf der rechten Seite des Kapitells, in der einmal mehr eine Vertreterin der geretteten Jungfrauen zu sehen sein dürfte. Hingegen ist der unter dem Pferd gefallene Krieger mit seinen im Schrecken weit aufgerissenen Augen und mit seinem Turban ohne Weiteres als Maure zu erkennen. Bemerkenswert im Gegensatz zu dem Tympanon in der Kathedrale von Santiago ist hier das Motiv des Niederreitens, das in den folgenden Jahrhunderten fast zum Standard in dem Bild des Jakobus Matamoros werden wird.

Der Fälscher der Urkunde über die Schlacht von Clavijo hat keine genaue Beschreibung mitgeliefert, in welcher Weise der Apostel Jakobus in die Schlacht eingriff. Gesichert ist lediglich, dass er auf einem Schimmel vom Himmel hernieder kam. Als Vorbild für den Schlach-

Toro, Santa Maria la Mayor,
Kapitell am Chor mit
Darstellung des Matamoros,
nach 1160.

tenhelfer Jakobus werden in der Literatur häufig die apokalyptischen Reiter nach der Apokalypse des Beatus von Liébana († nach 798) dargestellt. Diese Reiter tragen unterschiedliche Waffen, das Schwert ebenso wie die Lanze oder Pfeil und Bogen. Auch die Kreuzstandarte wie auf dem Tympanon in der Kathedrale von Santiago kommt vor. Künstler, welche die Szenerie von Clavijo wiedergeben wollten, mussten entweder einen Bildtypus neu entwickeln oder sich an ähnliche, jedoch andere Themen darstellende Vorlagen halten und diese mit dem neuen Bildinhalt des Schlachtenheiligen verbinden. Es entstand ein Bildtypus des reitenden Kriegerheiligen Jakobus, der Jakobus Matamoros, der bis ins 20. Jahrhundert hinein Gültigkeit behalten sollte. Es wird jedoch bislang fast vollständig übersehen, dass dieser Bildtypus vor dem 12. Jahrhundert bereits auf eine mehr als 2500 Jahre alte Bildtradition zurückblicken konnte.

Das Bild des Herrschers, der als »schlagender König« seine Feinde überwindet, ist schon um 3000 v. Chr. auf der Prunkpalette des ägyptischen Pharaos Narmer nachzuweisen. Die Herrscher und Götter, auch in Kulturen außerhalb Ägyptens, waren jedoch nie beritten dargestellt. Im Pharaonenreich kannte man ohnehin keine berittenen Krieger, sondern nutzte den Streitwagen, der ab 1600 v. Chr. im Orient nachzuweisen ist. In anderen alten Kulturen vor dem ersten Jahrtausend v. Chr. verwendeten die Herrscher als Reittier eher den Esel oder das Maultier. Das bislang älteste Zeugnis für das Reiten auf Pferden ist eine Knochenritzzeichnung aus dem elamischen Susa und wird auf 2800 v. Chr. datiert. Weitere Belege vor 1500 v. Chr. bleiben jedoch vereinzelt. Erst ab der Zeit zwischen 1200 und 1000 v. Chr. ist das Reiten auf Pferden in Ost- und Mitteleuropa, in Kaukasien, im Orient und sogar in China nachweisbar. Reiterkrieger im Sinne einer Kavallerie findet man erst ab etwa 800 v. Chr., vor allem bei den Assyrern, später auch bei den Persern, in den südasiatischen Steppen und auf dem Balkan.

Da ist es erstaunlich, dass das Bild eines »Mächtigen zu Pferde«, unter dem ein unterlegener Feind zu sehen ist, schon im 14. Jahrhundert v. Chr. auf einem Skarabäus vorkommt. In Syrien ist die Göttin Anat/Astarte, die Schwester Baals, in dieser Pose zu sehen. Sie war sowohl Liebes- als auch Kriegsgöttin und galt als grausam und rachsüchtig. In ihrer Rechten schwingt sie eine Waffe, ein Schwert oder eine Keule, und sie reitet in Siegerpose über eine unter dem Pferd zusammengebrochene menschliche Figur hinweg. Auch wenn zwischen beiden Darstellungen 2500 Jahre liegen und ein direkter Zusammenhang keineswegs hergestellt werden kann, wird man doch beim Bildaufbau an das Reiterkapitell von Santa Maria la Mayor in Toro mit dem Bild des Matamoros erinnert. So viel kann jedoch festgestellt werden: Die syrische Anat/Astarte steht nach derzeitigem Kenntnisstand am Beginn einer Bildtradition, die über die Jahrtausende auch zum Typus des Jakobus Matamoros führt.

In den letzten Jahrhunderten vor der Zeitenwende stabilisiert sich dieser Bildtypus und findet weite Verbreitung. Neben Bildern von asiatischen Steppenreitern existieren makedonische und thrakische Reiterdarstellungen, auf denen auch der unter den Hufen des Pferdes liegende Feind nicht fehlt. In diesen Zusammenhang gehört der im 4. Jahrhundert v. Chr. geschaffene Alexandersarkophag aus Sidon, heute im Archäologischen Museum in Istanbul, welcher den Makedonenherrscher beim Niederreiten eines Feindes zeigt, der sich vergeblich mit seinem Schild zu schützen versucht. Die Szene gleicht der auf dem 1831 in Pompeji gefundenen Alexandermosaik aus dem 2. Jahrhundert v. Chr., das vermutlich eine Kopie nach einer Vorlage aus dem 4. Jahrhundert v. Chr. ist und entweder die Schlacht von Issos (333 v. Chr.) oder die Schlacht von Gaugamela (331 v. Chr.) zeigt.

Es ist jedoch darauf hinzuweisen, dass diese Darstellungen im Mittelalter noch nicht bekannt waren. Große Verbreitung hingegen hatten die Reitergrabsteine der römischen Hilfstruppen, die durchaus von Vorlagen wie der Alexanderschlacht angeregt sein konnten. Sie kommen im gesamten römischen Reich, vor allem am Rhein und in anderen Grenzregionen, in großer Zahl vor. Im Bildfeld ist meist ein Reiter, bewaffnet mit Schwert und Lanze, zu sehen, dessen Pferd sich aufbäumt und mit den Vorderhufen einen Feind zu Boden streckt. Auch

Istanbul, Archäologisches Museum, Alexandersarkophag aus Sidon, 4. Jh. v. Chr.

im Umkreis der Stadt Léon, die ihren Namen von der vom Jahr 68 v. Chr. bis ins 5. Jahrhundert dort stationierten römischen *Legio VII Gemina* ableitet, sowie an anderen Orten entlang des Jakobsweges in Spanien waren solche Reitergrabsteine zu finden. Der Bildtypus darf also in der Region, in der in der zweiten Hälfte des 12. Jahrhunderts der Matamoros entstand, als bekannt vorausgesetzt werden.

Als eine weitere Bildquelle für den Typus des Jakobus Matamoros könnte ein Mosaik aus dem alttestamentlichen Zyklus im Langhaus der Basilika von Santa Maria Maggiore in Rom in Betracht gezogen werden, der im Auftrag von Papst Sixtus III. um 431 geschaffen wurde. Die Beziehungen zwischen Rom und Santiago de Compostela waren gerade in der Zeit des Diego Gelmirez, der den Päpsten erhebliche Geldbeträge zukommen ließ, um seine Erhebung zum Erzbischof zu befördern, sehr eng. Die Kenntnis dieses Bildzyklus in einer der Hauptbasiliken Roms darf in Santiago de Compostela vorausgesetzt werden, zumal Gelmirez sich zweimal in Rom aufhielt. Das Thema ist ähnlich angelegt. So wie in der Bibel (Josua 10,8–11) Gott der Herr Josua gegen die Amalekiter unterstützt und die Feinde in die Flucht schlägt, so half er auch in der Schlacht von Clavijo dem christlichen Heer gegen die ungläubigen Mauren, nur dass im letzteren Fall der Apostel im Auftrag des Herrn eingriff, während im Alten Testament Gott persönlich die Amalekiter durch Steinwürfe ums Leben brachte. Die Bilder aber gleichen sich. Fast möchte man an die Vorbildlichkeit einer Darstellung der Alexanderschlacht denken, die im Rom des 5. Jahrhunderts sicher noch in einigen Versionen zu sehen war. Josua stürmt zu Pferde, umgeben von den Israeliten, gegen die Feinde und zermalmt sie unter den Hufen seines Pferdes.

Römische Reitergrabsteine und Mosaiken können aber nicht als einzige Quelle für das Bild des Matamoros in Anspruch genommen werden. Die mittelalterliche Ikonografie mit ihren Bildtypen lebt vom Austausch der den verschiedenen Heiligen zugeordneten Attribute und Bildelemente. Das gilt im besonderen Maße für die Jakobus-Ikonografie, wie wir an anderen Beispielen noch sehen werden. Der am Weitesten verbreitete Ritterheilige des Mittelalters war gewiss der hl. Georg von Kappadokien, der am 23. April 303 unter Diokletian das Martyrium erlitten haben soll. Seit dem 12. Jahrhundert erfreute er sich im Abendland als Drachentöter zu Pferde und Ritterheiliger größter Beliebtheit. Die Parallelen zu Jakobus Matamoros sind, nicht nur in der Datierung, frappierend. Zumeist sitzt Georg als gewappneter Ritter zu Pferde und tötet mit seiner Lanze den unter dem Pferd kauernden Drachen. Es fehlt im Bild auch nicht die Jungfrau, die dem Drachen, dem Symbol des Teufels und des Unglaubens, geopfert werden sollte. Jakobus Matamoros ist mit dem hl. Georg ebenso verwandt, wie er in einer uralten eurasischen Bildtradition steht, deren Schwerpunkte sich im Nahen Osten, in den Steppen Südasiens sowie in Südosteuropa feststellen lassen.

Dennoch verbreitete sich das Bild des Jakobus Matamoros nach dem 13. Jahrhundert nur sehr langsam in Spanien, erst recht in anderen Ländern. Ein Grund mag das vorläufige Abklingen der Reconquista nach dem entscheidenden Sieg der vereinigten christlichen Königreiche in der Schlacht von Las Navas de Tolosa 1212 und der Eroberung von Córdoba (1236) und Sevilla (1248) sein. Die Gefahr durch die im 12. Jahrhundert auf die Almoraviden folgenden Almohaden unter Yaqub al-Mansur, die noch 1195 die christlichen Heere bei Alarcos schwer geschlagen hatten, war nun gebannt. Jakobus Matamoros wurde vorübergehend nicht gebraucht. Erst im 15. Jahrhundert, unter dem

Eindruck des Falls von Konstantinopel und der Gefahr durch die Tür-
ken sowie nach der Wiederaufnahme der Reconquista mit dem Ziel,
das letzte muslimische Territorium im Süden der Iberischen Halbinsel,
das Reich der Nasriden von Granada, zu erobern, kam der kriegerische
Apostel wieder zu Ehren. Mit dem Beginn der Eroberung Lateinamerikas wurde der Apostel Jakobus erneut gebraucht.

Das Jahr 1492 spielt dabei eine besondere Rolle. In diesem Jahr
eroberten die vereinigten Truppen der katholischen Könige Isabella I.
von Kastilien (Regierungszeit 1451–1504) und Ferdinand II. von Aragón
(Regierungszeit 1452–1516) zunächst das letzte in Spanien verbliebene
muslimische Königreich Granada, wodurch die Reconquista zum
Abschluss kam. Der Apostel Jakobus soll dabei kräftige Unterstützung
geleistet haben. Im gleichen Jahr entdeckte der von Königin Isabella
ausgesandte Christoph Kolumbus Amerika und gab damit das Startsig-
nal für die ungeheure, vor allem militärisch vorangetriebene Ausdehnung des spanischen Einflusses in der Neuen Welt. Wiederum fiel das
Patronat über diese Eroberungskriege dem in Spanien als Kriegerheiligen fast arbeitslos gewordenen Apostel Jakobus zu. Das Ergebnis ist bis
heute auf den Landkarten abzulesen. Mehr als fünfzig größere Städte
und Regionen, aber auch Flüsse im ehemaligen spanischen Kolonial-
reich tragen den Namen des in Galizien ruhenden Heiligen, angeführt
von der Hauptstadt Chiles, Santiago de Chile.

Diese Entwicklung geht weit über das Mittelalter hinaus. Nicht
zuletzt deshalb stammen die meisten Bildwerke des Jakobus Matamoros aus den Epochen der Renaissance und des Barocks. Sie sehen einander zum Verwechseln ähnlich. Jakobus sitzt, als Ritter gegürtet und
bewaffnet, ein Schwert schwingend, auf einem Schimmel. Bisweilen
trägt er auch die prächtige Gewandung eines Adeligen des 16. bis
18. Jahrhunderts. Auf dem Kopf wird der Helm durch einen prächtigen
Hut mit weiter Krempe, nicht selten durch den Pilgerhut mit der an-
gehefteten Jakobsmuschel, ersetzt. Auch hier vermischen sich bisweilen die unterschiedlichen Typen, als die der Apostel in anderer Weise
dargestellt wird, mit dem Matamoros. Unter den Hufen des Pferdes
suchen sich ein oder mehrere Mauren, durch Krummsäbel, Rundschild
und Turban als solche gekennzeichnet, vor dem galoppierenden Pferd
und den Schwerthieben des Heiligen zu schützen. Die Botschaft ist
immer die gleiche: Jakobus, der Beschützer Spaniens, vernichtet alle,
die dem seit dem 16. Jahrhundert dem Christentum vollständig unter-
worfenen Land Schaden zufügen wollen.

Jakobus – ein Helfer des faschistischen Franco-Regimes

Zum Patron Spaniens mit eigenem Nationalfeiertag, abgesehen von einer Erwähnung als »Patron und Herr ganz Spaniens« schon im Jahr 834 (Herbers 2007) und der genannten Rolle des Heiligen in der Reconquista, wurde Jakobus erst im Spanischen Bürgerkrieg, als der spätere Diktator Franco den Zuspruch des hl. Jakobus – und natürlich den der katholischen Kirche Spaniens – für seine fragwürdigen Ziele in Anspruch nahm. Fast ein Jahr nach seinem Putsch gegen die demokratisch gewählte republikanische Regierung erließ Franco während der blutigen Schlacht bei Brunete am 21. Juli 1937 das Dekret Nr. 325, das den Apostel Jakobus zum Landespatron ganz Spaniens bestimmte und den 25. Juli, den Jakobustag, und die Abgaben an die Kathedrale im Sinne des »*Voto de Santiago*« nach der gefälschten Urkunde des 12. Jahrhunderts festlegte. In der Tat schien wenige Tage später der Apostel bereits seinen Dank an den frommen Diktatur abzustatten. Am 25. Juli 1937 konnte Franco nach Einstellung der Kämpfe den Sieg für sich reklamieren, da die republikanischen Streitkräfte es nicht geschafft hatten, die Straße von der Extremadura nach Madrid unter ihre Kontrolle zu bringen.

Das seit 1150 bestehende »*Voto*« war nach dem Ende der mittelalterlichen Blütezeit der Wallfahrt noch einmal von König Philipp IV. von Spanien am 25. Juli 1643 erneuert und als nationale Abgabe institutionalisiert worden. Zwar hatte die Cortes, die spanische »Volksvertretung«, bereits am 14. Oktober 1812 zusammen mit dem »*Voto de Santiago*« alle Vorrechte der Kirche von Santiago de Compostela aufgehoben und neben Jakobus die hl. Teresa von Avila zur Patronin Spaniens ernannt, aber daran fühlte Franco sich nicht gebunden. Die Legende um die Schlacht von Clavijo erlangte damit Gesetzeskraft. Das Dekret Nr. 325 ist bis heute gültig, und alljährlich erweisen in der Nachfolge Francos hochrangige Vertreter des Staates sowie der König bzw. der Kronprinz dem Apostel Jakobus am 25. Juli in der Kathedrale von Santiago die Ehre.

Franco bemühte sich, den Jakobuskult und die Jakobuswallfahrt sowohl für seine innen- wie auch für seine außenpolitischen Zwecke zu instrumentalisieren – und war damit durchaus erfolgreich. Zu Beginn ging es ihm nach dem verheerenden Bürgerkrieg von 1936 bis 1939 vor allem um die Einheit Spaniens. Versöhnende Motive waren jedoch, wenn überhaupt vorhanden, weit im Hintergrund. Wie in der Legende von Clavijo stand Jakobus nun statt für die Vertreibung der Mauren bis ins 16. Jahrhundert für die Vertreibung der »Kommunisten«, wobei Demokraten, Sozialisten, Gewerkschafter und Liberale mit unter diesen Begriff eingeordnet wurden. Der Apostel Jakobus als »Maurentöter« (Matamoros) wurde zum »Kommunistentöter« (Matacomunistas) und diente dem faschistischen Regime als Identifikationsfigur.

Ein treffendes Beispiel dafür bietet das Kloster Samos am spanischen Jakobsweg, das noch heute ein Ort der Verehrung weniger für Jakobus als vielmehr für den »Kämpfer gegen den Kommunismus«, Generalissimus Franco, ist. Eine große Inschrift im Kreuzgang verkündet dort:

EL:DIA:XXVI:AGOSTO
AÑO:MCMXLIII
FRANCISCO:FRANCO:CAUDILLO.DE:ESPAÑA
VENCEDOR:EN:LA:CRUZADA
CONTRA:EL:COMUNISMO:ACOMPAÑADO
DE:SU:ESPOSA:E:HIJA:SEQUITO
CIVIL:Y:MILITAR
VISITO:ESTE:CENOBIO
MAURO:ABAD

(Am Tag des 26. August des Jahres 1943 besuchte Francisco Franco, Führer Spaniens, Sieger im Kreuzzug gegen den Kommunismus, in Begleitung seiner Frau und Tochter und seinem zivilen und militärischen Gefolge dieses Kloster. Mauro, Abt)

Die Mönche von Samos hatten allen Grund, dem faschistischen Diktator dankbar zu sein. Als ihnen 1951 beim Schnapsbrennen Teile ihres Klosters um die Ohren flogen, gewährte Franco großzügige Hilfe beim Wiederaufbau. Im Zuge der Wiederherstellung des Kreuzgangs ließen die frommen Brüder diesen neu ausmalen. Die dort tätigen Künstler, deren Schaffen vorher dem Malen von schlichten Filmplakaten gewidmet war, lieferten in den Bildzyklen der Klausur einige erotische Szenen – Pin-up-Girls getarnt als himmlische Wesen – ab, die selbst heutigen Pilgern noch Staunen und Schamröte, nicht selten auch ein vielsagendes Grinsen ins Antlitz treiben. Sex und Erotik am Jakobsweg ist, wie noch zu zeigen sein wird, ein mehr als 1000 Jahre altes Thema. Aber die wunderliche im Kloster Samos gepflegte Spiritualität stellt doch eine sehr eigenartige Mischung aus frommem Glaubenseifer und brutalem Sendungsbewusstsein dar, bei dem die Opfer und Unterlegenen im Spanischen Bürgerkrieg von 1936 bis 1939 ihren Jakobus als Patron aller Spanier wohl kaum wiedererkennen mochten.

Die katholische Amtskirche hatte gegen diese Vereinnahmung des Apostels für die faschistische Diktatur nichts einzuwenden, im Gegenteil. Sie strebte die Wiedereinsetzung in ihre Rolle als »Staatsreligion« an, was denn auch offiziell im spanischen Grundrechtskatalog von 1945 verankert wurde. Gleichzeitig wurde sie nun eng in den franquistischen Ständestaat eingebunden und erhielt einen überragenden Einfluss auf das Bildungswesen und die öffentliche Moral. Das zwischen Spanien und dem Vatikan 1953 geschlossene Konkordat sanktionierte all diese Privilegien der katholischen Kirche, die auf diese Weise auch ein wichtiges Repräsentationsrecht in Staats- und Regierungsgremien, in der Cortes, dem Kron- und dem Staatsrat erlangte. Die Kirche wurde zu einem zuverlässigen Stützpfeiler der Franco-Diktatur. Den Segen dazu gab neben Papst Pius XII. notgedrungen der Apostel Jakobus.

Dieser hatte auch seinen Teil zu den Außenbeziehungen des Regimes beizutragen. Zwar war die Jakobuswallfahrt durch den Spanischen Bürgerkrieg und den unmittelbar darauf folgenden Zweiten Weltkrieg fast auf dem Nullpunkt angekommen. Franco erkannte jedoch frühzeitig, dass er hier ein scheinbar unpolitisches Instrument in die Hand bekam, um sich in unverfänglicher Weise in Europa zu präsentieren. Und es gelang ihm tatsächlich, die Geschichte der Wallfahrt als ein europäisches Phänomen darzustellen. Bei diesem Bemühen scheute er auch den persönlichen Einsatz nicht. Am 25. Juli, dem Jakobstag, erschien er regelmäßig in Begleitung hochrangiger europäischer Gäste in Santiago de Compostela, nahm dort vor der Kathedrale eine Militärparade ab, sprach in der Kirche die Weihegebete und ließ zu diesem Anlass sogar Sonderbriefmarken herausgeben. Die Pilgerreise nach Santiago de Compostela blieb zunächst eine innerspanische Erscheinung. Der Erfolg auf europäischer Ebene stellte sich nur sehr langsam ein. Erst als das Franco-Regime schon kurz vor seinem Ende stand, begann auch die Zahl der Pilger aus dem Ausland wieder zu steigen. Bis heute erinnern entlang der Jakobswege auf der Iberischen Halbinsel noch viele Denkmäler und Bildwerk an die faschistische Diktatur in Spanien.

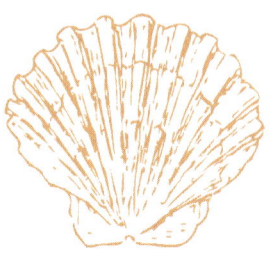

Der Weg
Wie man zum Ziel gelangt

Wer sich in unserer Zeit entschließt, auf dem Jakobsweg zu wandern oder gar bis zum Ziel in Santiago de Compostela zu pilgern, hat es im Vergleich zu früheren Jahrhunderten recht leicht. Die Buchhandlungen bieten eine kaum mehr überschaubare Fülle von Wanderführern und Landkarten an, die bis hin zu einzelnen Häusern, Wegemarken und Wasserstellen, Wallfahrtszielen und Sehenswürdigkeiten alles benennen und beschreiben, was für den Pilger wichtig sein könnte. Die Auswahl ist bei aller Qualität nicht einfach. In keinem Pilgerführer sind alle Informationen enthalten, die man auf dem Weg gerade einmal gerne vor Augen hätte. Diesen Anspruch kann auch kein noch so ausführliches Pilgerhandbuch erfüllen. Wollte man den Versuch wagen, wäre das Ergebnis ein voluminöser Wälzer, der angesichts der beschränkten Gepäckmenge schnell zum überflüssigen Ballast würde. Außerdem sind die Ansprüche der Pilger viel zu unterschiedlich, als dass alle mit einem einzigen Führer zufriedengestellt werden könnten. Letztlich braucht man so viel Information, zumindest auf den Hauptwegen, gar nicht.

Mit dem Anbruch des digitalen Zeitalters am Ende des 20. Jahrhunderts sind zusätzliche Hilfsmittel ins Spiel gekommen, von denen man sich bis zu diesem Zeitpunkt noch nicht einmal eine vage Vorstellung machen konnte. Von Satelliten geführte Navigationsgeräte lenken nun jeden Schritt, und über das Internet kann man sich nicht nur über die Wegstrecke informieren, sondern auch Schlafstellen und Zimmer reservieren, Einkaufsmöglichkeiten und Restaurants ermitteln und in der Not Hilfe herbeirufen. Bei einer sorgfältigen Vorbereitung kann man sich die gesamte Wegstrecke vorprogrammieren. Die hierfür notwendigen Geräte haben kaum mehr die Größe einer Zigarettenschachtel und wiegen wenig mehr als 100 Gramm. Der Pilger des 21. Jahrhunderts ist verdrahtet und vernetzt.

Ein Verirren, ein unfreiwilliges Abweichen vom geplanten Weg ist so gut wie ausgeschlossen, es sei denn, der Akku ist leer. So ist denn auch heute nicht mehr die Orientierung auf dem Weg das Problem, sondern die Chance, in den Herbergen eine freie Steckdose für die Ladegeräte zu finden. Darüber hinaus muss der Zugewinn bei dem Bemühen, auf dem richtigen Weg zu bleiben, mit einem erheblichen Verlust bei der Wahrnehmung des Weges und der umgebenden Landschaft bezahlt werden. Verirren kann auch sehr schön sein, setzt man sich doch zwangsläufig in einer ganz anderen, viel intensiveren Weise mit der Gegend, die man gerade durchquert, auseinander.

Ein Pilgerweg wird gemacht

Schaut man in die Handbücher zum Jakobsweg und die dort wiedergegebenen Wegekarten, so bemerkt man ein über ganz Europa gebreitetes Wegenetz, das mittlerweile von dem Zielort Santiago de Compostela bis nach Helsinki, Minsk und Moskau, Kiew und Istanbul reicht. Dieses Netz wird Jahr für Jahr dichter, und man kann nur darüber staunen, wo heute überall die charakteristischen blaugelben Schilder mit der stilisierten Jakobsmuschel und dem Sternenkranz – der offizielle Wegweiser auf dem Jakobsweg – aufgerichtet werden. Dennoch hat dieses Wegenetz eine Struktur, die noch immer von den viele Jahrhunderte alten Traditionen auf dem Jakobsweg bestimmt wird. Die Anfänge dieser Wegeführung lassen sich einmal mehr im 12. Jahrhundert, in der Umgebung des Erzbischofs Diego Gelmirez von Santiago de Compostela, feststellen. Es handelt sich um einen »Reiseführer«, der zu einem großen Teil bis zum heutigen Tag die Schritte der Jakobspilger lenkt. Hören wir zunächst einmal, was dieser mittelalterliche »Reiseführer« dem Pilger zu empfehlen hat:.

> »Vier Wege führen nach Santiago, die sich zu einem einzigen in Puente la Reina in Spanien vereinigen; einer geht über St. Gilles, Montpellier, Toulouse und den Somport-Pass, ein anderer über Notre-Dame in Le Puy, Ste.-Foy in Conques und St.-Pierre in Moissac, ein weiterer über Ste.-Madeleine in Vézelay, St.-Léonard im Limousin und die Stadt Périgueux, ein letzter über St.-Martin in Tours, St.-Hilaire in Poitiers, St.-Jean d'Angély, St. Eutrope in Saintes und die Stadt Bordeaux. Diejenigen Wege, die über Ste.-Foy, St.-Léonard und St.-Martin führen, vereinigen sich bei Ostabat, und nach dem Überschreiten des Cisa-Passes treffen sie in Puente la Reina auf den Weg, der den Somport-Pass überquert; von dort gibt es nur einen Weg bis Santiago.«

Danach folgen in einzelnen Abschnitten die Tagesstrecken des Jakobsweges, Namen der dort gelegenen Orte, Hinweise auf empfehlens-
werte Pilgerherbergen, die Namen derjenigen, die diesen Weg ausgebaut und instand gehalten haben, Hinweise auf Wasserstellen und
einiges über die Eigenschaften der Länder und Völkerschaften entlang
des Weges.

Der Pilgerführer findet sich im V. Buch des schon mehrfach genannten *Codex Calixtinus* und gehört heute zu den am meisten verbreiteten und immer wieder neu aufgelegten und kommentierten
Quellen zum Jakobsweg. Als Verfasser des Pilgerführers gilt der Fran-
zose Aymeric Picaud, der nach einem Papst Innozenz II. zugeschrie-
benen Brief angeblich den von Papst Calixtus II. verfassten *Codex
Calixtinus* nach Santiago gebracht hat. Er stammte aus Parthenay im
Poitou, war zeitweise Kaplan in Vézelay und dürfte ein enger Mitarbei-
ter von Erzbischof Diego Gelmirez gewesen sein. Aymeric Picaud
kannte die im Pilgerführer beschriebenen Gegenden offensichtlich
aus eigener Anschauung, dürfte die Wegestrecken aber wohl kaum als
Pilger zu Fuß zurückgelegt haben. Allein die Tagesstrecken in Spanien
hätten Tagesmärsche von 50 bis 70 Kilometern erfordert. Das war
allenfalls mit dem Pferd zu schaffen. Der Pilgerführer war auch nicht
als praktische Handreichung für die Pilger auf dem Weg gedacht.
Dafür war das aufwendig von Hand auf Pergament geschriebene Werk
viel zu kostbar. Es war ein Teil der propagandistischen Kampagne, die
Diego Gelmirez nach seiner Erhebung zum Erzbischof und der weitgehenden Fertigstellung der neuen Kathedrale über dem Grab des
Apostels entfaltete, um das Grab des Apostels Jakobus in Santiago und
den Weg dorthin noch stärker im Bewusstsein des Abendlandes zu
verankern. Dennoch hat der Pilgerführer des *Codex Calixtinus* vom
Mittelalter bis zum heutigen Tag die Streckenführung nach Santiago
de Compostela bestimmt.

Wer heute die von Aymeric Picaud beschriebenen Wege in Richtung
Santiago aufsucht, wandert gleichwohl überwiegend nicht mehr auf
den originalen Pfaden und Straßen des 12. Jahrhunderts. Diese sind
vielfach durch moderne Asphaltstraßen oder auch neue Siedlungen
und Stadtteile überbaut. Die Wegeführung im Einzelnen ändert sich
fortwährend. Gerade angesichts des Massenandrangs, vor allem auf
dem spanischen Jakobsweg, dem »Camino Francés«, werden die alten
Wege, wenn überhaupt noch vorhanden, zu wahren »Autobahnen«
für Wanderer verbreitert, umgelegt und auch durch neue, ruhigere
Wanderwege ersetzt. Das gilt für Spanien ebenso wie für die Fernwan-

derwege der »Grand Routes« in Frankreich, welche sich an den von
Aymeric Picaud genannten Strecken orientieren und die dort genannten Landschaften durchqueren, die alten Wege jedoch nur teilweise
nutzen.

Römerstraßen

Diese alten Wege gehen oft weit vor das Mittelalter zurück. Insbesondere das hervorragend ausgebaute Netz der antiken Römerstraßen
bestimmt auch heute noch zu einem guten Teil die verschiedenen
Strecken des Jakobsweges. Sowohl Spanien wie auch Frankreich verfügten in der Blütezeit des Römischen Reiches zwischen dem 1. und
dem 5. Jahrhundert n. Chr. bereits über ein weit verzweigtes und gut
ausgebautes Straßennetz. In Spanien folgt vor allem der Hauptweg, der

Die wichtigsten Verbindungsstraßen in Spanien in der römischen Kaiserzeit.

Cirauqui, die alte Römerstraße
von Zaragoza nach Léon.

»Camino Francés«, zu großen Teilen der Römerstraße von Zaragoza
(*Colonia Caesaraugusta*) über Léon (Legionslager *Legio VII Gemina*) und
Astorga (*Asturica Augusta*) nach Lugo (*Lucus Augusti*). Ursprünglich
nahm diese Straße bei Briviesca (*Virovesca*) nordöstlich von Burgos eine
weitere Straße auf, die von Bordeaux (*Burdigala*) über Pamplona (*Pom-
paelo*) kommend bei Briviesca in die Straße nach Léon einmündete.
Noch heute wird die erstgenannte Römerstraße mit ihrer originalen
Pflasterung und einer Brücke hinter Cirauqui von den Pilgern begangen; nicht gerade zu deren Vergnügen, denn die 2000 Jahre alte Stra-
ßendecke ist auch durch moderne Wanderschuhe mit dicken Sohlen
hindurch noch in wenig angenehmer Weise zu spüren.

Die Straße von Zaragoza war auch noch im Frühmittelalter nach
der weitgehenden Eroberung Spaniens durch die Muslime begehbar,
wurde jedoch offensichtlich wenig genutzt und war einem langen Verfall preisgegeben. Das ist verständlich. Das obere Ebro-Tal, die Rioja
beiderseits von Logroño, war im 9. und im 10. Jahrhundert umkämpftes Grenzgebiet, dessen südlicher Teil vom Sultanat von Zaragoza und
dem kleinen Territorium der Banu Qasi kontrolliert wurde. Ein Pilger
musste zu dieser Zeit damit rechnen, zwischen die Konfliktparteien zu
geraten oder aber als Sklave in die muslimischen Territorien verkauft

zu werden. Handschellen und Fußfesseln als Votivgaben in spanischen Klöstern und sogar auf dem Tympanon der Abteikirche im französischen Conques legen davon Zeugnis ab. Die alten Römerstraßen wurden erst nach dem Zusammenbruch des Kalifats und der Unterwerfung der Banu Qasi durch das Königreich Navarra wieder etwas sicherer. Vor allem unter König Sancho III. el Mayor von Navarra kam es zu Beginn des 11. Jahrhunderts zu einer Wiederbelebung der Straßen und zu einem Aufschwung des Pilgerwesens. Er stellte die alte Römerstraße von den Pyrenäen nach Astorga und Lugo wieder her und gab ihr teilweise einen neuen Streckenverlauf. Damals wurde auch der alte Straßenknoten in Briviesca zugunsten des 850 gegründeten Burgos aufgegeben, wodurch der »Camino Francés« im Wesentlichen seinen heutigen Verlauf erhielt. Ein wichtiges Ergebnis dieser Maßnahmen war neben der Sicherung der Pilgerstraße die Öffnung Spaniens über Roncesvalles und den Somport-Pass nach Europa.

Eine zweite wichtige Römerstraße, die für den Jakobsweg allerdings erst im 13. Jahrhundert ihre volle Bedeutung erlangte, war die Ruta de la Plata, fälschlich Silberstraße genannt. Sie führt von Sevilla über Mérida (*Emerita Augusta*) und Salamanca (*Salmantica*) nach Astorga und von dort auf dem »Camino Francés« über die Maragateria und den Cebreiro nach Santiago. Sie wurde von den iberischen Stämmen bereits in vorrömischer Zeit genutzt. Die Römer bauten die rund 1000 Kilometer lange Straße zu einer ihrer Hauptachsen in Spanien aus. Der Name Ruta de la Plata hat, auch wenn sie in die nordspanischen Bergbaugebiete führte, mit dem spanischen Wort für Silber nichts zu tun. Er leitet sich vielmehr von dem arabischen Wort »Bal'latta« ab, was so viel wie »breiter gepflasterter Weg« heißt, ein Hinweis darauf, dass auch die muslimischen Eroberer den Wert dieser Straße zu schätzen wussten. Auf der Ruta de la Plata kann man heute noch das finden, was die Jakobspilger auf anderen Strecken zunehmend vermissen: Einsamkeit pur, herrliche Landschaften, viele unbekannte Kulturschätze und echte Gastfreundschaft. Diese Vorteile erkauft man allerdings mit langen Etappen auf dem Weg, viel Hitze und wenig Schatten im Sommer und auch mal einer Nacht im Freien, wenn der Weg zur nächsten Herberge sich gar zu lange hinzieht.

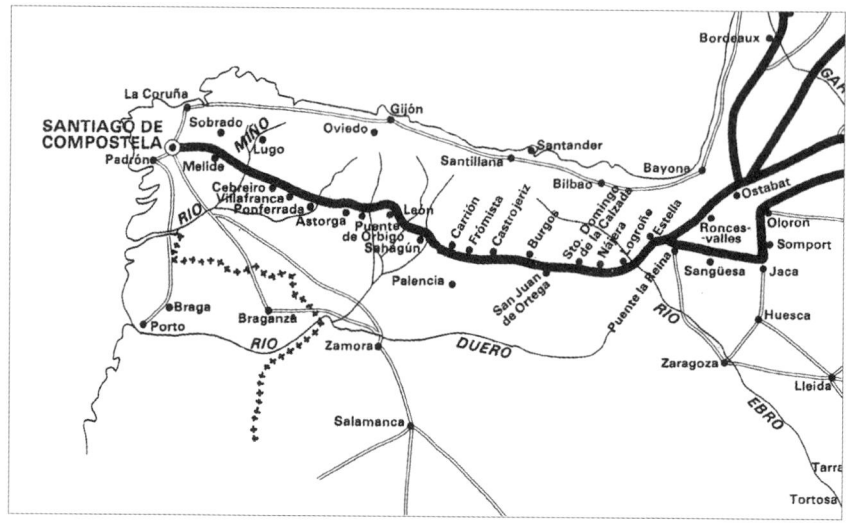

Der »Camino Francés« in Spanien, der klassische Jakobsweg von den Pyrenäen nach Santiago de Compostela.

Straßen schreiben Geschichte

Das Wandern auf dem Jakobsweg führt jedes Mal in die Geschichte. Nicht wenige packen nur deshalb ihren Rucksack und machen sich auf den Weg. Neben all den anderen Gründen, dem spirituellen Erleben ebenso wie dem Heraustreten aus dem Alltag und den körperlichen Herausforderungen, ist die Wanderung auf dem Jakobsweg immer auch eine Geschichte des Reisens und der Straßen. Man geht zu Fuß, und das in einer Zeit, in der hektische Mobilität und Zeitgewinn den Lebensrhythmus vieler Menschen bestimmen. Mit dem Fahrrad, dem Pferd oder Esel geht es kaum schneller. Aber das sind schon eher die Ausnahmen. Die historischen Straßen, Wege und die mit Kulturdenkmälern gesättigten Landschaften erzwingen eine Langsamkeit und körperliche Anstrengungen, die wir eigentlich nicht mehr gewohnt sind. Doch sich plagen zu müssen, gehört zu einer Bußwallfahrt, auch wenn sie »nur« als erlebte Geschichte verstanden wird, nun einmal dazu.

Und meist sind diese Straßen auch recht unbequem. Alte Straßen sind Höhenwege. Sie meiden die sumpfigen Niederungen und Flusstäler. Flüsse sind lästige Hindernisse, die man überqueren muss. Der

Pilgerführer des Aymeric Picaud weiß davon zu berichten. Brücken gab es nicht überall. Um so größer war die Anerkennung und sogar Verehrung für diejenigen, die dazu beitrugen, solche aufwendigen Bauwerke zu errichten. Bisweilen tragen sie die Namen ihrer Schöpfer. In Puente la Reina treffen wir auf Dona Mayor, die Gattin des bereits erwähnten Straßenbauers, des Königs Sancho III., genannt el Mayor, welche die bis heute ihren Dienst versehende Brücke an diesem Treffpunkt der beiden Hauptwege des »Camino Francés« zu Beginn des 11. Jahrhunderts errichten ließ. Andere gelangten sogar zur Ehre der Altäre. Santo Domingo de la Calzada ehrt in seinem Namen einen Mann, der sein Leben dem »Camino Francés« und den Pilgern widmete, der Brücken, Hospitäler und Straßen baute. Ebenso verhält es sich mit dem Kloster von San Juan de Ortega, das nach

Cahors, Pont Valentré, Brücke über den Lot von 1308.

einem würdigen Nachfolger des hl. Domingo benannt ist. Er hatte auf einer Wallfahrt nach Jerusalem die Beschwernisse einer Pilgerreise am eigenen Leibe erfahren und machte nach seiner Rückkehr bis zur Mitte des 12. Jahrhunderts durch den Bau von Straßen, Brücken und Herbergen die wilden Montes de Oca, wo Räuber und wilde Tiere zu Hause waren, für die Pilger begehbar. Es sind dies nur einige Beispiele, wie im 11. und 12. Jahrhundert zunächst einmal die Voraussetzungen für das Aufblühen der Wallfahrt geschaffen wurden, welche Diego Gelmirez dann in ganz Europa propagierte.

Ähnlich wie mit Tälern und Flüssen ist es mit den Gebirgen. Da man im Mittelalter die sumpfigen und in manchen Gegenden malariaverseuchten Niederungen zu meiden suchte, mussten die Straßen und Wege über die Berge und hohe Pässe geführt werden, wenn man nicht einen schiffbaren Fluss fand oder lange Umwege in Kauf nahm. Die Jakobswege weisen all diese Charakteristika auf. Geeignete Flüsse im Binnenland sind auf dem Weg nach Santiago allerdings Mangelware. In Spanien gibt es westlich vom Ebro keinen einzigen schiffbaren Fluss, während weiter östlich einzig die Rhône ab dem Genfer See und in einigen Streckenabschnitten der Rhein infrage kommen. Ab dem Rhône-Tal lag auf dem kürzeren Weg zunächst das Zentralmassiv mit seinen Ausläufern im Weg. Ab Le Puy-en-Velay heißt das bis heute, von den Höhen jeweils in die tief eingeschnittenen Täler von Allier, Lot und Tarn hinab- und auf der anderen Seite wieder hinaufsteigen zu müssen. Es folgten die Pyrenäen mit den Pässen des Somport und von Roncesvalles, dann die Montes de Oca und der südliche Bogen des Kantabrischen Gebirges zwischen Astorga und Galizien. Passhöhen von 1500 Metern waren da die Regel. Der Alto del Perdón (Berg der Vergebung) zwischen Pamplona und Puente la Reina erscheint da mit seinen 1000 Metern noch harmlos, baut sich aber wie eine Wand vor den Wanderern auf und trägt, zumindest nach Auffassung der Pilger, seinen Namen zu Recht. Während die Anstiege in Spanien hinter Astorga über den Irago mit dem Cruz de Ferro und den Pass von Cebreiro nicht zu umgehen sind, konnten die aus Deutschland und Nordeuropa kommenden Pilger in Frankreich auf die »niederdeutsche« und die »oberdeutsche« Straße ausweichen. Von diesen wird noch die Rede sein.

Die Straßen und Wege zu Lande boten nicht die einzige Möglichkeit, nach Santiago de Compostela zu kommen. Vor allem die Bewohner der Britischen Inseln waren, zumindest auf Teilstrecken, auf den Seeweg angewiesen. Mittelalterliche Seefahrt war ein äußerst zwiespältiges Reisevergnügen. Die Schiffe glichen eher Nussschalen, und der einfache Pilger konnte froh sein, wenn er statt eines ungeschützten Deckplatzes wenigstens ein paar Bretter der Decksplanken über dem Kopf hatte. Die Reise konnte entweder von den irischen und englischen Häfen direkt über See nach A Coruña, von wo man in knapp 70 Kilometern nach Santiago gelangte, oder entlang der schützenden Küste nach Bordeaux gehen. Oder man setzte so schnell wie möglich zur französischen Kanalküste über und reiste auf dem Landweg weiter. Seereisen waren teuer und gefährlich. Im Norden Spaniens konnten neben A Coruña weitere Häfen wie San Sébastian, Castro Urdiales, Santander und Avilés Pilger aufnehmen, die von hier entweder den Küstenweg über Lugo nahmen oder über die alte asturische Metropole Oviedo durch das Kantabrische Gebirge bei Léon den »Camino Francés« zu erreichen suchten. Der Seeweg war auf jeden Fall nicht minder strapaziös als der Landweg.

Die Wege des Aymeric Picaud

Angesichts dieser Situation zeigt sich auch, dass die Empfehlung der vier Wege in Frankreich durch Aymeric Picaud eher einen propagandistischen als einen praktischen Wert hatte. Von den vier Wegen waren zwei nur von minderem Interesse. Sie wurden vermutlich nur von Pilgern begangen, die entweder aus diesen Gegenden stammten oder aber ein besonderes Interesse hatten, die an ihnen liegenden Wallfahrtsorte und ihre Reliquienschreine aufzusuchen.

Die *Via Lemovicensis* beginnt in burgundischen Vézelay, einem der vom 12. bis zum 13. Jahrhundert herausragenden Wallfahrtsorte des Mittelalters. Dass er von Aymeric Picaud als Startort einer der Hauptrouten des *Codex Calixtinus* ausgewählt wurde, lag neben den dort angeblich aufbewahrten Reliquien der hl. Maria Magdalena wohl vor allem an der Tatsache, dass Aymeric Picaud hier einige Jahre als Kaplan tätig war. Ein Verkehrsknotenpunkt war Vézelay im Mittelalter sicher nicht.

Allerdings erlebte das kleine Städtchen mit seinem berühmten Kloster im 12. Jahrhundert einige große Ereignisse in seinen Mauern. 1146 rief der hl. Bernhard von Clairvaux hier zum zweiten Kreuzzug auf. 1166 sprach hier der vertriebene Erzbischof Thomas Becket von Canterbury den Bannfluch über seinen König Heinrich II. von England aus, und in Vézelay trafen sich 1190 die Könige Philippe II. Auguste von

Die vier Hauptwege
in Frankreich aus
dem »Reiseführer«
Aymeric Picauds
im Codex Calixtinus.

Frankreich und Richard Löwenherz von England, um zum dritten Kreuzzug ins Heilige Land aufzubrechen. Vézelay und auch der von hier ausgehende Jakobsweg erlebten jedoch nach 1280 einen steilen Niedergang. Karl II. von Anjou, Graf der Provence, meldete damals Zweifel an der Echtheit der Magdalena-Reliquien an, die seiner Meinung nach in Wahrheit im provenzalischen St. Maximin zu verehren seien. Dabei ging es natürlich um die Spendengelder der Pilger. Als Papst Bonifaz VIII. 1295 den Streit zugunsten von St. Maximin entschied, war das Ende von Vézelay und seiner Wallfahrt besiegelt. Nicht zuletzt deshalb hat Vézelay bis heute seinen malerischen mittelalterlichen Charakter erhalten können.

Auch die *Via Podiensis* , die von Le Puy-en-Velay über den Aubrac und das Quercy ins Languedoc führt, kann nicht zu den Hauptstrecken des Jakobsweges im Mittelalter gezählt werden. Schon die ersten Etappen über den Aubrac, eine Hochfläche von durchschnittlich 1000 Meter Höhe mit Anstiegen bis zu fast 1500 Metern, sind bis heute ein zwar landschaftlich reizvolles, aber anstrengendes Wandervergnügen. Für Aymeric Picaud dürfte der wichtigste Grund für die Aufnahme der *Via Podiensis* unter seine vier Hauptrouten der alte Wallfahrtsort Conques in einem schwer zugänglichen Seitental des Lot gewesen sein. Der bis in die Zeit Karls des Großen zurückgehende Wallfahrtsort, dessen mittelalterliches Erscheinungsbild bis heute unverfälscht bewahrt wurde, pflegte enge Beziehungen zu Santiago de Compostela. Von hier kam der »Meister von Conques«, der in Santiago für die Errichtung großer Teile des Querhauses der Kathedrale verantwortlich war. Man sieht der Kirche über dem Apostelgrab ungeachtet der unterschiedlichen Größenordnungen auf den ersten Blick die Nähe zur etwas älteren Abteikirche von Conques an. Zwei weitere Orte auf der *Via Podiensis* mochten für die Pilger ebenfalls von besonderem Interesse sein: die Kathedrale von Cahors und die seit 1998 zum Weltkulturerbe zählende Abtei Moissac mit ihrem prächtigen Portal und dem Kreuzgang. Gleichwohl dürfte die schwierige *Via Podiensis* zu allen Zeiten nur wenig begangen worden sein.

Von Deutschland nach Santiago

Zwei Reiseberichte aus dem Späten Mittelalter zeigen uns die Hauptwege an, die von den Pilgern aus Mitteleuropa, Skandinavien, England und auch aus Frankreich hauptsächlich begangen wurden. Der erste Bericht stammt von dem Servitenmönch Hermann Künig von Vach (lebte um 1450–1495), der zweite von dem Ritter Arnold von Harff (lebte von 1471–1505), der auf einer ausgedehnten Pilgerreise nicht nur Santiago de Compostela zum Ziel hatte, sondern zuvor auch Jerusalem und Rom aufsuchte. Sie benutzten auf ihrem Hinweg ab der Provence im Wesentlichen die *Via Tolosana*, auf dem Rückweg die *Via Turonensis*. Beide Straßen, die *Via Tolosana* von St.-Gilles-du-Gard bis zum Somport-Pass und die *Via Turonensis* von Tours an der Loire bis Roncesvalles, werden auch von Aymeric Picaud als Hauptwege in Frankreich genannt, sind jedoch für die aus Mitteleuropa kommenden Pilger viel länger. Es handelt sich um die »Oberdeutsche Straße« und die »Niederdeutsche Straße«, auch kurz Ober- und Niederstraße genannt. Diese waren für die meisten Pilger aus Europa, in Teilen sogar für die auf der *Via Francigena* von Rom herauf kommenden Italiener, die Hauptwege nach Santiago de Compostela.

Die Oberstraße hatte einen ihrer wichtigsten Ausgangspunkte in der Handelsmetropole Nürnberg. Von hier ging es über Ulm nach Konstanz. Im dortigen Münster findet man noch heute die Statue des Apostels Jakobus am heiligen Grab aus der Zeit um 1260, welche Pilgertaschen mit der Jakobsmuschel und Wanderstöcke an die Pilger auszuteilen scheint. Von Konstanz gelangte man zum Kloster Einsiedeln, einem wichtigen Zwischenziel in der Schweiz, aber keineswegs ein »Startort« des Jakobsweges, wie in der Literatur häufig zu lesen ist. Über Luzern, Bern, Lausanne und Genf erreichte man dann die schiffbare Rhône, die den zahlungskräftigen Pilgern ein schnelles Fortkommen bis in die Provence ermöglichte. Der in der Schweiz gelegene Abschnitt des Jakobsweges wird auch heute wieder gerne begangen und bietet zahlreiche landschaftliche und kulturelle Höhepunkte. Zwischen Bern und Fribourg kann man auf der Torenöli ein Stück auf dem originalen, aus dem Fels gehauenen und mit alter Pflasterung versehenen Jakobsweg wandern. Hier ist auch schon Hermann Künig von Vach entlanggelaufen. Wenige Kilometer weiter begrüßt die kleine Jakobskapelle in Tafers den Pilger mit einer der schönsten Darstellungen des »Hühnerwunders« aus dem 18. Jahrhundert. Kurz darauf erreicht man Fribourg und seine reich ausgestattete Kathedrale, ein Kirchenbau, in dem der Apostel Jakobus sehr präsent ist.

Ab der Provence wandert man wieder auf den von Aymeric Picaud vorgezeichneten Wegen. Dessen »Startort« ist nicht etwa Arles, die Hauptstadt des im 12. Jahrhunderts noch zum deutschen Reich gehörenden Königreichs Niederburgund, wo Kaiser Friedrich I. Barbarossa sich 1178 zum König krönen ließ, sondern St.-Gilles-du-Gard, das bereits zum französischen Machtbereich zählte. Von hier geht der Weg entlang der südlichen Cevennen, im Mittelalter die sumpfige Camargue und die von muslimischen Piraten bedrohte Küste vermeidend, zunächst zum Kloster von Saint-Guilhem-le-Désert und dann nach Toulouse, bis heute die Hauptstadt des Languedoc. Hier war man dem Apostel Jakobus schon recht nah, behauptete man in der gewaltigen Abteikirche von St. Sernin doch, wenn auch vergeblich, die wahren Reliquien Jakobus d. Ä. zu besitzen. Von Toulouse aus erreichte man dann ohne große Mühen durch die Vorlande der Pyrenäen den Somport-Pass und den spanischen Jakobsweg.

Die Niederstraße, welcher unsere beiden Pilger auf dem Rückweg weitgehend folgten, verlief als *Via Turonensis* ab Roncesvalles oder Bayonne zunächst auf zwei alten, parallel verlaufenden Römerstraßen durch die Landes nach Bordeaux und anschließend über Saintes und

Die mittelalterliche Straße »Torenöli« zwischen Bern und Fribourg, Schweiz.

Poitiers nach Tours zum Grab des hl. Martin, des fränkischen Reichsheiligen. Auch wenn es hier, wie auch auf allen anderen Wegen, zahlreiche Variationsmöglichkeiten gab, lag die Route doch ziemlich fest.
Es dürfte die Strecke sein, die auch Aymeric Picaud am besten kannte,
stammte er doch aus Parthenay im Poitou. Für die Pilger war der Streckenverlauf sehr angenehm. Hohe Gebirge oder reißende Flüsse gab
es hier nicht. Zudem zählte das fruchtbare Hügelland zu den wohl-
habendsten Gegenden in Frankreich mit zahlreichen Klöstern und
Hospitälern, in denen die Pilger versorgt werden konnten. Ab Tours
hatte man dann die Wahl. Man konnte entweder entlang der Loire über
Orléans Paris erreichen oder über Châteaudun und die Kathedrale von
Chartres mit ihrem Marienheiligtum das gleiche Ziel ansteuern. Paris
war schon im Mittelalter eine Metropole mit zahlreichen Unterkunftsmöglichkeiten und verfügte mit dem Hospital bei St. Jacques über eine
leistungsfähige Anlaufstation für die Jakobspilger. Ab Paris hatten die
Pilger dann erneut mehrere Möglichkeiten. Das Ziel der meisten war
jedoch Aachen, das sowohl über Amiens, Valenciennes und Brüssel
wie auch über Compiègne, Soissons und Reims erreicht werden konnte.
Auf diesen Straßen trennten sich auch die Wege der Pilger, die in die
Niederlande, nach Norddeutschland und Skandinavien sowie über
Köln und den westfälischen Hellweg nach Osteuropa gelangen wollten.
Von Reims gab es auch einen direkten Weg, zumeist auf den Trassen
alter Römerstraßen, über Trier, Mainz und Frankfurt ins mittlere
Deutschland.

Es zeigt sich anhand der Wegeführung und der älteren Pilgerbe-
richte, dass die Ober- und die Niederstraße die mit Abstand wichtigsten
Wege von außerhalb Spaniens nach Santiago de Compostela waren. In
Spanien selbst war die Sache dann einfacher. Vor dem 11. Jahrhundert
dürften die Pilger zumeist, um der muslimischen Gefahr auszuwei-
chen, den Küstenweg von San Sebastián über Oviedo genommen
haben. Von einem der frühesten Pilger aus dem Bereich nördlich der
Pyrenäen auf dem Jakobsweg, dem 951 in Santiago nachweisbaren
Bischof Godeschalc von Le Puy, kennen wir zwar nicht die genaue Rei-
seroute, er war aber sicher gut beraten, den heutigen Jakobsweg durch
die Rioja noch zu meiden. Vielleicht ist er von der Küste bereits auf der
alten Römerstraße über Gasteiz und Briviesca nach Burgos abgebogen.
Einen festgelegten und einigermaßen genau beschriebenen Jakobsweg
gab es damals noch nicht. Der Küstenweg über San Sebastián und
Oviedo nach Santiago ist mit Sicherheit der ältere. Der klassische
Jakobsweg jedoch ist seit dem Ausbau unter König Sancho III. el Mayor

von Navarra in jedem Fall die Strecke von Roncesvalles und dem Somport über Puente la Reina nach Santiago de Compostela.

Überall ist Jakobsweg

Bleibt noch etwas über die zahllosen regionalen Jakobswege in ganz Europa nachzutragen. Diese nehmen mit einer Geschwindigkeit zu, mit der kaum einer der eingeführten Wanderführer noch Schritt zu halten vermag. Nicht weit von der alten Bischofstadt Schleswig findet man am Südufer der Schlei nahe des Fleckens Missunde auf einer Halbinsel mitten im Wald einen Wegweiser auf dem Jakobsweg. Es muss dem Wanderer schleierhaft bleiben, wie man von hier nach Santiago gelangen kann, zumal der lauschige Waldweg ganz offensichtlich nicht nach Schleswig führt, das als Etappenort noch Sinn machen würde. Solche gut gemeinten, aber nicht immer hilfreichen Streckenführungen sind heute in Europa nicht selten. Viel weiter im Süden dagegen trifft man im abgelegenen Nonstal, das zum Trentino gehört, in Romeno ganz unvermittelt wiederum auf Wegweiser des Jakobsweges. Was im hohen Norden ein wenig fragwürdig erscheint, entpuppt sich hier als ein sehr alter Pilgerpfad, ein heute kaum noch bekannter Seitenweg, der von Trient unter Umgehung des Etschtales und des Vintschgaues direkt in die Schweiz und weiter nach Frankreich und Spanien führte. Diese Wege nutzten in früheren Jahrhunderten die kleinen, heute kaum noch bekannten Pässe über den Alpenkamm, die nur zu Fuß und allenfalls im Sommer mit dem trittsicheren Maulesel begangen werden konnten. Der Beleg sind einmal mehr die dem Apostel Jakobus geweihten Kirchen bzw. in Romeno, bezeichnenderweise an der Fassade einer Antoniterkirche, einmal mehr eine reiche Malerei mit den Szenen des »Hühnerwunders«. Was Jakobswege dieser Art angeht, so gibt es in Europa noch einige wiederzuentdecken.

In Oberbayern ist die Situation etwas anders, aber nicht weniger verwirrend. Auffallend groß ist zunächst einmal die Zahl der Jakobskirchen rund um Rosenheim und entlang des Chiemsees. Hier hat im frühen 16. Jahrhundert der »Meister von Rabenden« gewirkt, von dem in vielen Kirchen wie auch im Bayerischen Nationalmuseum in München eine stattliche Anzahl von Jakobusstatuen, meist als Sitzfiguren, erhalten sind. Einen Hinweis auf die Jakobuswallfahrt erhält man im Kloster Seeon, nur wenige Kilometer nördlich des Chiemsees, wo man eine wunderschöne Grabplatte aus rotem Marmor bewundern kann,

die den ansonsten unbekannten Eberhard, den Pilger, in Pilgertracht
und mit Jakobsmuschel am Hut zeigt. In Urschalling nahe Prien sind
in mittelalterlicher Malerei die Reste der Darstellung des »Hühnerwunders« zu sehen, ein weiterer Hinweis auf die Jakobuswallfahrt. Dennoch ist der Ursprung dieser zahlreichen Jakobskirchen nicht in erster
Linie in einem alten Pilgerweg zu suchen, sondern in der Tatsache,
dass Jakobus d. Ä. der Hausheilige der Grafen von Falkenstein war, die
hier Territorialherren waren, aber bereits im 13. Jahrhundert ausstar-
ben. Deren Kirchengründungen haben die Zeiten überdauert und
natürlich auch Elemente der Jakobustradition im Zusammenhang mit
der Wallfahrt aufgenommen. Heute gibt es in dieser Region gleich
mehrere Strecken des Jakobsweges, sodass der Pilger die Wahl, aber
auch die Qual hat, sich im schönen Voralpenland zu orientieren.
Jakobswege sind eben doch überall.

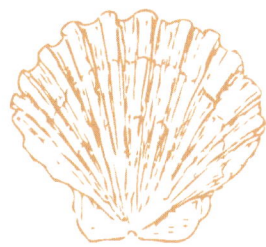

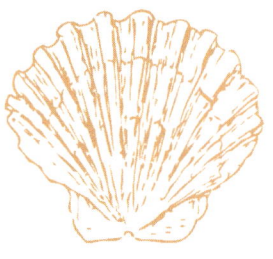

Phänomenologie eines Jakobspilgers
Sucher, Büßer, Tourist

Jahr für Jahr machen sich Tausende auf den Weg, legen ganz oder teilweise Strecken zurück, die alle in Richtung des Jakobusgrabes in Santiago de Compostela führen. Das beginnt schon Ende März, nicht selten nach der Tag- und Nachtgleiche, wenn man das Gefühl hat, dass der Frühling vor der Tür steht, wenn die Natur erwacht, erste Blumen, Blüten und Knospen sich zaghaft zeigen, wenn Mensch und Natur von einer unruhigen Aufbruchsstimmung erfasst zu sein scheinen. Überall trifft man nun die mit schweren Rucksäcken beladenen Wanderer, die sich, vor allem wenn sie zum ersten Mal auf dem Jakobsweg unterwegs sind, nicht immer über die Mühsale und Beschwerden, die vor ihnen liegen, im Klaren sind.

Um diese Jahreszeit ist es noch empfindlich kalt, und das wird auf vielen Abschnitten des Jakobsweges so bleiben. Vor allem entlang der Oberstraße, dem Pilgerweg vom Bodensee über die Schweiz, den Aubrac im südlichen Zentralmassiv, die Pyrenäen und die bis auf 1500 Meter Meereshöhe aufsteigenden Pässe in den nordspanischen Gebirgsregionen, ist dann noch mit Eis und Schnee zu rechnen. Wer sich da um sechs Uhr morgens, der Zeit, in der die Pilger üblicherweise aus ihren Herbergen und Nachtquartieren aufbrechen, auf einen frischen Frühlingsmorgen mit der aufgehenden Sonne freut, kann bitter enttäuscht werden. Bewegung und kräftiges Ausschreiten tun dann zwar gut, wer aber seine Handschuhe im Vertrauen auf den nahenden Frühling zu Hause gelassen hat, wird einige Flüche und Verwünschungen wohl kaum unterdrücken können. Der eiskalte Wind auf den hoch gelegenen Flächen bewirkt dann ein Übriges. Pilgern ist nicht an jedem Tag eine Freude.

Und wir reden nicht nur vom zeitigen Frühjahr. Den ganzen Sommer über und auch im Herbst bis in die stürmischen und vom Regen begleiteten Novembertage hinein ist im spanischen Norden mit Wetterlagen jeder Art zu rechnen. Dabei zählen die angenehmen Sonnentage bei 20 °C sicher zu den erfreulichsten Phasen der Wanderung. Schnee

Vallejo de Mena, San Lorenzo, Jakobspilger
am Kirchenportal, um 1200.

und Regen, Wind und Wetter fordern jedoch bei einer Wegstrecke, für die man vier Wochen und mehr einkalkulieren muss, ihren Tribut. Jede Landschaft hat ihren eigenen Charakter und auch ihr eigenes Wetter. Die sanften Mittelgebirgslandschaften der Dauphiné, der Pyrenäenvorlande, der Rioja und rund um Burgos, die Ebenen Aquitaniens und der Landes sind da eher harmlos. Aber der ewige feuchte Nebel auf dem Aubrac, die Gluthitze auf der schier endlosen Strecke von Léon nach Astorga, die beschwerlichen Anstiege zum Cruz de Ferro auf dem Irago und auf den Cebreiro-Pass können dem Pilger die Freude am Jakobsweg schon gründlich verleiden. Und kurz vor dem Ziel kommt dann noch der weiche Regen Galiziens, bei dem man sich eher in England oder Irland als im sonnigen Spanien wähnt.

Warum setzen sich die Pilger auf dem Weg nach Santiago diesen Unbilden seit mehr als eintausend Jahren aus? Gewiss, so viel ist sicher: Die Pilger des 11. und 12. Jahrhunderts haben mit denen des 15. und 16. Jahrhunderts und vor allem mit denen, die in den vergangenen zwanzig bis dreißig Jahren nach Santiago zogen, nicht sehr viel gemein. Und dennoch haben alle Generationen auf der Pilgerfahrt zum hl. Jakobus eines vor Augen: den Weg, das Ziel und die unterschiedlichen Strapazen, die ihrer harren. Die Gründe, diese Strapazen auf sich zu nehmen, die Motive für die Pilgerfahrt, für die geistige und körperliche Herausforderung, unterlagen im Verlauf der Jahrhunderte erheblichen Wandlungen. Und manches, was schon vor eintausend Jahren die Pilger des Mittelalters auf den Weg brachte, ist auch heute wieder ein Grund, die Pilgerfahrt anzutreten, wenn auch in einem neuen und damit ganz selbstverständlich in einem geistlichen Gewand.

Religiöse Motive

Es bedarf eigentlich keiner gedanklichen Irrwege, will man einem Pilger auf seiner Wallfahrt religiöse Motive unterstellen. Schließlich ist das Ziel in Santiago das Grab eines Heiligen, nach Aussage der Bibel einer der engsten Gefährten im Erdenleben Christi. Natürlich durchziehen die Zweifel an der Echtheit der 1879 in ihrem jahrhundertealten Versteck wieder aufgefundenen Gebeine die modernere Literatur. Sie waren im Jahr 1589 angesichts der Gefahr eines Überfalls durch den englischen Piraten und Kaperfahrer Sir Francis Drake in einer kleinen Seitenkammer der Krypta eingemauert und der Ort anschließend vergessen worden. 1879 hatte Kardinal Payá y Rico Nachforschungen angeregt und tatsächlich fand man einige Knochen, die schon wenige Jahre später, nicht ganz zufällig unmittelbar vor Anbruch des Heiligen Jahres 1885, am 1. November 1884 durch die Bulle *Deus Omnipotens* von Papst Leo XIII. als die echten Gebeine des Apostels Jakobus anerkannt wurden.

Diese neuen »Erkenntnisse« beseitigten zwar keineswegs die vor allem von den historischen Wissenschaften geäußerten Zweifel, die bereits seit der legendären Erstauffindung mit dieser Reliquie verbunden waren. Schon Martin Luther, der ja immerhin im Jahr 1511 selbst nach Rom gepilgert war, hatte nach seinen schlechten Erfahrungen Wallfahrten wegen der damit verbundenen Geschäftemacherei und des Ablasshandels kurzerhand als »Narrenwerk« bezeichnet. Auch die Pilgerfahrt nach Santiago de Compostela, im frühen 16. Jahrhundert ohnehin nach der Hochblüte des Mittelalters schon im Niedergang begriffen, und auch die Echtheit der Gebeine in der Krypta waren ihm nur eine sarkastische Bemerkung wert: »lauff nit dahin, denn man waiß nit ob sant Jacob oder ain todter Hund oder ein todts Roß da liegt, ... laß raisen wer da will, bleib du dahaim«. Für den Reformator war allein der wahre Glaube der rechte Weg zum Heil. Nach seiner Meinung führten Wallfahrten nicht zum Glauben hin, sondern stellten wegen der nicht nur in seiner Zeit sehr fragwürdigen Begleiterscheinungen einer Pilgerfahrt sogar eine Gefährdung des Seelenheils dar.

Gleichwohl ist es bis zum heutigen Tag gerade der christliche Glaube, der einen erheblichen Prozentsatz der Jakobspilger auf den Weg bringt. Es ist ja auch nicht nur das Ziel in Santiago, das einer gelebten Religiosität einen weiten Raum gibt. Gleich wo man startet, die Jakobsrouten sind gesättigt mit Kirchen und Klöstern, Orten der Heiligenverehrung, und unzähligen Wegekreuzen und Bildstöcken am Weg. Im Gespräch mit anderen Pilgern unterwegs macht man darüber hinaus eine erstaunliche Erfahrung. Die wenigsten sind davon überzeugt, in der Krypta der Kathedrale von Santiago den echten Gebeinen des Apostels in dem silbernen Schrein unter dem Hochaltar gegenüberzustehen. Allein derentwegen hat sich kaum ein Pilger auf den langen Weg gemacht.

Das religiöse Erlebnis auf dem Jakobsweg ist heute eine sehr differenzierte und individuelle Angelegenheit des gläubigen Pilgers, die auch nicht immer mit den Lehren der katholischen Kirche im Einklang steht. Ein wichtiges Korsett dieser Glaubensvorstellungen ist ein Ritual. Man gelangt in festgelegten Etappen zum Ziel, sucht am Weg die meisten der Kirchen und christlichen Gedenkstätten auf, legt schließlich unter dem Pórtico de la Gloria, dem Hauptportal der Kathedrale von Santiago, seine Finger in die abgegriffenen Vertiefungen des Jakobuspfeilers und stattet anschließend dem eigentlichen Apostelgrab im Chor seinen Besuch ab. Dabei geht man sowohl durch die tief gelegene Krypta mit dem Silberschrein als auch im oberen Teil des Hochaltares hinter der Sitzfigur des Jakobus vorbei, die dann noch immer von den meisten Besuchern ehrfürchtig berührt wird. Was dort tatsächlich in den Köpfen der Pilger aus aller Welt vorgeht, verschließt sich dem Betrachter in den meisten Fällen. Beschlossen wird dieser rituelle Weg im Pilgerbüro des erzbischöflichen Ordinariates. Hier legt man den »Credencial«, den Pilgerausweis mit den vielen Stempeln vom Jakobsweg vor, antwortet auf die Frage, ob man die Wallfahrt aus religiösen Gründen unternommen habe, eilfertig mit »Ja« und erhält die begehrte Pilgerurkunde, die zugleich einen Ablass darstellt. Ob sich die Pilger nun von einer Sündenlast befreit sehen, ist in den wenigsten Fällen überliefert.

Jenseits dieses Rituals lässt sich jedoch feststellen, dass man die Befolgung dieses Pilgerbrauchtums nicht allein als Maßstab verwenden darf, will man der religiösen Motivation der Pilger auf den Grund gehen. Sieht man sich genauer in der Kathedrale um, so bemerkt man, dass zu den meisten Tageszeiten die Beichtstühle, in denen man in allen Weltsprachen seine Sünden bekennen kann, gut frequentiert sind. Nicht selten steht neben dem Beichtstuhl ein Rucksack. Auch die vielen Messen sind gut besucht, nicht nur gegen Abend, wenn man an manchen Tagen den »Botafumeiro«, das gigantische Rauchfass, durch das Querhaus schwingen sieht.

Einigermaßen verlässliche Zahlen bietet die seit Jahren geführte Statistik des Pilgerbüros. Im Jahr 2013 gaben fast 40 Prozent der Pilger an, den Jakobsweg allein aus religiösen Gründen zurückgelegt zu haben. Nimmt man die religiöse Motivation und ein kulturelles Interesse am Weltkulturerbe Jakobsweg zusammen, so kommt man gar auf fast 55 Prozent. Erstaunlich ist, dass nur gut 5 Prozent der Ankommenden ein rein kulturelles Interesse bezeugen. Da spielt die Angst, die begehrte Pilgerurkunde nicht zu erhalten, eine nicht zu unterschätzende Rolle. Bis zum Ende des 20. Jahrhunderts war das Risiko einer solchen Verweigerung noch sehr groß. Mittlerweile sind die Anforderungen an die »Pilgerleistung« erheblich gesenkt worden, und sicher mag auch der Ablassbrief für die kleine Notlüge bei der Befragung die Gemüter beruhigen. Tatsache ist jedoch, dass die religiöse Motivation, welcher Art sie auch immer sei, ein wesentlicher Grund ist, die Wallfahrt nach Santiago de Compostela anzutreten.

Welcher Art die religiösen Motive auch immer sein mögen, es sind schon lange nicht mehr die gleichen, die im Mittelalter die Pilger auf den Weg brachten. Wallfahrten aus religiösen Gründen beinhalten die Bitte um den Beistand des Heiligen, zu dessen Grab man pilgert. Gerade darin unterscheidet sich bis heute die Wallfahrt nach Santiago von den großen Wallfahrtsorten unserer Zeit: Lourdes, Fatima, Knock, Częstochowa oder das Michaelsheiligtum auf dem Gargano in Italien. Die erstgenannten sind durchweg Marienwallfahrtsorte, von denen Lourdes und Fatima heute weltweite Bedeutung haben.

Dorthin kommen vor allem die Kranken, die gerade in Lourdes neben ihren Gebeten auf die Heilkraft des Wassers aus der Quelle in der heiligen Grotte setzen. Gleiches gilt auch für Knock im Westen von Irland, das zwar große Pilgerzahlen aufweist, jedoch eher als eine nationale Wallfahrtsstätte gelten kann. Das trifft auch für das polnische Częstochowa zu, wo die Madonna von jährlich mehr als einer Million Pilger im Jahr als Nationalheilige und Schutzherrin Polens verehrt wird. Ein sehr alter Wallfahrtsort ist der Monte Sant'Angelo am apulischen Gargano, der seine Tradition bis in die Spätantike zurückführt. All diesen Wallfahrtsorten ist heute die Bitte um Beistand in allen Lebenslagen, vor allem bei Krankheit und Siechtum, gemeinsam. Davon kann jedoch in Santiago de Compostela kaum die Rede sein.

Bußwallfahrt – Sex und Sünde

Die Pilgerfahrt zum Jakobsgrab war vor allem in den langen Jahrhunderten des Mittelalters eine Bußwallfahrt. Ausgehend von den Bußbüchern des Frühen Mittelalters wurde die *peregrinatio*, die Heimatlosigkeit während der Abwesenheit des Pilgers, als tätige Reue und Buße verstanden. Auf dem langen Weg, der von Mitteleuropa viele Monate und bisweilen, schließt man den Rückweg mit ein, mehr als ein Jahr dauern konnte, hatten die Pilger, neben dem Ziel, den Apostel Jakobus an seiner letzten Ruhestätte zu verehren und um Unterstützung bei der Erlangung des ewigen Seelenheils zu bitten, Buße für schwere Gewaltverbrechen wie Mord und Körperverletzung zu leisten. Darauf wird noch einzugehen sein. Es fällt jedoch auf, dass auf nahezu allen Strecken des Jakobsweges, nicht nur in Spanien, zahlreiche Darstellungen, meist Skulpturen, zu finden sind, welche die Sünde wider das Fleisch, die Sexualität des Menschen zum Thema haben. Allenthalben sind, nicht erst in den alten nordspanischen Königreichen, Kirchen und Klöster mit Bildwerken sexuellen und erotischen Inhalts gut bestückt. Bekannt ist am spanischen Jakobsweg die Kirche von Frómista für ihre erotischen Skulpturen von Männern und Frauen. Drastischer noch sind die Darstellungen an der Kollegiatskirche von San Pedro de Cervatos, an einem Seitenweg von der Nordküste in Richtung Burgos gelegen. Und auch am Ziel, in Santiago de Compostela, bietet die Kathedrale auf Kapitellen und Konsolen von je her reichliches Anschauungsmaterial bis hin zu den im *Codex Calixtinus* so unerbittlich gegeißelten Sexualpraktiken.

An der Kathedrale von Santiago nimmt man erotisch oder sexuell aufgeladene Bildwerke weder auf den ersten noch auf den zweiten Blick wahr. Kirchenführer und Bücher über die Kathedrale vermeiden schamhaft jeden Hinweis auf derartige Szenen. Erst eine eingehende Beschäftigung mit dem Bauwerk, vor allem aber eine Führung über die Dachlandschaft und ein Fernglas öffnen – jedoch nur, wenn man weiß, wonach man suchen muss – dem Besucher die Augen. Hier, aber auch in Chor und Querhaus sowie in dem reichen Bildprogramm der Puerta de las Platerías, findet sich der Betrachter ganz unvermittelt vor drastischen Darstellungen von Penis, Vulva und Geschlechtsverkehr, wie sie in dieser Eindeutigkeit nur die romanische Epoche kennt.

Dabei sind die Verlockungen des Fleisches seit mehr als tausend Jahren bis zum heutigen Tag ein Dauerthema auf dem Jakobsweg. Der vermutlich von dem aquitanischen Kleriker Aymeric Picaud zusammengestellte *Codex Calixtinus* aus dem 12. Jahrhundert, der die Wallfahrt zum Grab des Apostels Jakobus europaweit erst richtig in Gang brachte, enthält zahlreiche, zumeist anklagende Passagen, welche die Hurerei, Unzucht und – zumindest nach Meinung der Kirche – sexuelle Verirrungen entlang der Pilgerstraße anprangern und mit scharfen Worten verurteilen.

San Pedro de Cervatos, sexuelle Darstellungen am Chor, nach 1129.

In der im *Codex Calixtinus* enthaltenen Predigt *Veneranda dies* ist schon die Rede von »Wirtsmägde(n), die sich aus Hurerei und Geldgier auf teuflisches Geheiß nachts den Pilgerbetten zu nähern pflegen«, und den Dirnen, welche den frommen Wallern »zwischen der Miño-brücke (bei Portomarin) und Palas de Rei in waldreicher Gegend häufig entgegentreten ... Einzeln pflegen sie sich immer einem Einzelnen dar-zubieten ... und den Jakobspilgern die Höhle des Verderbens« zu öff-nen. Die Prostitution am Jakobsweg war in allen Epochen der Pilger-fahrt für die Kirche ein Problem. Heute spielt sie als sündhaftes Laster eine geringere Rolle, dafür hat die Promiskuität unter den Pilgern, die sich von allen Zwängen befreit sehen, in erheblichem Maße zugenom-men. Auch das ist Nächstenliebe, nur auf andere Art gegeben und genossen.

Im Pilgerführer des *Codex Calixtinus*, der ebenfalls Aymeric zuge-schrieben wird, kommen einzelne Völkerschaften, vor allem die wilden und wollüstigen Navarresen, besonders schlecht weg: »In gewissen Gegenden zeigt der Mann der Frau und die Frau dem Mann – wenn sie sich erhitzen – ihre Schamteile. Die Navarresen pflegen mit ihrem Vieh Unzucht zu treiben ... . Auch küsst er wollüstig die Geschlechtsteile von Frau und Maultier«. Aymeric Picaud mag für seine heute allgemein als

Santiago de Compostela, Kathedrale, Puerta de las Platerias, Sünderin mit Totenschädel, nach 1100.

polemische Übertreibung und Ablehnung des ihm nach Sprache und Brauchtum fremden Volkes der Basken gewerteten Behauptungen sehr persönliche Gründe gehabt haben. Die Lehren der Kirche zur Sexualität im Mittelalter und auch die Bildwerke an den Kirchen entlang des Jakobsweges geben ihm gleichwohl recht. Die kleine romanische Kirche von Cervatos, an den Wegen vom Baskenland und den nordspanischen Häfen nach Burgos gelegen, illustriert seine Behauptungen bis ins Detail. Und sie ist nur einer von vielen Sakralbauten und Kreuzgängen mit erotischen und – zumindest nach unseren Begriffen – obszönen Bildwerken am Jakobsweg.

Am Ziel der Reise, in Santiago de Compostela, vergisst Aymeric Picaud nicht, ausführlich auf eine noch heute an dieser Stelle sichtbare Frauenfigur an der Puerta de las Platerías hinzuweisen, die er mit diesen Worten beschreibt:

»Es darf auch nicht in Vergessenheit geraten, dass eine Frau neben der Versuchung des Herrn steht; sie hält in ihren Händen das stinkende Haupt ihres Versuchers, das von ihrem eigenen Ehemann abgeschlagen wurde; zweimal am Tag küsst sie dieses Haupt, von ihrem Mann dazu gezwungen. Oh, welch ungeheure und bewundernswerte Gerechtigkeit für die ehebrecherische Frau …«

Der Totenschädel im Schoß der Frau liegt direkt in ihrem Schambereich und kennzeichnet diesen als die Quelle allen Übels. Das liegt ganz auf der Linie der abendländischen Kirche des Mittelalters, welche

Santiago de Compostela,
Kathedrale, Ostseite
des Nordquerhauses,
Kapitell mit Sünderin
und Löwenhaupt.

die Frau und ihre Sexualität fast ausschließlich negativ bewertet und diese geradezu als Verkörperung der Sünde ansieht. Ausgehend von dem im Alten Testament geschilderten Sündenfall, nach dem Eva, von der Schlange verführt, nun ihrerseits Adam zur Sünde verleitete, gibt es kaum eine Darstellung dieser Szene im Mittelalter, in der Eva nicht als erotisch aufgeladene Figur die Ursünde und die Vertreibung aus dem Paradies verursacht.

Meist sind in den besagten Szenen an mittelalterlichen Kirchen Frauen dargestellt, die ganz ungeniert und geradezu fordernd ihre Geschlechtsteile vorzeigen, die, wie das Bild einer Nonne in Sainte Radegonde in Poitiers belegt, geradezu einem Anatomieatlas entnommen sein könnten. Die Frau ist hier lustorientiert, von provozierender Geilheit, nach kirchlicher Lesart ein teuflisches Wesen. Mit solchen Bildern wurden bereits die Keime für die Hexenverfolgung des Spätmittelalters gelegt. Die Beispiele sind zahlreich in Europa, angefangen von einschlägigen Darstellungen in Santiago, Cervatos und dem nordspanischen Sangüesa bis nach Kilpeck in England sowie Mauriac und Umgebung im französischen Zentralmassiv. Dabei sind die etwa 140 »Sheela-na-gigs«, Frauengestalten in Irland mit ostentativ betonter Vulva, bei denen auch der Einfluss eines vorchristlichen Fruchtbarkeitskultes diskutiert wird, noch gar nicht mitgezählt.

Die durchaus nicht seltenen und ebenso weit verbreiteten männlichen Phallusträger bleiben nach ihrer Anzahl hinter den vergleichbaren Frauengestalten dennoch weit zurück. In beiden Fällen werden hier die Werkzeuge der Sünde gezeigt, verbunden mit der Warnung, ihren Verlockungen keinesfalls zu erliegen. Wer diese Mahnung dennoch missachtete, dem sollte ein drastischeres Bild die Augen öffnen. Ein scheinbar harmloses, meist übersehenes Kapitell im Nordquerhaus der Kathedrale von Santiago de Compostela zeigt eine Frau mit gespreizten Beinen, aus deren Schambereich unter dem geschürzten Rock der Rachen eines Untieres herausragt. Horst Bredekamp (in: Gvozdeva/Velten 2011) hat richtig darauf hingewiesen, dass die weibliche Vulva hier zum dämonischen Rachen wird, der den eindringenden Sünder mit Haut und Haaren verschlingt und der ewigen Verdammnis überantwortet. Das weibliche Geschlechtsorgan ist zum Eingang der Hölle geworden. Die Frau mit dem Totenschädel an der Puerta de las Platerías vermittelt die gleiche Botschaft. Im Schoß der Frau, in ihrer Sexualität lauert das Verderben.

Gleichartige Darstellungen gibt es auch von männlichen Figuren, nur dass hier der Penis zum Teufelswerkzeug geworden ist. In der Weiterentwicklung dieses Bildtypus wird dann der Teufel ab dem 14. Jahrhundert häufig mit einem zweiten Gesicht im Genitalbereich abgebildet, wie das bei zahlreichen Teufelsdarstellungen in der Buchmalerei und in Fresken zu sehen ist. Auch hier gilt: Die menschlichen Geschlechtsorgane sind Werkzeuge des Teufels und führen in die ewige Verdammnis.

Die Frauendarstellungen öffnen jedoch nicht nur dem Teufel und den Sündern ihren Körper. Zahllos und flächendeckend in ganz Europa verbreitet sind Darstellungen von Frauen, die Schlangen oder Kröten an ihren Brüsten nähren. Das beginnt im Paradies der Klosterkirche von Maria Laach und endet, einmal mehr, in Santiago de Compostela.

Die Szenen sind nicht allein auf den Kathedralkomplex beschränkt. In den Kreuzgängen des aus dem 16. Jahrhundert stammenden Hospital del Rey in unmittelbarer Nachbarschaft der Kathedrale finden sich zahllose Konsolen von einem romanischen Vorgängerbau, welche die Sünden wider die Sexualität in ihrer gesamten Bandbreite in drastischer und anschaulicher Weise illustrieren. Die Pilger wurden nicht nur auf ihrem langen Weg, sondern gerade auch am Ziel ihrer Reise immer wieder mit der Sünde gegen das Fleisch konfrontiert, ein Thema, das bislang kaum Eingang in die reiche Literatur zum Jakobsweg gefunden hat.

Davor, entlang der Wegstrecke, liegen Darstellungen vom Tympanon der Kathedrale von Autun in Burgund, aus dem Musée des Augustins in Toulouse, aus Moissac, Tarragona und einmal mehr aus Sanguësa. Manchmal kriechen die Schlangen aus der Vulva der Frau, manchmal verbeißen sie sich in die Geschlechtsteile nicht nur von Eva, sondern auch ihres Gatten Adam, wie auf zwei Bogenfragmenten im Museum von Santiago ebenso zu sehen ist wie am Westportal der Kathedrale von Lincoln in England. Häufig sind auch von Schlangen umringte Frauen zu sehen, denen diese das verbotene Wissen vom Baum der Erkenntnis und seiner Früchte ins Ohr flüstern, wie im berühmten Bodenmosaik von Otranto in Apulien zu sehen.

Der Sündenkatalog umfasst selbstverständlich auch die teilweise bis zum heutigen Tag, nicht nur von der Kirche, als abartig angesehenen Praktiken wie Onanie, Sodomie, Cunnilingus, Fellatio und unterschiedliche Stellungen beim Geschlechtsverkehr, die seitens der Kirche von der allenfalls widerwillig geduldeten »Missionarstellung« deutlich abweichen. Nicht selten werden die sexuellen Akte ganz oder teilweise von Tieren, häufig von negativ besetzten Arten wie Schweinen, Affen, Eseln, Hunden oder Fantasiemonstern, vollzogen. Das sollte natürlich die Abscheu vor solchen Praktiken steigern und das Dämonische dieser Handlungen nachhaltig betonen.

Die in Stein gehauenen »Sündenkataloge« gleichen nicht ganz zufällig den Bußkatalogen, die als Anleitung für Beichtväter vom 6. bis zum 12. Jahrhundert in der abendländischen Kirche in »Gebrauch« waren, und das im wahrsten Sinne des Wortes. Entstanden in den frühchristlichen Klöstern Irlands, sollten sie zunächst ein Leitfaden für die Beichtväter sein, eine Sünde zu erkennen und dann dem reuigen Sünder das richtige Strafmaß zuzuteilen. Die rigide Bußpraxis in den irischen Klöstern trachtete aber sehr bald danach, insbesondere im Bereich der Sexualität jede Einzelheit der zu beurteilenden sündhaften Handlung zu erfahren. Nur so glaubte man, die Sünde wider das Fleisch in all ihren Facetten erst genau zu erkennen, dann mit großer Sorgfalt zu differenzieren und zu kategorisieren, um sie anschließend durch drakonische Bußen und Strafen ausrotten zu können. Doch dabei blieb es nicht.

Dieses Bestreben führte zu einer geradezu inquisitorischen Befragung des Beichtenden nach seinem sündhaften Verhalten, wobei die Sexualpraktiken bis ins letzte Detail hinterfragt und ausgeforscht wurden. Die Ergebnisse dieser Befragungen flossen dann in die Bußbücher ein und wurden mit der entsprechenden Strafzumessung versehen. Man darf vermuten, dass Klerikern und Beichtvätern mit geringem Bildungsniveau und einem schwachen Fundament theologischen Wissens – und das war unter den einfachen »Leutepriestern« des Mittelalters die Mehrheit des Klerus – das Abnehmen der Beichte zu einem, wenn auch zunächst nur akustischen, erotischen Erlebnis wurde. Von hier bis zum Ausprobieren derartiger Praktiken war es nur ein kleiner Schritt. Nicht wenige ließen sich auch von ihren einfachen, naiven und noch viel ungebildeteren Beichtkindern, vor allem den Frauen, am eigenen Leib zeigen, wie denn nun der eine oder andere Vollzug des geschlechtlichen Verkehrs tatsächlich praktiziert wurde. Die Bußkataloge waren schon bald nichts weniger als eine Anleitung zur sexuellen Liebe und somit gerade für die damit befassten Kleriker eine permanente sündige Versuchung.

Diese Gefahr war auch den Verantwortlichen, Bischöfen und Theologen der Amtskirche, bewusst. Wenn Aymeric Picaud im *Codex Calixtinus* diese Praktiken in eifernden Worten anprangert, so konnte es ihm nicht nur darum gehen, die Navarresen und die Huren von Palas de Rei zu brandmarken und Pilger vor der Sünde im Bereich der Sexualität zu bewahren. Er musste sich als erfahrener Kleriker zweifellos auch an die eigene Nase fassen. In den Beichtstühlen von Santiago litten nicht nur die Pilger, auch die Beichtväter mochten die Bußkataloge und ihre Umsetzung in erotische Bildwerke nicht selten als Anregung und Anleitung zur Sünde aufgefasst haben.

Einige Beispiele und Vorschriften aus den Bußbüchern mögen verdeutlichen, worum es ging. Burchard von Worms fragte um das Jahr 1000 in seinem weit verbreiteten Beichtspiegel: »Hast Du getan, was manche Frauen zu tun pflegen? Sie nehmen einen lebendigen Fisch und stecken ihn in ihre Scheide, lassen ihn dort so lange, bis er tot ist, kochen oder braten ihn und geben ihn ihren Ehemännern zu essen, damit diese mehr in Liebe zu ihnen entbrennen. Hast Du das getan, sollst du zwei Jahre lang an den erlaubten Wochentagen fasten.« »Abweichende« Stellungen beim Geschlechtsverkehr und zur Herbeiführung des Orgasmus, die unter den im Mittelalter noch sehr viel weiter gefassten Begriff der Sodomie fielen, wie *retro* (Verkehr von hinten bei Bauchlage der Frau), *a tergo* (Analverkehr), *in os* (Oralverkehr), *coitus in femoribus* (Schenkelverkehr zur Verhinderung der Befruchtung) und *coitus in manu* (Masturbation), wurden als Sünde durchweg mit Bußen belegt. Selbst der eheliche Verkehr durfte nicht unbekleidet stattfinden. Schon der Anblick des nackten menschlichen Körpers galt als sündhaft.

Missständen und Missbrauch der Beichte durch den Klerus war durch die erotischen Sündenkataloge der Bußbücher jedenfalls das Tor weit geöffnet. Nicht nur wurden die eigentlich einem keuschen Lebenswandel verpflichteten Beichtväter bis ins Detail über alle nur erdenklichen sexuellen Praktiken belehrt und allein schon dadurch manche Regung sexueller Lust geweckt. Auch die Bildhauer an den Kirchen, deren Auftraggeber die Kleriker und Beichtväter in den Domkapiteln und den Stiftskirchen sowie die Priestermönche in den Klöstern waren, dürften von diesen über die Bußbücher die notwendigen Informationen über das, was sie in Stein zu meißeln hatten, erhalten haben. Kein Steinmetz hätte es sich erlauben können, ohne Absprache und Einwilligung der zuständigen Kleriker derart sündhafte Bildwerke an den geweihten Kirchenbauten anzubringen. So wurden die eigentlich vor der Sünde wider das Fleisch warnenden Skulpturen wie auch die detailreichen Beschreibungen in den Bußbüchern letztlich zu einer willkommenen Anregung und Anleitung für Klerus und Kirchenvolk, die Sünde vor der Beichte erst einmal kräftig auszukosten.

Die Kirche versuchte sehr früh, auf diese Entgleisungen zu reagieren. Schon im 9. Jahrhundert wurde die Lektüre der Bußbücher für Nichtkleriker verboten. Vergebens. Schließlich waren bis zur Kirchenreform im 11. Jahrhundert die einfachen »Leutepriester« noch verheiratet oder lebten ganz legitim mit einer Gefährtin zusammen, ganz so wie es bis zum heutigen Tag in der griechisch-orthodoxen Kirche der Fall ist, wo der »Páppas« des Dorfes ganz selbstverständlich im Stand der Ehe lebt. Lediglich der Aufstieg zum Bischofsamt war dem einfachen Klerus im Allgemeinen verwehrt. Dieses ganz selbstverständliche Sexualleben des niederen Klerus und der Gläubigen sollte aber durch die Erfahrungen aus den Bußbüchern nicht noch angereichert und befördert werden. Im Verlauf des 11. Jahrhunderts kamen die Bußbücher und Bußkataloge allmählich außer Gebrauch, nahmen aber noch lange Zeit großen Einfluss auf die Ausgestaltung der kirchlichen Sexualmoral.

Vergleicht man die sexuellen und erotischen Skulpturen an den Kirchen und entlang des Jakobsweges in der Zeit vom 11. bis zum 13. Jahrhundert, der Blütezeit der hochmittelalterlichen Skulptur, mit den detaillierten Beschreibungen der Sünden wider das Fleisch, so kann man sich des Eindrucks nicht erwehren, dass beide in einer engen Beziehung zueinander stehen. Auch die Bildwerke stellen einen Katalog vielfältiger sexueller Verhaltensweisen dar, beide sind als Information bzw. Anschauungsmaterial zur Begehung von Sünden hervorragend geeignet. Es war also nur konsequent von der Kirche, insbesondere nach der harten Schelte dieser Bildwerke im 12. Jahrhundert durch Bernhard von Clairvaux in seiner *Apologia ad Guillelmum*, Bildwerke dieser Art zurückzudrängen.

Beverley, St. Mary, der geile Hase als Jakobspilger, 1326.

Ein schneller Erfolg war diesen Bestrebungen nach Ausweis der Bildwerke in ganz Europa jedenfalls nicht beschieden. Erst in der gotischen Skulptur des 13. Jahrhunderts zeigt sich ein Wandel. Die erotische Ausdruckskraft ist keineswegs aus den Skulpturen verschwunden. Gegenüber der sehr drastischen und direkten Ausdrucksweise der romanischen Skulptur im 12. Jahrhundert ist jedoch eine verfeinerte Raffinesse der Bildhauer zu bemerken: Plumpe Körperlichkeit und ein fast roher Sex sind kaum mehr zu sehen. Stattdessen schlanke, kurvenbetonte Frauenkörper, gehüllt in hauchdünne, fast durchsichtige Gewänder, welche die Beine, den Hüftschwung und die Brüste ungehindert hervortreten lassen. Die Erotik blieb auch nach dem Ende der Bußbücher und der prallen Ausdrucksweise der romanischen Bildhauer ein Thema der kirchlichen Kunst, über viele Jahrhunderte bis zum heutigen Tag, gerade auch am Jakobsweg. Doch das ist eine andere Geschichte. Bußpilgern, die sich aus Angst um ihr Seelenheil von den ihnen von der Kirche gepredigten und aufgezwungenen Obsessionen lösen und befreien, kann man am Jakobsweg heute nicht mehr begegnen. Sie sind beim Therapeuten besser aufgehoben. Nur die kaum noch verstandenen steinernen Zeugnisse auf Kapitellen und an Kirchenfassaden zeugen noch von den dem finstersten Mittelalter angehörigen Ängsten und Nöten.

Schauen wir am Ende dieser Ausführungen noch auf eine kleine Skulptur, die man auf den ersten Blick so gar nicht mit einer Bußwallfahrt und der Sünde wider das Fleisch in Verbindung bringen mag. Sie findet sich, eher abseits der Wege nach Santiago gelegen, in der Pfarrkirche St. Mary im englischen Beverley (Yorkshire). Auf einer um 1326 datierten Konsole, die von einem Dämonenhaupt getragen wird, zieht ein freundlich aussehender Hase des Weges. Seine umgehängte Tasche mit aufgenähter Jakobsmuschel weist ihn als Pilger auf dem Weg nach Santiago aus. Die Kirche St. Mary in Beverley liegt nicht gerade an einem der klassischen Jakobswege. Die Stadt ist allerdings ein sehr altes christliches Zentrum im südöstlichen Yorkshire. Von hier konnten sich Pilger im nahen Hull zum Kontinent einschiffen und dann direkt mit dem Schiff oder über die Niederstraße nach Santiago gelangen. Doch was hat der Hasenpilger mit Sexualität und Bußwallfahrt zu tun? In der christlichen Ikonografie tritt der Hase doppeldeutig, aber überwiegend negativ in Erscheinung. Im Alten Testament zählt er im 3. und im 5. Buch Mose zu den unreinen Tieren. Wegen seiner Fruchtbarkeit galt der »Rammler« auch als Symbol einer ungezügelten Sexualität und der Unzucht. Darauf verweist überdies der Dämonenkopf, über den hinweg schreitend der sündige Hase Buße auf dem Weg nach Santiago tut, um dort die Lossprechung von seinen Sünden und das ewige Seelenheil zu erlangen.

Pilgern an der Schwelle zum Industriezeitalter

Das Pilgern auf dem Jakobsweg steht in einem nicht zu übersehenden Gegensatz zu den anderen großen Wallfahrtszielen am Ende des 20. Jahrhunderts. Santiago de Compostela blickt zwar auf eine rund 1200-jährige Geschichte zurück und rühmt sich, zusammen mit Jerusalem und Rom zu den drei großen Wallfahrtsorten der Christenheit zu zählen. In der ersten Blütezeit der Pilgerfahrt zum Grab des Apostels Jakobus d. Ä. strömten in der Tat zeitweise mehr Pilger an das »Ende der Welt« in Nordspanien als nach Rom und Jerusalem. Wenn auch die Zahl der Wallfahrer ab dem 16. Jahrhundert drastisch zurückging, so gab es noch nie eine Unterbrechung, und Santiago de Compostela konnte sich, nicht zuletzt mit päpstlicher und staatlicher Unterstützung, die Illusion erhalten, auch weiterhin zu den bedeutendsten Pilgerzielen in der Christenheit zu gehören.

Dennoch liefen der Apostelstadt seit dem 19. Jahrhundert neue Wallfahrtsorte den Rang ab. Gegen die Marienwallfahrtsorte Lourdes (seit 1858) und Fatima (seit 1917) hatte Santiago zunächst keine Chance. Dorthin strömten Pilger, die nicht um ihrer Sünden willen kamen, sondern die in Not waren und Hilfe brauchten. Krüppel, Menschen mit Behinderungen und Kranke wandten sich mit der Bitte um Linderung ihrer Leiden an die Mutter Gottes, suchten deren Beistand und Trost. Diese Pilger zu den Marienwallfahrtsorten kamen auch nicht mehr zu Fuß durch halb Europa gelaufen. Meist konnten sie das gar nicht. Sie gelangten auf völlig neue, moderne Weise mit Bahnen, Bussen und bald auch dem Flugzeug an ihr Ziel. Nicht der Weg, die Läuterung unterwegs, war für sie das Ziel, sondern die Begegnung mit Maria und die persönlich vorgetragene Fürbitte.

Das Industriezeitalter, das im 19. Jahrhundert das Leben der Menschen zu prägen begann, verwandelte in grundlegender Weise die Wallfahrt zum hl. Jakobus und die Pilger. Das fing bei dem Heiligen selbst an. Jakobus ist kein Patron der Industriearbeiter. Wie sollte er auch. Gegen die Ausbeutung der Arbeiter im 12-Stunden-Tag, gegen Kinderarbeit, soziale Entwurzelung und Verelendung finden sich in den Wundertaten des Apostels keine Ratschläge und keine Rezepte. Die Klientel der Jakobuswallfahrt kam aus dem agrarischen Raum. Dem gehörten auch Adelige und Handelsleute als Nutznießer sowie eine dünne Oberschicht an, die mächtige Organisation der Kirche ohnehin. Proletarier pilgern nicht, dazu haben sie keine Zeit. Urlaub war noch unbekannt, und wenn es ihn gab, dann reichte er gerade mal für eine lokale Wallfahrt am Wochenende. Eine monatelange Abwesenheit auf dem Weg nach Santiago hätte jeden Industriearbeiter seine Existenz gekostet. Wenn ihm überhaupt noch nach dem Beistand eines Heiligen zumute war, so wurde das vermittels einer Kerze in der nächsten Kirche oder mit einem zerschlissenen Heiligenbildchen erledigt. Arbeiter folgten nun anderen Leitbildern. Gegen Marx und Engels kam auch ein Apostel nicht an.

Die beiden Weltkriege mit ihren schweren körperlichen und seelischen Verwundungen und die nicht enden wollenden gewalttätigen Konflikte des 20. Jahrhunderts taten ein Übriges. Der Matamoros, der Heere eher anführte, als sie zu stoppen, war da keine Hilfe. Für den nicht aus

Spanien kommenden Pilger war es, insbesondere am 25. Juli, dem Jakobstag, ein irritierender Anblick, wenn vor der Kathedrale unter den Augen des Diktators Franco spanische Soldaten in Wehrmachtsstahlhelmen und zu Dudelsackmusik zu Ehren des hl. Jakobus paradierten. Der faulige Geruch des Faschismus mischte sich über Jahrzehnte hinweg unter den Weihrauch des Botafumeiro in der Kathedrale. Der Apostel Jakobus war für die Gläubigen kein Ansprechpartner mehr. Gegenüber der Gottesmutter, die selbst gelitten hatte, geriet er ins Abseits. Die Pilger, vor allem die wirklich Gläubigen, veränderten unter den weltpolitischen Ereignissen ihr Verhalten und suchten sich neue Ziele, neue Fürbitter, die offensichtlich bei Gottvater und seinem Sohn, von denen allein letztlich Hilfe kommen konnte, mehr Einfluss geltend machen konnten.

Die Folge war zunächst der drastische Rückgang der Pilgerzahlen. Zwischen 1970 und 1978 gelangten pro Jahr meist weniger als 100 Pilger an das Apostelgrab in der Kathedrale von Santiago. Eine Ausnahme waren nur die »Heiligen Compostelanischen Jahre« 1971 und 1976, in denen jeweils 451 und bzw. 243 Pilger ihr Ziel erreichten. Erst in den 1980er-Jahren wurde die Tausendermarke pro Jahr überschritten. Als Durchbruch darf das Jahr 1993 angesehen werden, als im Heiligen Jahr fast 100 000 Jakobspilger wie seit Jahrhunderten ihre Finger in die Vertiefung unter der Jakobusstatue am Pórtico de la Gloria legten. Aber es waren nicht mehr die Pilger des Hohen und Späten Mittelalters. Ein neuer Pilgertyp kündigte sich an. Sie strömten bald in ungeahnten Massen.

Und sie kamen nicht mehr nur aus dem alten christlichen Europa. Ein bunt gemischtes Völkchen aus der ganzen Welt machte sich auf den Weg. Nord- und Südamerika waren nun stark vertreten. Im Falle der durch die iberisch/katholische Vergangenheit geprägten Tradition des südamerikanischen Kontinents mag man das noch verstehen. Für das protestantische, freikirchliche Nordamerika galt das schon weniger. Hier mochten immerhin prominente Persönlichkeiten wie die US-amerikanische Filmschauspielerin Shirley MacLaine als Leitfiguren Nachahmer gefunden haben. Mittlerweile ist aber auch die Gruppe der Asiaten in stetem Wachstum begriffen, und auch Pilger aus Australien und Afrikaner sind gut vertreten. Da mochten die Päpste nicht abseitsstehen. Johannes Paul II. erkannte die Chance, neue Kontakte zu schon verloren geglaubten Gruppen von Gläubigen aufnehmen zu können. Er und sein Nachfolger Benedikt XIV. waren die ersten Päpste, die am Grab des Apostels Jakobus erschienen. Mit den Päpsten kamen natürlich auch zusätzliche fromme Jakobspilger zu dem Grab des engen

Gefährten Jesu. Aber ein immer größerer Anteil der Jakobspilger war kaum mehr in der Lage, das Vaterunser oder das Glaubensbekenntnis aufzusagen, Gebete, die mehr als 1000 Jahre lang der Nachweis waren, als Christ zu gelten.

Viele Menschen gehen seither auf den Jakobsweg, um für eine begrenzte Zeit aus dem Alltagstrott, aus Berufsleben und Familie herauszutreten. Im Gegensatz zu den religiös Motivierten, auch zu den an Kunst und Kultur Interessierten, haben sie außer der Absicht, »den Jakobsweg zu begehen«, eigentlich kein Ziel. Viele genießen dennoch diese Zeit, die ihnen wenigstens vorübergehend dieses grenzenlose Gefühl von Freiheit und Ungebundenheit verschafft. Andere aber langweilen sich, sind frustriert, überanstrengt und enttäuscht. Kommen dann noch körperliche Gebrechen, Blasen durch falsches Schuhwerk, Glieder- und Gelenkschmerzen, Muskelverspannungen hinzu, kann die Wanderschaft schnell zur Qual werden.

Wieder andere sehen die Pilgerfahrt als sportliche Herausforderung, als eine Art von Eventtourismus, in dessen Rahmen Höchstleistungen angestrebt werden, deren man sich später im Freundes- oder Bekanntenkreis rühmen kann. Dieser Pilgergruppe ist, gerade durch ihre Art der Motivation, oft die innere Ruhe und die Entspannung versagt, die eine nicht unwesentliche Komponente der Pilgerfahrt auf dem Jakobsweg ist. Denn diese Gewissheit sollte jeden auf dem Jakobsweg begleiten. Es handelt sich, auch wenn die Wallfahrt im Sommer bisweilen zur Massenveranstaltung degeneriert, noch immer neben den körperlichen Anstrengungen um ein geistiges Erlebnis, eine Erfahrung, der sich die meisten Pilger bis heute nicht entziehen können und wollen. Das unterscheidet die Wallfahrt nach Santiago von einem Sportereignis oder einer Studienreise, auch wenn beide Varianten der Pilgerreise auf dem Jakobsweg längst zum Alltag gehören. Ob die Gebeine des Apostels Jakobus nun in Santiago liegen oder nicht, der Jakobspilger, der die Wallfahrt für sich zum wirklichen Erlebnis machen will, sollte die geistigen Erfahrungen im Auge behalten.

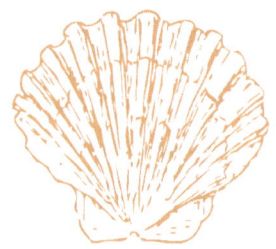

Kunstdenkmäler am Jakobsweg
Europäische Kunst des Mittelalters im Dialog

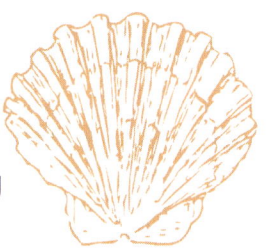

Der Jakobsweg ist ein Netz von Straßen, die den Pilger zu seinem eigentlichen Ziel, dem Apostelgrab in der Kathedrale von Santiago de Compostela, führen. Diese Wallfahrt erforderte schon immer einen hohen Zeitaufwand: mindestens vier Wochen ab den Pyrenäenpässen, mehrere Monate ab Skandinavien, Mitteleuropa oder Italien, denn die Strecke wurde überwiegend, bis zum heutigen Tag, zu Fuß zurückgelegt. Das bedeutete nicht nur tägliches Vorwärtskommen, das hieß auch Verweilen, Schauen, Aufnehmen und Vergleichen. Die Pilger bedurften auf ihrem Weg nicht nur der Herbergen und der Versorgung mit Nahrung, sie benötigten vor allem geistlichen Beistand. Der wurde ihnen gewiss in den zahllosen Pfarrkirchen, Klöstern und Kathedralen am Weg gewährt. Das Grab des hl. Jakobus allein war jedoch selten das einzige Ziel auf der langen Pilgerreise. Alle Gotteshäuser am Weg waren dem Erlöser, der Gottesmutter Maria oder einem der vielen Heiligen der christlichen Glaubenswelt geweiht, besaßen in ihren Altären zumindest einen Partikel oder eine Berührungsreliquie von deren Überresten oder waren gar weithin angesehene Kultzentren mit reich gefüllten Reliquienschreinen und eigenen Wallfahrten. Davon ist in diesem Buch mehrfach die Rede.

Der mittelalterliche Pilgerführer des Aymeric Picaud, das V. Buch des *Codex Calixtinus*, versucht eine deutliche Unterordnung dieser Wallfahrtsorte unter das Hauptziel, das Apostelgrab in Santiago, kann aber nicht umhin, eine Auswahl von ihnen eingehend zu würdigen. Diese Tatsache findet bis heute nicht nur im Text Aymerics und in weiteren Wegebeschreibungen ihren Niederschlag, sondern auch in zahlreichen Bauwerken und Denkmälern am Weg. Diese Stationen lassen eine Wanderung auf dem Jakobsweg zu einer ausgedehnten Zeitreise durch alle Epochen der europäischen Kunst und Kultur vom 9. bis zum 21. Jahrhundert werden. Der Pilgerweg bot zu allen Zeiten ein Panorama der europäischen Kunst und Kultur, die sich sowohl von einigen Zentren her ausbreitete, wie sie auch von anderen Regionen, von Denk-

mälern aus anderen Regionen und Kulturkreisen Anregungen auf-
nahm. Die Bandbreite reicht von der Aachener Pfalzkapelle Karls des
Großen bis zur barocken Wallfahrtskirche »Mariae Himmelfahrt« in
Tuntenhausen und der 1887–1902 neu errichteten Kirche St. Martin in
Tours. Auch das gerade erst abgelaufene 20. Jahrhundert ist mit eini-
gen bemerkenswerten, meist sakralen Bauten am Jakobsweg vertreten.
Dieser war seit den Anfängen ein von christlichen Kultbauten, von
Kathedralen und Klöstern, Stifts- und Pfarrkirchen gesäumter Weg.
Unter diesen beanspruchen die sog. »Pilgerkirchen« besondere Auf-
merksamkeit.

Wo Pilger innehielten

Bis in die jüngst erschienene Literatur zum Jakobsweg hinein ist immer
wieder von den »Pilgerkirchen« die Rede, Bauwerken mit besonderen
Eigenschaften, die entlang des Weges in Frankreich und Spanien an
fünf Orten zu sehen seien, alle sowohl für die Jakobuswallfahrt wie
auch als einzelne Bauwerke von herausragender Bedeutung. Es handelt
sich um die alte, zwischen 1014 und 1080 entstandene Grabeskirche
des hl. Martin in Tours, die Abteikirchen Sainte-Foy in Conques (ca.
1061–ca. 1130) und St. Martial in Limoges (1053–1095), die Kathedrale
von Santiago de Compostela (1075/78–ca. 1180) und die Kirche St. Sernin in Toulouse (nach 1070–1119), den größten romanischen Sakralbau in Frankreich. Von diesen sind St. Martin und St. Martial in der
Zeit der Französischen Revolution bis auf geringe Reste zerstört worden, in ihrer ehemaligen Gestalt aber durch alte Ansichten und archäo-
logische Untersuchungen einigermaßen gesichert. Die drei anderen
sind vollständig erhalten. Die Verwandtschaft dieser Bauten untereinander beschränkt sich allerdings auf nur wenige Merkmale. Alle verfügen sie über einen Chorumgang mit Kapellenkranz, Seitenschiffe,
die ganz oder teilweise um die Querhäuser herumlaufen, und eine
Planungs- und Bauzeit, die in wesentlichen Abschnitten noch dem
11. Jahrhundert angehört.

Die Unterschiede dieser »Pilgerkirchen« überwiegen allerdings die
gemeinsamen Merkmale beträchtlich. Das beginnt schon mit der ältesten dieser Kirchen, mit St. Martin in Tours. Die lange, fast das ganze
11. Jahrhundert während Bauzeit und die Berücksichtigung von Vor-
gängerbauten ließen erst gar keinen einheitlichen Bau entstehen. Die
am Ende dieser Bauzeit vorgenommene Einwölbung mit Kreuzrippen-

Langhaus und Vierung der Abteikirche von Conques, zweite Hälfte 11. Jh.

gewölben anstelle der älteren Flachdecke und die Erweiterung auf fünf Schiffe lassen, ganz abgesehen von vielen Abweichungen bei einzelnen Bauelementen, es erst gar nicht zu, sie mit den anderen »Pilgerkirchen« in einem Atemzug zu nennen. St. Martial in Limoges ist eigent-

Marcilhac, ruinöses Langhaus der Abteikirche, drittes Viertel 11. Jh..

lich nur im Grundriss gesichert und zeigt dort, wo die anderen Bauten in einer Westfront mit niedrigen und stumpfen Turmmassiven enden, einen einzelnen Westturm mit Vorhalle, vergleichbar allenfalls mit Saint-Benoît-sur-Loire. Unsere Kenntnis von dessen innerem Aufbau beschränkt sich auf eine Ansicht des Chores mit Ansätzen der östlichen Querhauspartie – zu wenig, um einen fundierten Vergleich mit den anderen Kirchen wagen zu können. Die verbleibenden »Pilgerkirchen« in Conques, Toulouse und Santiago haben ebenfalls nur auf den ersten Blick ein einheitliches Erscheinungsbild. St. Sernin in Toulouse ist gegenüber den beiden anderen fünfschiffig, der Chorumgang in Conques hat, vermutlich aus Platzgründen aufgrund des steilen Berghanges, nur drei Radialkapellen gegenüber fünf bei den anderen Kirchen. Die Pfeiler der Mittelschiffsarkaden unterscheiden sich bei allen drei Bauwerken. Toulouse hat kreuzförmige Pfeiler, die zum Mittelschiff gleichmäßig mit Runddiensten besetzt sind, Conques hingegen einfache Rechteckpfeiler, die zum Mittelschiff hin ebenso wie unter den Arkadenbögen alternierend mit Lisenen und Runddiensten geschmückt sind. In Santiago wechseln die Stützen der Mittelschiffsarkaden zwischen Rund- und Rechteckpfeilern, die gleichmäßig auf allen vier Seiten von Runddiensten begleitet werden. Gerade die Aufzählung der Verschiedenheiten im Detail in den genannten Kirchen ließe sich fortsetzen.

Was macht also diese Sakralbauten zu »Pilgerkirchen«? Die Antwort ist kurz und ernüchternd: lediglich die Tatsache, dass sie an den von Aymeric Picaud erwähnten Pilgerstraßen liegen und von ihm namentlich aufgeführt werden. Das ist für die Begründung eines »Bautyps« oder gar einer »Bauschule«, wie noch immer zu lesen, doch sehr dürftig. Der historische Hintergrund für diese Begriffsbildung wird denn auch heute, bis auf wenige, aber hartnäckige Ausnahmen, klar gesehen. Das war noch vor 100 Jahren ganz anders. Das 19. Jahrhundert war nicht nur die hohe Zeit der Nationalstaaten. In durchaus chauvinistischer und engstirniger Weise bedurften diese auch der »nationalen« Baustile. Die französische Forschung ging auf diesem Feld in unrühmlicher Weise voran und verabschiedete sich erst spät im 20. Jahrhundert von der Vorstellung, die spanische Romanik, auch und gerade die Kathedrale von Santiago de Compostela, seien ohne die in Frankreich entstandenen Vorbilder und Voraussetzungen nicht denkbar. Einzelne Baunachrichten wie die gesicherte Tätigkeit des »Meisters von Conques« am Querhaus der Kathedrale von Santiago schienen diese Ansichten zu stützen, taugen aber nicht zur Rechtfertigung solcher Thesen. Die führenden Persönlichkeiten des Mittelalters, die Auftraggeber und auch die hoch qualifizierten Baumeister, waren sehr mobil und an vielen Orten jenseits heutiger nationaler Grenzen anzutreffen. Auf den Jakobswegen wanderten nicht nur Pilger. Gerade die Bauleute sind nicht selten gleichzeitig an weit voneinander liegenden Orten in verantwortlicher Stellung nachzuweisen. Bei der Bauskulptur werden wir darauf zurückkommen.

Die Einschränkung auf fünf »Pilgerkirchen« ist noch aus weiteren Gründen blanker Unsinn. Die fünf genannten Bauwerke gehören zu den sog. Emporenhallen, und diese lassen sich allein schon in Frankreich um einige weitere Kirchenbauten vermehren. In Spanien zählt die Kathedrale von Lugo dazu, in Portugal – mit Einschränkungen bei den Einzelformen – Coimbra und Evora. In Frankreich müssen in jedem Fall Marcilhac und Alet-les-Bains, St. Gaudens (Chorpartie), St. Étienne in Nevers und die auvergnatischen Emporenhallen sowie in weiterem Sinne St. Remi in Reims in die Überlegungen einbezogen werden. Viele von ihnen sind der eifrigen Aufmerksamkeit der älteren Forschung wohl nur deshalb entgangen, weil sie entweder ruinös sind

Toulouse, St. Sernin, Chor mit Umgang und Kapellenkranz, ca. 1075–1095

und/oder an einer der vielen Nebenstrecken der Jakobswege liegen. So muss die im 3. Viertel des 11. Jahrhunderts im Bau befindliche Kirche des Klosters Marcilhac in ihrem ursprünglichen Zustand ein sehr ansehnlicher Sakralbau gewesen sein, eng verwandt mit Conques und vielleicht sogar Vorbild für weitere Bauten dieser Art. Die Gesamtzahl dieser Kirchen ist gegenüber den viel zahlreicheren Basiliken nicht allzu groß, übersteigt aber die Zahl fünf bei Weitem.

Darüber hinaus macht es absolut keinen Sinn, eine Pilgerkirche auf der Grundlage von scheinbaren Übereinstimmungen im Formenrepertoire zu definieren. Gerade entlang Aymeric Picauds »Pilgerstraßen« und deren Verlängerung als »Nieder-« und »Oberstraße« gibt es zahlreiche echte Pilgerkirchen, die in ihrer Gestalt rein gar nichts mit dem genannten »Typ Pilgerkirche« zu tun haben. Das fängt auf der Niederstraße in Aachen mit der Palastkapelle Karls des Großen, dessen Schrein und der dortigen Heiltumsverehrung an und setzt sich über St. Denis, die Marienkathedrale von Chartres, Blaye und Bordeaux fort. Auf der *Via Lemovicensis* wären St. Madeleine in Vézelay und St. Front in Périgueux zu nennen, auf dem Weg zur *Via Podiensis* die Klosterkirche von Tournus und das alle gewohnten Maßstäbe sprengende Cluny, am weiteren Streckenverlauf das bis heute bedeutende Marien-heiligtum von Rocamadour. Die Oberstraße ziert gleich zu Beginn das Kloster Einsiedeln, in der Provence folgen dann Saint-Gilles-du-Gard und Saint-Guilhem-le-Désert. Man kann Hans Erich Kubach (1986) nur zustimmen, wenn er zu den »Pilgerkirchen« schreibt: »Hier han-delt es sich wohl um eine der modern-romantischen Geschichtsle-genden, wie bei der ›Cluniazenser-Architektur‹, bei der früher sog. Hirsauer Bauschule oder auch bei den Zisterzienser-Bauhütten«.

Chorumgang mit Kapellenkranz

Verweilen wir dennoch kurz bei einem Raumtyp, der bei vielen der oben genannten Kirchen, nicht nur den »Pilgerkirchen« im engeren Sinn, anzutreffen ist, dem Chorumgang mit Kapellenkranz. Zu dessen Entstehung und Funktion gibt es zahlreiche Vermutungen, die letztlich alle nicht sonderlich zu befriedigen vermögen. Eine neuere Disserta-tion (Grueninger 2005) führt bei der Erörterung dieses Themas, die immerhin eine vorzügliche Bestandsaufnahme der frühesten Vertreter dieses Bautyps beinhaltet, sogar den längst fragwürdig gewordenen Begriff der »Kunstlandschaft« wieder ein. Wir treffen den Chorumgang mit Kapellenkranz, begleitet von drei oder fünf Radialkapellen, nach der Entwicklung des Typs im 11. Jahrhundert im weiteren Mittelalter unter Einschluss der Gotik in ganz Europa an, mit eindeutigem Schwer-punkt in Frankreich. In den sakralen Großbauten an der Wende vom 11. zum 12. Jahrhundert, in Santiago de Compostela, in Cluny und Toulouse, ist er die Regel, man findet ihn aber auch in Sant' Antimo in der Toskana, in St. Godehard in Hildesheim und im frühgotischen Dom von Magdeburg. Die Errichtung der Kathedrale von Santiago war alles andere als ein zwar wichtiges, aber lokales Bauvorhaben. Sie stand im engen Austausch mit wegweisenden Bauprojekten in ganz Europa bis weit in den Mittelmeerraum.

Der Chorumgang mit Kapellenkranz, obgleich an den Jakobswegen überaus häufig vertreten, ist zunächst kein spezifisches Kennzeichen für Kirchenbauten an den nach Santiago führenden Wallfahrtswegen. Man trifft ihn allerdings sehr häufig dort an, wo Pilger zusammenkom-men. Auch das ist nicht verwunderlich. Spätestens seit dem 8. Jahrhun-dert war es in der abendländischen Kirche die Regel, dass im Altar eines Gotteshauses zumindest Partikel von Heiligenreliquien geborgen sein mussten, auch wenn die Garantie ihrer Echtheit schon den Zeitgenossen nicht immer zu vermitteln war. Reliquien bedeutender Heiliger wurden alsbald zum Ziel und Mittelpunkt von Kirchen, die über deren Gräbern und Schreinen errichtet wurden, so wie dies auch in Santiago der Fall war. Die Pilger wollten den von ihnen aufgesuchten Heiligen persönlich nahe sein, ihnen ihre Sorgen und Bitten mitteilen, diese als Fürbitter bei Gott nutzen. Das war für die Hüter dieser Reliquien durchaus mit Problemen verbunden, konnte doch eine exzessive Verehrung den Gebeinen auf vielerlei Weise Schaden zufügen. Auch Reliquienraub war, wie am Beispiel des Besuchs von Erzbischof Gelmirez in Braga gezeigt, im Mittelalter an der Tagesordnung. Die karolingische Umgangskrypta, später der Chorumgang, waren zumindest eine Möglichkeit, eine große Nähe beim Umschreiten des Heiligenschreines mit dem durch Respekt und Vorsicht gebotenen Abstand zum Grab oder Schrein und dem Bereich der Kleriker einer Wallfahrtskirche zu verbinden. Es muss jedoch an dieser Stelle klar gesagt werden, dass der Chorumgang mit Kapellenkranz keinesfalls allein diesen Gründen seine Entstehung verdankt. Seine Entstehung geht auf unterschiedliche Bedürfnisse und Funktionen zurück, die derzeit noch nicht als geklärt bezeichnet werden können. Prozessionswege, ein erhöhter Bedarf an Altarstellen für Kanoniker und Mönche, aber auch die Schaffung eines gegliederten Raumes für Liturgie und Repräsentation sind sicher einige der Gründe für die Entstehung des Chorumgangs mit Kapellenkranz, wie sie auch seit Längerem in der Literatur diskutiert werden. In jedem Fall rückte nun der Hochaltar, nach der verbindlichen Einführung der römischen Liturgie im Abendland durch die Kirchenreform des 11. Jahrhunderts, mehr vom Ende der Kirche zu einem neuen Mittelpunkt hin, wo er von einer größeren Anzahl von Gläubigen, seien es nun Kleriker oder Pilger, besser wahrgenommen werden konnte.

Ein »Urbau« für den Chorumgang mit Kapellenkranz konnte bislang mit guten Gründen nicht benannt werden. Schon längere Zeit ist jedoch unter den Vorbildern für diesen die Anastasis-Rotunde, die Grabeskirche mit dem Grab Christi in Jerusalem, in der Diskussion. Diese wurde nach der Auffindung der Heiligen Stätten 325 in der Zeit bis 335 auf Geheiß von Kaiser Konstantin dem Großen erbaut. Im Westen einer großen Basilika entstand jenseits eines Vorhofes ein Rundbau, in dessen Innerem im Kreis aufgerichtete Säulen über einer Wandfläche eine Kuppel mit einer großen Mittelöffnung, einem Opaion, trugen. Es ist bis heute umstritten, ob die Wandfläche oberhalb der Säulen des

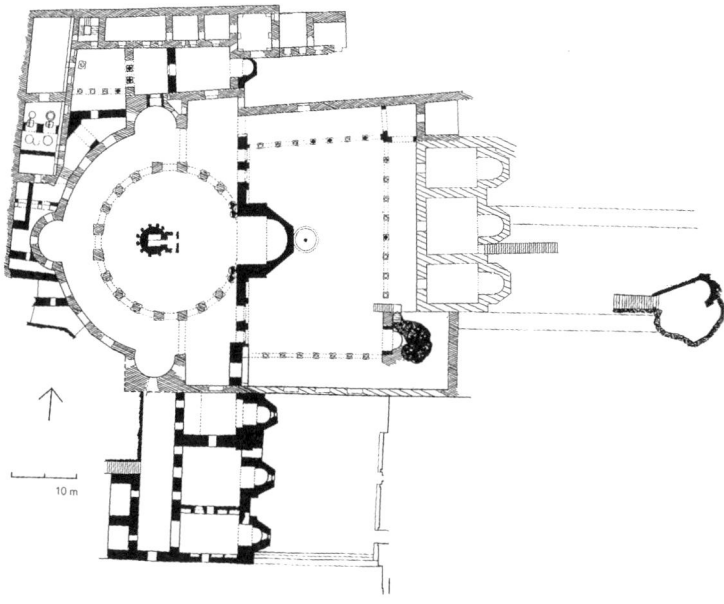

Jerusalem, Grabeskirche, Grundriss der Anastasis-Rotunde nach dem Wiederaufbau um 1040.

Umganges auf eine Empore hin geöffnet war. Vieles spricht jedoch dafür, dass es während des 1. Jahrtausends keine Emporen gab, sodass das Bauwerk eher dem kaiserlichen Mausoleum von Santa Costanza in Rom mit einer Kuppelöffnung in der Art des Pantheons geglichen haben dürfte. Wesentlich wichtiger für den späteren Gedanken des Chorumganges mit Kapellenkranz war die Tatsache, dass diese Säulenreihe ein Wandelgang umgab, der sich in den Außenmauern in drei Apsiden öffnete. Deren Funktion, ob repräsentative Nische als Hoheitszeichen oder Altarstelle, ist nicht zu ermitteln, aber ihr Vorhandensein war durch Generationen von Pilgern auch im Abendland bekannt. In diesem Zustand verblieb das Bauwerk bis zum Jahr 1009, als der schiitische Fatimidenkalif al-Hakim die konstantinische Grabeskirche zerstören ließ.

Die Nachricht von der Zerstörung eines der größten Heiligtümer der Christenheit wirkte zunächst wie ein Schock. Aber schon ab 1012 konnte die Grabeskirche mit tatkräftiger Förderung durch die byzantinischen Kaiser Basileios II., Johannes I. Tzimiskes und Romanos III. bis 1036 unter Benutzung der alten Außenmauern und eines Teils der konstantinischen Säulen wieder aufgebaut werden. Spätestens jetzt erhielt die Grabes-Rotunde die noch heute vorhandene Empore. Spätere Schicksalsschläge und Maßnahmen, Reparaturen nach Erdbeben, der Brand von 1808, Purifizierungen und Restaurierungen im 19. und 20. Jahrhundert veränderten die Gestalt der Anastasis-Rotunde trotz aller Eingriffe in der Substanz nur wenig. Wichtig bleibt festzuhalten: Wer nach 1036 die Grabeskirche in Jerusalem aufsuchte, fand eine Kirche mit einem von Säulen begrenzten Umgang, mit drei Apsiden und einer Empore vor. Es ist dies die Zeit, in der in Europa, vor allem in Frankreich, der Chorumgang mit Kapellenkranz seine endgültige Form und an weithin beachteten Großbauten wie Chartres, Cluny und St. Sernin in Toulouse Verwendung fand.

Zu diesen Großbauten zählt auch die ab 1075/78 im Bau befindliche Kirche des Apostels Jakobus in Santiago de Compostela. Es kann durch keinen Befund, keine Urkunde und keine Äußerung eines Zeitgenossen belegt werden, dass man bei Baubeginn in Santiago sich an der (neuen) Grabeskirche orientierte oder sogar eine Kopie dieses Vorbildes anstrebte. Ein Chorumgang mit Kapellenkranz war jedoch vom ersten Spatenstich an geplant. Mittelalterliche Kopien streben nur selten eine 1:1-Wiedergabe in modernem Sinne an. Die Übernahme von ein oder zwei charakteristischen Merkmalen des Vorbildes genügte. Das konnte eine räumliche Einzelform wie der Umgang und die begleitenden Apsiden sein, eine Empore oder auch nur eine Maßeinheit. Bisweilen wurden auch regelrechte Nachbauten der Grabes-Rotunde in Jerusalem errichtet. Rundkirchen mit dem *sepulcrum* im Namen verweisen deutlich auf die Grabeskirche. Eine der schönsten ist die ebenfalls am Jakobsweg gelegene Kirche Neuvy-Saint-Sépulchre aus dem 11. und 12. Jahrhundert, eine weitere das Baptisterium vor dem Dom von Pisa, ab 1152 von Diotisalvi erbaut und später in gotischem Stil vollendet. Im Falle von Santiago de Compostela ist zumindest eine Orientierung an der Grabeskirche nicht ausgeschlossen, beabsichtigte man doch nichts weniger, als einem der engsten Gefährten Jesu eine würdige letzte Ruhestätte und zugleich den rasant anwachsenden Pilgerscharen einen repräsentativen Sakralbau zu errichten. Von den weiteren engen Verbindungen zwischen Santiago de Compostela und Jerusalem wird noch die Rede sein. In jedem Fall war in den Köpfen der Betreiber des Kathedralprojektes in Santiago die Idee, sich auf einer Ebene mit den altehrwürdigen Pilgerzielen Rom, wo die Apostelfürsten Petrus und Paulus lagen, und Jerusalem, wo Christus selbst gelebt und gelitten hatte, zu sehen, längst zur Reife gekommen.

Werbung mit Hammer und Meißel

Egal unter welchem Blickwinkel man die Kathedrale von Santiago de Compostela betrachtet, sie ist auf jeden Fall ein Bauwerk von internationalem Zuschnitt. Im Vergleich mit den Kirchen der anderen Bischofssitze in Galizien und im nördlichen Portugal – Lugo und Ourense als Nachfolgebauten von Santiago ausgenommen – erkennt man auf den ersten Blick die qualitativen Unterschiede zwischen der Kirche über dem Apostelgrab und etwa Mondoñedo oder auch dem altehrwürdigen Braga. Letztere sind beide Vertreter der nordwestspanischen Provinz, während Santiago sich vom ersten Tag an auf gleicher Höhe mit den großen europäischen Sakralbauten, Durham (ab 1093), Cluny (ab 1088), Speyer (ab 1025/1080) und Pisa (ab 1062) befand. Das setzte bei Auftraggebern wie auch Baumeistern eine profunde Kenntnis der architektonischen Entwicklung im europäischen Sakralbau und die entsprechenden Kontakte voraus. Der Neubau der Kirche über dem Grab des Apostels Jakobus – auch wenn der Bau bis zum Amtsantritt von Bischof Diego Gelmirez nur langsame Fortschritte machte – war ein Unternehmen, in dem die künstlerischen und technischen Innovationen dieser Epoche ihren Niederschlag fanden und das gleichzeitig als Werbeträger für die Pilgerfahrt zum hl. Jakobus eine Ausstrahlung in die gesamte christliche Welt haben sollte. Dazu gehörte auch und vor allem die Bauskulptur.

Die große Zeit der mittelalterlichen Skulptur beginnt in der Mitte des 11. Jahrhunderts und ist, wenn auch nicht ausschließlich von dieser veranlasst, in einem Zusammenhang mit den gleichzeitigen Bestrebungen der Kirchenreform um eine vertiefte Christianisierung des Abendlandes zu sehen. Innerhalb nur weniger Jahrzehnte entstanden in mehreren europäischen Zentren Meisterwerke der Bildhauerkunst, die unweit der sich nun herausbildenden Wege nach Santiago de Compostela lagen und über dieses Straßennetz sowohl Impulse aussandten als auch Anregungen aus weit entfernten Regionen aufnahmen und verarbeiteten. Zunächst registriert man in der Kirchenarchitektur mit Erstaunen in den Kirchen von L' Hôpital-St.-Blaise und Ste. Croix in Oloron aus dem 11. Jahrhundert, beide im nördlichen Vorland der Pyrenäen am Jakobsweg gelegen, die Übernahme von Gewölbeformen, wie sie in Córdoba vor dem Mihrab der Moschee-Erweiterung des Kalifen al-Hakam und der Moschee am Bāb al-Mardūm in Toledo vom Ende des 10. Jahrhunderts zu sehen sind. Am Jakobsweg entspricht dieser

Übernahme die Heilig-Grab-Kirche von Santo Sepolcro in Torres del Río in der Rioja, wiederum von einem islamischen Rippengewölbe überdeckt. Im Kreuzgang der Kathedrale von Le Puy-en-Velay überrascht der farbige Schichtwechsel des Mauerwerks, der ohne einen Einfluss der großen Moschee von Córdoba nicht zu denken ist, ebenso wenig wie der Zackenvorhang in der fernen Doppelkapelle der Neuenburg in Freyburg/Unstrut von ca. 1170/90, der in der Vorhalle der Kirche St. Andreas in Köln (um 1200) ein Gegenstück hat.

Der bilderfeindliche Islam kannte keine figürliche Plastik. Deren Zentren lagen im 12. Jahrhundert in Frankreich, in Burgund mit Vézelay, Autun und Cluny, in Aquitanien zwischen Poitiers und der Charente und im Languedoc, wo Moissac und Toulouse mit St. Sernin und dem bis auf die Kapitelle des Kreuzganges im untergegangenen Kloster La Daurade aus einem insgesamt hohen Niveau herausragen. Das christliche Spanien blieb hinter diesen einzigartigen Leistungen der mittelalterlichen Bildhauerkunst weder zeitlich noch in der Qualität der Arbeiten zurück. Allerdings folgt man heute nicht mehr Arthur Kingsley Porters in seinem Buch *Romanesque Sculpture oft the Pilgrim Roads* (1923) vertretenen Auffassung, dass die spanische Kunst des 11. Jahrhunderts Vorbild für die Entwicklung nördlich der Pyrenäen gewesen sei. Man muss vielmehr von einem lebhaften Austausch, der nicht nur Spanien und Frankreich, sondern auch große Teile Italiens einschloss und bis auf die Britischen Inseln ausstrahlte, ausgehen. Die Nord- und die Ostgalerie des einzigartigen Kreuzganges von Santo Domingo de Silos, südlich des Jakobsweges gelegen, wurden noch im letzten Viertel des 11. Jahrhunderts begonnen. Dieser zählte mit Moissac und Monreale in Sizilien zu den reichsten Bauten dieser Art aus dem Mittelalter in Europa. In Jaca, Frómista und in San Isidro in Léon sieht man zur gleichen Zeit Bildhauer am Werk, die, ausgehend von einem antiken Sarkophag mit der Darstellung der mythologischen Orestes-Geschichte, eine völlig neue Bildsprache entwickeln, in der die heidnisch-antikische Nacktheit der Figuren mit christlichen Motiven eine überzeugende Verbindung eingeht. Diese Bildsprache erreichte, unabhängig von jedem französischen Einfluss, bald auch die Kathedrale von Santiago, wo sie auf den gedrehten Säulen des ehemaligen Nordportals (heute im Kathedralmuseum), am Endpunkt des »Camino Francés«, zu sehen war.

Spanische und französische Bildhauerkunst befruchteten sich in einem Jahrhunderte andauernden Prozess fortlaufend gegenseitig. Schöne Beispiele für diese gegenseitige Beeinflussung sind die im

Conques, die Erhängung des Geizigen vom Tympanon der Abteikirche, Anfang 12. Jh.

Halbrelief gearbeiteten Figuren des Apostels Jakobus an der Porte Miègeville der Kirche St. Sernin in Toulouse und an der Puerta de las Platerías der Kathedrale von Santiago de Compostela. Über die Datierung der beiden Figuren und damit über deren zeitliche Abfolge wird noch immer heftig gestritten. Sie könnten wenige Jahre vor oder nach der Jahrhundertwende um 1100 entstanden sein. Ihre enge sowohl ikonografische wie stilistische Verwandtschaft fällt sofort ins Auge. Ähnlich ist es mit den Kapitellen im Querschiff der Kathedrale von Santiago und ähnlichen Arbeiten in der Abteikirche von Conques. Hier treten sogar der Urheber und seine Bildhauertruppe, wenn auch nicht mit Namen, in Erscheinung. Das östliche Querhaus der Apostelkirche wurde unter der Leitung des »Meisters von Conques« errichtet. Es ist nicht gesichert, ob er während der Bauzeit dauernd in Santiago oder auch zeitweise in Conques, wo die Bauarbeiten andauerten, anwesend war. Die Tatsache, dass am Tympanon von Conques mit der Hängung des Geizigen von ca. 1107 ein fast gleiches Bildmotiv wie auf einem Kapitell im Querhaus von Santiago Verwendung fand, spricht dafür, dass der »Meister von Conques« an beiden Orten zugleich Einfluss nahm, also kurzfristig zwischen beiden Baustellen pendelte. Diese Arbeitsweise lässt sich auch bei anderen Meistern in dieser Zeit nachweisen. Meister Esteban, der zwischen 1094 und 1101/03 den Chor und die östliche Querhauswand der Kathedrale von Santiago errichtete, ist sowohl als Baumeister der romanischen Kathedrale von Pamplona gesichert wie auch an der Puerta del Cordero an San Isidro in Léon nachzuweisen.

Mit der Kirche Santa María la Real in Sangüesa gelangen wir am Jakobsweg bereits an die Schwelle von der Romanik zur Gotik. Das auf ca. 1200 datierte Südportal dieser ehemaligen Palastkirche der Könige von Aragón ist sowohl mit Frankreich als auch mit Spanien verbunden. Enge Beziehungen bestehen zur Bauskulptur des benachbarten Klosters San Juan de la Peña, aber auch zur Kathedrale von Chartres, deren säulengebundene Statuen am Königsportal offensichtlich das Vorbild für die Gewändefiguren von Sangüesa waren. Ein Blick in die moderne Malerei sei ebenfalls erlaubt. Am Südportal von Sangüesa findet sich in einer fantastischen Figur sowohl die Vorlage für Salvador Dalís Gemälde *Die Versuchung des hl. Antonius* von 1937 wie auch für die fast identische Figur in Pablo Picassos *Guernica* aus dem gleichen Jahr. Die spanische Romanik am Jakobsweg, ob von Frankreich her beeinflusst oder nicht, hatte eine starke, über Jahrhunderte andauernde Ausstrahlung.

Die Kathedrale von Chartres gehört bereits in das Zeitalter der Gotik. Die Beziehungen zwischen Spanien und Frankreich scheinen sich zu wiederholen. Die Kathedralen von Burgos und Léon sind in ihrer heutigen Gestalt ohne die Vorbilder der klassischen gotischen Kathedralen Frankreichs, ohne die Einflüsse aus Chartres, Reims und Amiens nicht vorstellbar. Für die Kathedrale von Léon scheint das in jeder Hinsicht zuzutreffen. Aber schon in Burgos wandelt sich das Bild. In dem scheinbar an der französischen Gotik orientierten Aufriss des Mittelschiffs fällt ein Triforium auf, das zwar noch entfernte Ähnlichkeit mit dem der Kathedralen in Bourges und Beauvais zeigt, das aber schon viel mehr mit dem Plateresque-Stil der späteren Gotik in Spanien gemein hat. Das belichtete Rippengewölbe der Vierung wiederum kann Nachwirkungen des Kalifatstiles, wie er sich in der großen Moschee von Córdoba zeigt, nicht verleugnen. Und doch ist Burgos eine ganz und gar spanische Kathedrale. Das gilt für die Bischofskirchen in Pamplona und Astorga ebenso wie für die gotischen Kirchen von Carrión de los Condes und den Antoniterkonvent von Castrojeriz, wo sowohl spanische wie französische Elemente die Architektur und die Bauskulptur kennzeichnen.

Es verdient am Ende dieses Kapitels noch einmal hervorgehoben zu werden: Das Netz der Jakobswege, vor allem in Frankreich und Spanien, diente nicht nur dem Fortkommen der Pilger. Es war zugleich ein Straßennetz, auf dem schon im Mittelalter die Austauschprozesse der Kunst und der Kultur, des Handels und der Wirtschaft in Europa stattfanden. Die großen Kultzentren an den Wegen brauchten diesen Austausch von Ideen und neuen künstlerischen Errungenschaften, auch um in der Gunst der Pilger nicht zurückzufallen. Gewiss, die Pilger waren vor allem besorgt um ihr Seelenheil, aber sie kamen weit herum, waren aufgrund der verbreiteten Schriftlosigkeit eher visuell orientiert und vermochten durch eigene Vergleiche durchaus wahrzunehmen, ob ein Wallfahrtsort und damit der dort aufgesuchte und verehrte Heilige auf der Höhe der Zeit war oder zurückblieb. Auch das Kunstschaffen an den Jakobswegen, die Kathedrale des Apostels mit eingeschlossen, musste dem Auge der Pilger etwas bieten, was diese ermutigte, die strapaziöse Wallfahrt zu wagen. Das Pilgerwesen und die in ihrer Zeit jeweils modernen Tendenzen der Kunst sind nicht voneinander zu trennen.

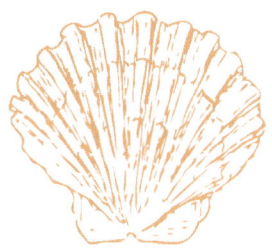

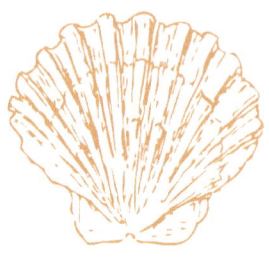

Die Heiligen und ihre Verehrung
Die Wallfahrtsorte am Jakobsweg

Die Jakobswege in ganz Europa sind auf allen Strecken in dichter Folge von Wallfahrtsorten gesäumt. Unter ihnen befinden sich seit der Spätantike hoch bedeutende Pilgerziele wie das des fränkischen Reichsheiligen Martin in Tours, winzige Stätten lokaler Verehrung in Bayern und Schwaben, kurzlebige Wallfahrtsorte wie (Bad) Wilsnack im nordwestlichen Brandenburg und auch das englische Walsingham in Norfolk, das als Pilgerziel im 19. und 20. Jahrhundert mühsam wiederbelebt wurde und von dessen Gnadenbild eine Kopie heute eine Seitenkapelle in der Kathedrale von Santiago ziert. Ein Jakobspilger mochte diese Orte wie Perlen eines Rosenkranzes empfinden, in der Gewissheit, auf dem langen Weg zum Ziel nie ohne den Beistand der Heiligen zu sein. Auch wenn die Pilgerwege in Mittelalter und Früher Neuzeit eine vergleichsweise gute Infrastruktur an Klöstern, Herbergen und Hospitälern boten, so war für die Pilger ohne den Beistand der Heiligen als Fürbitter bei Gott und als Beschützer auf dem langen und gefährlichen Weg eine unbeschadete Ankunft am Grab des Apostels keineswegs gesichert. Die Heiligen am Weg und ihre Ruhestätten, Reliquienschreine oder aufwendige Grabanlagen waren wichtige Zwischenziele und Ruhepunkte, wenn der Weg gar zu lang wurde und Zweifel, ob man das ersehnte Ziel in Santiago je erreichen werde, überhand zu nehmen drohten. Manch einer nutzte auch die Gelegenheit, bei seinem Namensheiligen oder persönlichen Schutzpatron vorbeizuschauen und ihm seine Verehrung zu bezeigen. Schließlich waren die Heiligen für alles zuständig, was das tägliche Leben betraf, von Plattfüßen bis zu Augenleiden, vom Wetter bis zum Beistand für nahezu alle Berufsgruppen. Diese »Sakralmobilität« bewegte, im wahrsten Sinne des Wortes, während des gesamten Mittelalters die Menschen um der Sicherung ihres Seelenheiles willen hin zu den Ruhestätten und den Reliquien der Heiligen.

Die Bitte um Trost und Unterstützung wurde, zumindest nach Meinung der Gläubigen, meist erhört. Die Dankbarkeit des Pilgers zeigte sich dann in der Regel in einer erhöhten Spendenfreudigkeit, die den einzelnen Wallfahrtsorten erhebliche Mittel zufließen ließ. Diese konnten für die Ausschmückung, vielleicht gar die Vergrößerung und den Neubau der Kirchen, in denen die Gebeine der Heiligen ruhten, oder für die Versorgung von Armen und kranken Pilgern verwendet werden. Darüber hinaus war das Pilgerwesen ein glänzendes Geschäft. Die Angst um das eigene Seelenheil öffnete unterwegs die Geldbeutel der Pilger wesentlich leichter als am heimischen Herd. Sprach sich, unterstützt durch Predigt und Propaganda der Kleriker an den Wallfahrtskirchen, die Wirkungsmacht eines Heiligen erst einmal herum, so kamen nicht selten die Pilger in Massen – und mit ihnen Geld, Güter und Schenkungen. Es ist daher kein Wunder, wenn man seit dem Mittelalter einen regelrechten Wettbewerb der Pilgerziele untereinander beobachten kann. Man warb mit Heilsversprechen und Ablässen. Einige dieser Zwischenziele schafften es sogar, dem hl. Jakobus Konkurrenz zu machen, indem sie vollkommene Ablässe denen gewährten, die Santiago wegen schwerer Krankheit oder sogar Tod nicht mehr zu erreichen vermochten. Das war an der Puerta de Perdón von San Isidro in Léon und in der Jakobuskirche von Villafranca del Bierzo der Fall; Orte, an denen der von jenseits der Pyrenäen kommende Pilger ohnehin den größten Teil des Weges hinter sich gebracht hatte. Das Ergebnis war, dass viele Jakobspilger nicht unbedingt den kürzesten Weg nahmen, sondern sehr sorgfältig die Heiligen am Weg daraufhin prüften, inwieweit sie auf dem Weg zum Heil von Nutzen sein konnten.

Alte Wegebeschreibungen und Landkarten stellen denn auch nicht so sehr die topografischen Gegebenheiten in den Vordergrund, sondern die Zahl und die Bedeutung der Heiligen. Zu Toulouse fällt Hermann Künig von Vach 1495 gerade mal ein, dass es »gar eyn grosse stat hubsch und fyn« sei, um dann fortzufahren: »Sie sprechen es sollen .VI. apostolen da syn / Philippus Jacobus und auch Barnabas / der groß sant Jacob Symon und Judas«. Diese allein sind wichtig. Alles andere mag der Pilger vor Ort erfragen. Auch der Augsburger Patrizier Sebastian Ilsung weiß zum Wallfahrtsort St. Antoine l'Abbaye vor allem zu sagen: »... da leyt der haylig Sannt Anthonius leibhefftig und thutt grossen zaichen alle tag«, weiß aber immerhin anschließend die Gastfreundschaft des Abtes in »sein ballast, da er selbs in wonet; das war fast kostlich« zu rühmen. Dem heutigen Nutzer dieser Quellen bietet sich neben knappen Informationen über den Weg, Versorgungs- und Unterkunftsmöglichkeiten vor allem eine Sakraltopografie des Abendlandes. Wo immer man damals sich auf dem Weg befand, man war, selbst in einsamen oder gefährlichen Gegenden, doch stets in Reichweite eines Heiligen, an den man sich wenden konnte.

Sakraltopografie

Unter diesen Heiligen gab es einige, die in einer besonderen Beziehung zum Apostelgrab in Santiago standen, oder richtiger, durch gezielte Maßnahmen mit dem eigentlichen Ziel der Jakobuswallfahrt verbunden wurden. Aymeric Picaud nennt entlang seiner vier Pilgerwege eine größere Anzahl von ihnen. Allein die Festlegung dieser Pilgerwege kann schon als der Versuch verstanden werden, die Pilger zu bestimmten Heiligen zu lenken, wobei nicht zu übersehen ist, dass dieser Versuch mit der klaren Absicht verbunden ist, diese Wallfahrtsorte dem Hauptziel in Santiago unterzuordnen und so eine Hierarchie der dem Apostel nachgeordneten Heiligen und ihrer Reliquien zu etablieren. Hinzu kommt, dass der Pilgerführer Aymeric Picauds auch dessen persönliche Vorlieben für bestimmte Heilige aufscheinen lässt. Klarer scheint da schon die Konzeption des Diego Gelmirez in der Kathedrale von Santiago zu sein, zumindest soweit deren Altäre bis zur Erlangung der Erzbischofswürde geweiht waren. Die wichtigsten Patrozinien vom Jakobsweg und in Europa bis hin ins Heilige Land sind mit eigenen Altarstellen im Chor und im Querschiff vertreten. Man kann sich des Eindrucks nicht erwehren, dass Gelmirez in etwas modifizierterer Weise die heiligen Exponenten der abendländischen Christenheit um das Apostelgrab in seiner Bischofskirche versammelte. Man darf jedoch bei dieser Betrachtungsweise die Baugeschichte der Kathedrale und die sich erst allmählich entwickelnde Anordnung der Altarplätze nicht aus dem Blick verlieren. Davon wird im folgenden Kapitel die Rede sein.

Zu den wichtigsten Patrozinien zählte natürlich das von Christus, dem Erlöser, selbst. Bei aller Propaganda um den Apostel Jakobus war ihm, verbunden mit Gottvater und dem Heiligen Geist in der heiligen Dreifaltigkeit, der erste Platz in der himmlischen Rangfolge nicht streitig zu machen. Echte Reliquien Christi konnte es eigentlich, bedingt durch Auferstehung und Himmelfahrt, nicht geben, auch wenn bis zum heutigen Tag Haare, Zähne, Nägel, die bei der Geburt zurückgelassene Nabelschnur und Teile seiner durch die Beschneidung auf Erden zurückgebliebenen Vorhaut durch die sakrale Landschaft

Leon, S. Isidro mit der Puerta del Cordero (links) und der Puerta de Perdón (rechts), 12. Jh.

geistern. Auch das wahre Blut Christi, worunter nicht etwa der in der Eucharistie verwandelte Wein, sondern echte Blutstropfen zu verstehen sind, gehört in diese Kategorie. Man hat allein 191 dieser eucharistischen Blutwunder, oft blutende Hostien, gezählt. Nicht wenige von ihnen hatten bis heute andauernde Wallfahrten zur Folge. Auch Splitter und Teile des heiligen Kreuzes, der Dornenkrone und der Leidenswerkzeuge, oder auch seines Gewands und des Grabtuches erfreuen sich noch heute in aller Welt großer Verehrung. Dementsprechend findet man neben dem Salvatorpatrozinium, wie z. B. im asturischen Oviedo, das Patrozinium von Ste. Croix in der Kathedrale von Orléans oder auch die eigens für die Aufbewahrung der Dornenkrone und von Teilen des hl. Kreuzes erbaute Sainte-Chapelle in Paris. Der wichtigste Ort des Salvatorpatroziniums war natürlich die auf Kaiser Konstantin den Großen zurückgehende Anastasis-Rotunde als Teil der Grabeskirche in Jerusalem. Über die genannten Orte hinaus ist das Salvatorpatrozinium an vielen Orten entlang der Jakobswege vertreten.

Nach dem Herrn darf sein Stellvertreter auf Erden, der Apostel Petrus, als der wichtigste Heilige der christlichen Kirche angesehen werden. Schaut man auf die von Aymeric Picaud aufgeführten vier Wege, so wird man zunächst vergeblich nach einem bedeutenden Pilgerort, dessen Kirche Reliquien des Apostelfürsten birgt, Ausschau halten. Nicht dass das Petruspatrozinium an diesen Wegen vollständig fehlt, aber es sind doch eher nachrangige Gotteshäuser, die sich mit dessen Namen schmücken. Daran ändert auch die heute zum Weltkulturerbe zählende großartige Portalanlage mit der Vision der Offenbarung aus dem Neuen Testament in Moissac nichts. Die Zugehörigkeit von Moissac zum Klosterverband von Cluny führt jedoch weiter. Von Anbeginn war diese Abtei nur dem Papst als dem Nachfolger des hl. Petrus unterstellt, was dazu führte, dass das Patrozinium des Apostelfürsten in den zahlreichen Prioraten von Cluny weit verbreitet war. Die Rolle von Cluny als der führenden geistigen Macht in Europa unter Abt Hugo von Semur wird in dieser Arbeit mehrfach angesprochen. Ohne Cluny, auch ohne das Vorbild der neuen Klosterkirche Cluny III, ging nur wenig an der Wende vom 11. zum 12. Jahrhundert. Erstaunlicherweise wird in den meisten Publikationen zum Thema Cluny III nie als »Pilgerkirche« unter die Stationen am Jakobsweg gezählt, obwohl sie bis zur Erbauung des Petersdomes im 16. Jahrhundert die größte Kirche des Abendlandes war. Das hängt ganz sicher mit dem – wie gezeigt – problematischen Begriff der »Pilgerkirche« zusammen, denn

Oviedo, Camara Santa, Pelayo-Kreuz, gestiftet von König Alfons II. 808.

Moissac, Tympanon der Abteikirche, zweites Viertel 12. Jh.

die ab 1088 erbaute Kirche Cluny III hat, ungeachtet der gleichen Bauzeit, nur wenig Ähnlichkeit mit diesem Typus. Dafür orientiert sich Cluny III an der Grabeskirche des Apostelfürsten Petrus in Rom, vor allem mit den fünf Schiffen und dem ausladenden westlichen Querhaus. Auch Rom liegt am Jakobsweg, der die »Ewige Stadt« wechselseitig mit Santiago als einem der drei heiligsten Pilgerziele der Christenheit verbindet.

Der dritte unter den großen Heiligen hat, wiederum abgesehen von Patrozinien in kleineren Kirchen, ebenfalls kein großes Wallfahrtszentrum an den europäischen Wallfahrtswegen. Es handelt sich um den Apostel und Evangelisten Johannes, den Lieblingsjünger Jesu, dem auch die geheime Offenbarung des Neuen Testaments zugeschrieben wird. Er war der Einzige unter den Aposteln, der – nach einem missglückten Martyrium – in der antiken Metropole Ephesus eines natürlichen Todes starb und dort auch bestattet wurde. Kaiser Justinian ließ im 6. Jahrhundert über dem Grab eine dreischiffige, kuppelbekrönte Basilika erbauen, die nach der Verwandlung in eine Moschee durch die Seldschuken 1375 durch ein Erdbeben schwer beschädigt und 1402 durch die Krieger Timur Lenks vollständig zerstört wurde. Palästinapilger hatten, wenn sie die kleinasiatische Küstenroute nahmen, im

Cluny, Südwestquerhaus der Abteikirche, um 1100.

Mittelalter durchaus Gelegenheit, das dortige Apostelgrab zu sehen und zumindest Berührungsreliquien mitzubringen. An einem Jakobsweg lag die Johanneskirche allerdings nicht. Das traf für Sankt Johannes im Lateran, die römische Bischofskirche des Papstes in Rom und im Mittelalter Sitz der Päpste, nicht zu. Wie schon im Fall von St. Peter in Rom gingen von hier auf der *Via Francigena* und der *Via Appia* sowohl Pilger nach Santiago de Compostela als auch nach Jerusalem. Die engen Verbindungen von Rom nach Santiago über die Patrozinien von Petrus und Johannes Evangelista werden an beiden Orten sichtbar.

Wie die beiden Apostel Petrus und Johannes ist auch die Gottesmutter Maria an den von Aymeric Picaud aufgezeigten Jakobswegen nur in der zweiten Reihe vertreten. Das ist schon deshalb erstaunlich, weil mit der Kathedrale von Le Puy-en-Velay immerhin einer seiner »Startorte« Maria geweiht ist. Gewiss, vor dem 12. Jahrhundert, vor der Blütezeit des neu die Bühne des christlichen Lebens betretenden Zisterzienserordens mit seiner glühenden Marienverehrung, war das Marienpatrozinium nur eines unter vielen. Christus selbst, der Apostel Petrus und sogar der hl. Martin rangierten vor ihr. Immerhin wurde sie schon seit dem frühesten Mittelalter in Chartres als *virgo paritura*, die gebärende (Gottes-)Mutter, vermutlich als die Nachfolgerin einer gallorömischen Gottheit, verehrt. Dort bewahrte man auch ihr Kleid, das sie bei der Verkündigung getragen haben soll, auf. Durch das ganze Mittelalter und bis heute war Chartres eines der großen Marienheiligtümer Frankreichs. Es liegt an einem Zweig des Jakobsweges von Paris nach Tours, aber Aymeric Picaud erwähnt es nicht einmal. Das gilt auch für Rocamadour. Hierher hatte sich nach der Legende im 1. Jahrhundert der hl. Amadour (Amator), teils als der Zöllner Zachäus, teils als Gatte der hl. Veronika (mit dem Schweißtuch), teils als Diener im Hause der Gottesmutter Maria bezeichnet, zurückgezogen. Ein lokaler Kult setzte vermutlich um die Jahrtausendwende ein und wurde im 12. Jahrhundert, nicht zuletzt durch den hl. Bernhard von Clairvaux, sehr gefördert. Gegenstand der Verehrung war das Bildnis der Schwarzen Madonna, die Amadour aus einem Baumstamm geschnitzt haben soll. Auch wenn die vielen einander widersprechenden Legenden jede historische Recherche ins Leere laufen lassen, zählte Rocamadour seit dem Mittelalter zu den am meisten besuchten Marienwallfahrtsorten in Frankreich. Aymeric Picaud nennt den nahe an der *Via Podiensis* gelegenen Ort, der vor allem Bußpilger anzog, nicht. Zu den wichtigen Marienheiligtümern am Jakobsweg zählte auch Aachen, das allein aufgrund seiner Entfernung von Santiago nicht mehr im Gesichtskreis Aymeric Picauds auftauchte. Hier verehrte man seit der Zeit Karls des Großen ein weiteres Gewand der Maria, bis heute Bestand der »Aachener Heiltümer«, die Ziel einer eigenen Wallfahrt sind. Aachen war immer eine wichtige Station am Jakobsweg, da von hier die viel begangene

Niederstraße ihren Ausgang nahm, und der Schrein Karls des Großen die engen Verbindungen zwischen dem Kaiser und dem »Sternenweg« nach Santiago de Compostela aufzeigte. Nicht zufällig ist Aachen heute der Sitz der Deutschen St. Jakobus-Gesellschaft e.V.

Vézelay war Aymeric Picaud dafür um so vertrauter. Hier wirkte er in der ersten Hälfte des 12. Jahrhunderts als Kaplan und erlebte den unglaublichen Aufstieg der kleinen Benediktinerabtei zu einem Mittelpunkt des christlichen Pilgerwesens aus unmittelbarer Nähe mit. In Vézelay glaubte man schon im 9. Jahrhundert, Reliquien von Maria Magdalena, der engsten Gefährtin Jesu, zu besitzen. Nach dem Anschluss des Klosters an Cluny und durch die intensive Förderung durch die Mutterabtei, verbunden mit päpstlichen Privilegien, wurde Vézelay im 12. Jahrhundert zum großen Zentrum der Magdalenenverehrung in Frankreich. Die in dieser Zeit errichtete herrliche Abteikirche zeugt bis heute davon. Höhepunkte waren der Aufruf zum zweiten Kreuzzug 1146 durch Bernhard von Clairvaux und das Treffen von König Richard Löwenherz von England und König Philippe II. Auguste von Frankreich 1190 zur Vorbereitung des dritten Kreuzzuges. In dieser Zeit überstrahlte Vézelay bis auf Rom und Santiago nahezu alle Wallfahrtsorte in Europa. Der Abstieg kam allerdings ebenso schnell. 1279/80 ließ Karl II. von Anjou, Graf der Provence, nach aufwendigen Untersuchungen feststellen, dass die wirklichen Gebeine der Maria Magdalena sich in St. Maximin in der Provence befänden, was nach harten Streitigkeiten 1295 durch Papst Bonifaz VIII. bestätigt wurde. Dieser Entscheid hatte ein abruptes Ende der Wallfahrt zur Folge, weshalb Vézelay bis heute ein kleines, mittelalterlich verträumtes Städtchen geblieben ist.

Ein weiterer Heiliger mit biblischen Wurzeln und engem Bezug zur Kathedrale von Santiago spielt an den Jakobswegen eine Rolle: Es handelt sich um Johannes den Täufer, den »Vorläufer« Christi. Ihm sind meist Taufkirchen oder -kapellen geweiht. Folgerichtig findet sich sein Patrozinium im 9. Jahrhundert in einer Taufkapelle unmittelbar nördlich des Jakobus-Mausoleums und der ersten Kirche beim Apostelgrab. Sein Haupt gelangte im Jahr 817 in die von König Pippin I. von Aquitanien gegründete Abtei Saint-Jean-d'Angély. Nach Zerstörungen durch die Wikinger erlebte der Ort vom 11. bis zum 16. Jahrhundert eine Blütezeit, die durch die Zerstörungen in den Religionskriegen jäh beendet wurde. Die heutigen Bauten entstammen der Barockzeit, die eindrucksvolle Fassade der nicht mehr vollendeten Kirche von 1750. Saint-Jean-d'Angély lag sehr günstig an der *Via Turonensis*, der Niederstraße, etwa auf halbem Wege zwischen Poitiers und Bordeaux. Diese Lage und das Haupt eines biblischen Spitzenheiligen wie Johannes Baptista zogen natürlich zahlreiche Pilger an, die seinen Segen auf dem Weg nach oder von Santiago gerne mitnahmen.

Heilige außerhalb der Bibel

Von Saint-Jean d'Angely gelangte man in kurzer Zeit über Melle nach Tours, wo man seit der Spätantike auf das Grab des hl. Martin, des fränkischen Reichsheiligen, traf. Ursprünglich ein römischer Offizier, der durch die Mantelteilung und seine Gabe für einen Bettler zum Gegenstand zahlreicher Bildwerke wurde, war Martin von 372 bis 397 Bischof von Tours. Zu seinen Nachfolgern gehörten der große Gelehrte Gregor von Tours und Alcuin, der Berater Karls des Großen. Für Aymeric Picaud, der südlich von Tours im aquitanischen Parthenay zu Hause war, dürfte es eine Selbstverständlichkeit gewesen sein, die Martinskirche unter die von ihm empfohlenen Pilgerziele aufzunehmen. Mit dem Übertritt des fränkischen Königs Chlodwig zum Christentum, welcher der Abtei die Immunität zusprach, begann eine mehr als tausendjährige Blütezeit der Martinskirche. Unzählige Kirchen im fränkischen Machtbereich übernahmen das Martinspatrozinium. Auch in Santiago de Compostela findet man noch heute gegenüber dem Eingang zum Nordquerhaus das Kloster und die Kirche San Martin Pinario. Der Verfall der Kirche begann jedoch schon vor der Französischen Revolution im 18. Jahrhundert, und 1798 wurde die Kirche bis auf zwei Türme abgerissen. Sie wird noch heute gerne unter die fünf besprochenen »Pilgerkirchen« gezählt, wofür es allerdings gerade bei diesem Bauwerk keinerlei Rechtfertigung gibt. Ihre Bedeutung als herausragendes Pilgerziel am Jakobsweg ist allerdings unbestritten.

Die in der Abteikirche von Conques verehrte hl. Fides scheint auf den ersten Blick aus der in diesem Kapitel behandelten Schar von Heiligen, die bis auf den Reichsheiligen Martin alle im Neuen Testament in der Umgebung Jesu eine Rolle spielen, herauszufallen. Gerade zwischen Conques und Santiago aber bestanden sehr enge Beziehungen. Die dortige Abteikirche dürfte mit einem Baubeginn deutlich vor 1050 sowohl in ihrer Architektur als auch der Bauskulptur zu den direkten Vorbildern der Kathedrale von Santiago zählen. Der »Meister von Conques« war nach 1100 an deren Querschiff tätig. Diego Gelmirez hat als Bischof Conques selbst besucht und bei dieser Gelegenheit die notwen-

Conques, Statue der
hl. Fides mit Bestandteilen
aus dem 4.–10. Jh. mit
späteren Ergänzungen.

digen Kontakte geknüpft. Die legendenhafte Vita und das Martyrium
der hl. Fides gleichen dem so vieler anderer Heiliger. Als standhafte
Bekennerin ihres Glaubens wurde sie als 13-Jährige zu Beginn des
4. Jahrhunderts im südfranzösischen Agen auf einem glühenden Rost
gemartert. 855 wurden ihre Gebeine im Zuge eines Reliquienraubes
nach Conques gebracht und seither dort verehrt. Die Ehre, unter den
biblischen Heiligen im Chor der Kathedrale von Santiago vertreten zu
sein, verdankt die hl. Fides wahrscheinlich weniger ihrer eigenen Wirkungsmacht als der Tatsache, dass man vermittels ihrer Reliquien der
Vorbildfunktion von Conques für die neue Kirche über dem Apostelgrab die Referenz erwies.

Ein weiterer Heiliger, der in den Chorkapellen von Santiago auf-
taucht, ohne dass er bislang im Abendland bzw. am Jakobsweg eine
Rolle spielte, ist der hl. Nikolaus von Myra, der im 3./4. Jahrhundert in
Kleinasien wirkte. Sein Kult, zunächst beschränkt auf die Ostkirche,

breitete sich ab dem 8. Jahrhundert zögernd im Abendland aus. 1087 gelang jedoch italienischen Kaufleuten durch Reliquienraub die Überführung der Gebeine ins apulische Bari, wo eine großartige Basilika, die schon 1098 von Papst Urban II. geweiht wurde, über seiner neuen Ruhestätte in die Höhe wuchs. Nikolaus wurde in der Hafenstadt Bari schnell zum Patron der Seefahrer und Kaufleute, und die Wallfahrt zu seinem Grab erfreut sich bis heute einer großen Beliebtheit. Die Bedeutung von Nikolaus hängt mit seiner Ruhestätte zusammen. Die Hafenstadt Bari wurde zusammen mit den Nachbarstädten Brindisi, Trani und Molfetta zu einem der wichtigsten Einschiffungshäfen für die Pilger ins Heilige Land und ab 1099 für die Kreuzfahrer auf ihrem Weg in die christlichen Staaten in Palästina. Für Bischof Gelmirez waren die Stadt und der Schutz ihres Heiligen ein wichtiges Bindeglied auf dem Weg nach Jerusalem, wohin er selbst zwar nie gelangte, mit der er aber einen lebhaften Austausch durch Gesandte pflegte.

Gleichsam als Fußnote zu dem in diesem Kapitel anschaulich gemachten Netzwerk von Heiligen, die mit der Kathedrale von Santiago in einer Beziehung standen, müssen wir aus diesem Blickwinkel die angeblichen Jakobusreliquien in St. Sernin in Toulouse betrachten. Ungeachtet der legendenhaften Lokalisierung des Jakobus-Grabes hatte auch Toulouse seit dem Aufblühen der Jakobuswallfahrt als bedeutende Stadt seinen festen Platz in der sakralen Landschaft der Jakobswege, wie auch Aymeric Picauds Wegeführung über die *Via Tolosana* bestätigt. Gleichwohl konnte der hl. Saturninus aufgrund der Konkurrenz zwischen Santiago und Toulouse keinen Platz unter den Heiligen in der Kathedrale von Santiago erlangen. Er musste sich unter die zahlreichen weiteren entlang der Jakobswege verehrten Heiligen einreihen. Die Sakraltopografie des Diego Gelmirez in der Kathedrale von Santiago war, auch wenn letztlich er der Auftraggeber von Aymeric Picaud für den Pilgerführer im *Codex Calixtinus* war, doch eine andere. Die langen Wege nach Santiago, die vielen Reliquien in den Kirchen, die Wallfahrtsorte, waren für Aymeric Picaud Teil der Vorbereitung und der Einstimmung auf das ersehnte Ziel. Die dort um das Grab versammelte Gemeinschaft der Heiligen, Christus eingeschlossen, stellte nur den krönenden Abschluss einer langen Einkehr und Läuterung dar. Sie verhieß dem Pilger den erhofften Lohn, die Loslösung von den Sünden und das ewige Seelenheil.

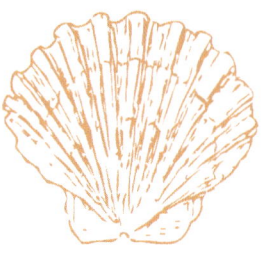

Das Ziel
Santiago, die Stadt des Apostels

Das Grab des Apostels Jakobus ist nicht nur das Ziel aller Pilger, es ist auch das Herz und der Ursprung der Stadt und der Kathedrale von Santiago de Compostela. Die wundersamen Umstände der Auffindung der Gebeine sind vielfach berichtet und diskutiert worden. Dabei ist es letztlich unerheblich, ob der Eremit Pelayo und der Bischof Theodemir von Iria Flavia im Jahr 813 oder zu einem späteren Zeitpunkt die Gebeine des Apostels Jakobus fanden. Theodemir ist durch seine Grabplatte in der Kathedrale von Santiago als historische Persönlichkeit gesichert, und eine erste vermutete Schenkung von König Alfons II. dem Keuschen von Asturien (Regierungszeit 791–842) aus dem Jahr 834 belegt hinreichend, dass um diese Zeit ein dem Jakobus gewidmeter Kult an der Grabstätte eingerichtet war. Wenn die Schenkung tatsächlich der Kirche des hl. Jakobus zugedacht war, so kann man davon ausgehen, dass diese Kirche recht bald nach der Auffindung des Grabes erbaut worden war. Einzelne Autoren vermuten, dass es einen älteren Grabkult an der Stelle, an der später die Gebeine des Apostels aufgefunden wurden, gegeben habe, der womöglich schon vor dem 9. Jahrhundert dem seit der Antike in dieser Gegend nie ganz vergessenen Jakobus gegolten habe. Sie berufen sich dabei auf den spätantiken Bischof und Gelehrten Isidor von Sevilla, aber echte Beweise für diese Vermutung fehlen. Angesichts mancher Details der Geschichte von der Ankunft des Leichnams des Apostels in Galizien möchte man, vor allem mit Blick auf die Rolle der bereits erwähnten heidnischen Königin Lupa, die zunächst die Grablege verhinderte, sich nach Wunderzeichen jedoch bekehrte, eventuell an einen heidnischen Grabkult, der später christianisiert wurde, denken. Aber auch hier ist das Eis zu dünn, um auch ein nur gedankliches Gebäude darauf errichten zu können.

Eine Kirchenfamilie um das Apostelgrab

Fest steht, dass vermutlich zwischen 820 und 830 über einem spätantiken Gräberfeld mit einem Mausoleum und weiteren Mauerresten von König Alfons II. eine kleine Kirche bei diesem Mausoleum errichtet wurde. Es handelte sich gewiss um ein bescheidenes, vermutlich einschiffiges Bauwerk. Zur gleichen Zeit oder kurz darauf kam eine Johannes dem Täufer geweihte separate Taufkapelle hinzu, welche die Anfänge diese Patroziniums in der Kathedrale von Santiago bezeichnet. Östlich des Mausoleums entstand eine weitere Kirche mit drei dem Erlöser sowie den Aposteln Petrus und Johannes Evangelista geweihten Altären. Diese Kirche und der Dienst am Apostelgrab wurden einer Gemeinschaft von Mönchen, die bereits der durch die Reformen Benedikts von Aniane im Karolingerreich durchgesetzten Benediktinerregel folgten, anvertraut und wurde, da sie östlich vor dem Mausoleum lag, Antealtares genannt. Ob sie mit dem Mausoleum durch Korridore oder Mauern verbunden war, konnte bislang nicht geklärt werden. Unwahrscheinlich ist das jedoch nicht, und eine solche Verbindung würde auch erklären, warum nach 1075 die drei Altäre in die neue romanische Kathedrale übernommen wurden. Südlich der Kirche Antealtares entstand der Konvent der Mönche.

Für die schnelle Einrichtung des Jakobuskultes im kleinen Königreich Asturien und damit für die »gewollte« und »herbeigeführte« Auffindung des Apostelgrabes gab es handfeste kirchenpolitische Gründe. Damals entzweite die Lehre vom sog. »Adoptianismus«, wonach Gottvater Christus lediglich adoptiert habe, die spanischen Christen. Ein eifriger Verfechter dieser Lehre war Erzbischof Elipand von Toledo († 802), sein theologischer Gegenspieler der Abt Beatus von Liébana († um 798) in Asturien. Man sieht heute in dieser Lehre den Versuch von Christen im muslimischen Machtbereich, sich dem streng monotheistischen Islam in Form eines Kompromisses, der allerdings die Heilige Dreifaltigkeit zur Disposition stellte, anzunähern. Im christlichen Norden bedurfte es eines solchen Entgegenkommens gegenüber dem Islam nicht. Um sich aber gegen die als ketzerisch angesehene Lehre aus dem altehrwürdigen geistigen und kirchlichen Zentrum Toledo zu wehren, brauchten die Gegner des »Adoptianismus« Beistand. Irdische Verbündete waren der Papst und Kaiser Karl der Große, der auf Synoden in Regensburg 792, Frankfurt 794 und Aachen 799 diese Lehre als Häresie verurteilen ließ. Diese indirekte Einbeziehung

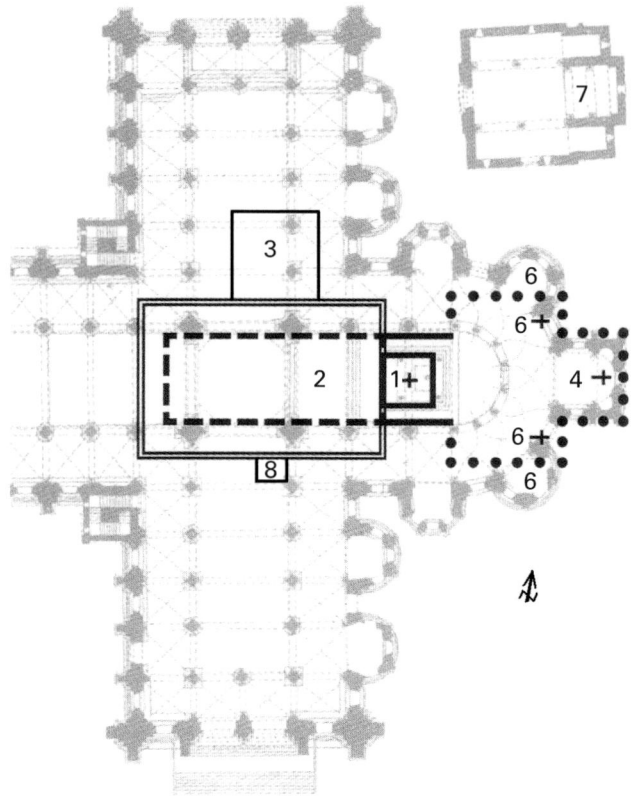

Die »Kirchenfamilie« um das Grab des Apostels Jakobus mit der alten Klosterkirche von San Payo de Antealtares (gepunktet): 1. Jakobusgrab, 2. Die erste Kirche Alfons' II., 3. Taufkapelle Johannes des Täufers, 4. Salvator-(Christus-)Altar, 5. Kapelle Johannes Evangelista, 6. Kapelle des Apostels Petrus, 7. Santa Maria de la Corticela (Klosterkirche S. Martin Pinario).

der Karolinger bezeichnet den Beginn der Verbindung Karls des Großen mit Santiago und dem Jakobsweg. Gegen das machtvolle und angesehene Toledo, den Primatialsitz der hispanischen Kirche, bedurfte man im christlichen Norden Spaniens nach der Auffassung der Zeit vor allem der himmlischen Unterstützung. Die konnte nicht irgendein beliebiger Heiliger leisten. Es musste schon einer aus der ersten Reihe, aus der engsten Umgebung Jesu sein. Ausgehend von sehr vagen Nachrichten über die Missiontätigkeit des Apostels Jakobus in Spanien ver-

suchte man mit der Einrichtung eines Kultes in der Nähe der Bischofsstadt Iria Flavia (heute Padrón), ein Toledo überragendes Gegengewicht
zu schaffen. Das geschah durch die Auffindung seines Grabes und den
Bau der ersten Kirchen. Die Anfänge waren bescheiden. Der Apostel
Jakobus sollte jedoch bald Unterstützung von Christus selbst und weiteren seiner engsten Gefährten und dazu noch eine größere Kirche
bekommen.

Betrachtet man die Anordnung der drei Altäre von Antealtares im
Verhältnis zum Mausoleum mit dem Apostelgrab, so fällt auf: Im
Neuen Testament wird bei Matthäus (Mt. 17,1–13) und fast gleichlau-
tend bei Markus (Mk. 9,2–8) und Lukas (Lk 9,28–36) die Verklärung
auf dem Berg Tabor geschildert. Jesus war mit Petrus, dem älteren Jakobus und seinem Lieblingsjünger Johannes auf einen Berg gestiegen,
wo ihnen Moses und der Prophet Elias erschienen und Gott aus einer
Wolke zu den Aposteln sprach: »Dies ist mein geliebter Sohn, an dem
ich Gefallen gefunden habe; auf ihn sollt ihr hören« (Mt. 17,5). Diese
Worte konnte man in der Zeit des Adoptianismusstreites als ein klares
Bekenntnis Gottes, dass Jesus sein wirklicher und nicht ein adoptierter
Sohn war, verstehen. Diese Aussage Gottes wurde nun in typisch mittelalterlicher Weise in der Anordnung des Jakobus-Mausoleums und
der drei Christus, Petrus und Johannes geweihten Altäre anschaulich
gemacht. In Santiago de Compostela wurde bereits unmittelbar nach
der Auffindung der Gebeine die Verklärung Christi auf dem Berg Tabor
und dessen Bezeugung als Sohn Gottes durch den Vater nachgebaut,
eine Anordnung, die unverändert bis zum heutigen Tag im Chor der
Kathedrale überdauert hat.

Der lokale Kult um den Apostel Jakobus dürfte, mit königlicher Förderung, in Galizien und Asturien eine rasche Ausbreitung gefunden
haben. Auch die ins mozarabische Spanien und vor allem nach Toledo
ausgesandten Impulse wurden dort sicherlich aufmerksam registriert.
Ob das im 9. Jahrhundert auch jenseits der Pyrenäen im Frankenreich
der Fall war, ist eher mit Zurückhaltung zu sehen. Die inneren Auseinandersetzungen unter Kaiser Ludwig I. dem Frommen ließen bis zu
den Reichsteilungen von Verdun 843, Ribemont 855, Meersen 870 und
Ribemont 880 die dortigen Probleme in den Vordergrund treten. Pilger
von außerhalb der Iberischen Halbinsel gelangten wohl kaum an das
Grab. Der Aufschwung des Kultes zeigt sich vor allem im Bau einer
neuen und größeren Kirche im Jahr 899 über dem Apostelgrab durch
König Alfons III. den Großen (Regierungszeit 866–910). Die Fundamente dieser als Santiago II bezeichneten Kirche sind bei Grabungen

in der Kathedrale 1878–79 und 1946–59 aufgefunden worden. Es handelte sich um eine einfache Pfeilerbasilika mit drei Schiffen, einer Vorhalle und einem rechteckigen Chorraum, in dem das Mausoleum des Apostels stand. Vielleicht wurde dieser Chor unverändert von der Kirche Santiago I übernommen. Mit dieser neuen Kirche wurde das nördlich liegende Baptisterium St. Johannes der Täufer in einem Annexbau vereint. Will man eine Vorstellung vom Inneren dieser Kirche bekommen, so bietet sich als Vergleich die ebenfalls unter Alfons III. 893 erbaute Kirche von San Salvador de Valdediós, östlich von Oviedo im Tal des Boides gelegen, an. Die Kirche stand von 899 bis zum Baubeginn der neuen Kathedrale ab 1075/78 und wurde am Ende des 11. Jahrhunderts, als der neue Umgangschor in die Höhe wuchs, vollständig abgerissen.

Die östlich anschließende Kirche von Anteltares ist in ihrer baulichen Gestalt etwas schwerer zu fassen. Im Grabungsbericht von José Guerra Campos (1982) wird sie durchweg als einschiffiger Bau mit den genannten drei Altären im Westen dargestellt. Allerdings wird hier auch der Vergleich mit der zwischen 812 und 842 unter Alfons II. erbauten Kirche San Julián de los Prados in Oviedo vorgenommen, bei der auf ein kurzes basilikales Langhaus ein querliegender Saalraum mit drei zellenartigen Altarräumen folgt. Es ist nicht ausgeschlossen, dass ein ursprünglich einschiffiger Saalraum von Anteltares I beim Bau von Santiago II modifiziert und nach der Eroberung Santiagos 997 durch den Wesir des Kalifen Hischam II., al-Manşūr bi-llāh (Almansor), vielleicht als Basilika mit drei Schiffen wieder aufgebaut wurde. Almansor hatte, ob aus Scheu vor der ungewissen Wirkungsmacht des Heiligen oder aus Rücksicht auf die Empfindungen seiner zum Teil dem christlichen Glauben anhängenden Söldner, auf die Zerstörung der Grabeskirche in Santiago verzichtet, sie aber gründlich ausgeplündert. Anteltares dürfte indes nicht so gut davongekommen sein, doch das ist heute nicht mehr festzustellen. Die Reste dieser Kirche liegen unzugänglich unter dem Chorhaupt von Santiago III. In jedem Fall rückte die Klosterkirche von Anteltares im Zuge der Baumaßnahmen an der Kathedrale immer weiter nach Osten und steht heute als San Paio de Anteltares an der Ostseite der Praza de la Quintana, gegenüber dem Chor der Kathedrale. Die Zahl und die Patrozinien der Altäre wurden dabei nicht verändert.

Unter Bischof Sisnando I. von Iria Flavia (879–919) kam nördlich von Anteltares ein weiterer Konvent mit eigener Kirche hinzu. Es war dies Santa María de Corticela, die erste Klosterkirche des Konvents San

Martín Pinario. Neben dem der Maria geweihten Hauptaltar waren drei weitere Altäre den hll. Stephan, Sylvester und Kolumban geweiht. Die alte Kirche Santa María de Corticela ist heute nach einem Umbau im 13. Jahrhundert Teil der Kathedrale und über das nördliche Querhaus zugänglich. Der Konvent teilte das Schicksal des Klosters von San Payo de Antealtares. Schon bei der Gründung zwischen der Jakobuskirche, umliegendem Friedhof, Antealtares und der ältesten Stadtmauer eingeklemmt, wanderten die Gebäude nach Norden und finden sich heute in barocken Formen gegenüber dem Nordportal der Kathedrale. Im 10. Jahrhundert war somit beim Grab des Apostels Jakobus eine Kirchenfamilie, bestehend aus der Grabeskirche mit dem angeschlossenen Baptisterium und den beiden Klöstern, entstanden, eine für das frühe Mittelalter typische topografische Struktur, die bis heute zu erkennen ist.

Die neue Kathedrale

Nachdem schon im 10. Jahrhundert einzelne Pilger von jenseits der Pyrenäen den Weg nach Santiago de Compostela gefunden hatten, wuchs der Strom der Pilger, vor allem nach dem Zusammenbruch des Kalifats und dem Ausbau und der Sicherung der Wege durch König Sancho III. den Großen von Navarra, stark an. Die Eroberungen der christlichen Königreiche bis zur Invasion der Almoraviden stellten aus Beute und Tributen erhebliche Geldmittel bereit, die dem aufstrebenden Pilgerzentrum Santiago große Chancen boten. Zunächst ließ Bischof Cresconius II. (1035–1066) zur Abwehr von Muslimen und Wikingern eine neue Stadtmauer mit Türmen errichten. Einer dieser Türme wurde im Langhaus der romanischen Kathedrale gefunden, was bedeutet, dass zumindest bis 1066 keine Pläne für den Neubau der Grabeskirche geschmiedet wurden. Das änderte sich nur kurze Zeit später. Der Beginn des Projektes, die alte Kirche durch einen monumentalen Neubau zu ersetzen, fällt in die erste Amtszeit des Bischofs Diego I. Peláez (1075–1088). Da ein solches Riesenprojekt kaum ohne die Mitwirkung des Königs Alfons VI. (1065–1109) in Angriff genommen werden konnte, dieser aber nach seinem Regierungsantritt 1065 bis 1073 mit seinen Brüdern in Thronstreitigkeiten und heftige Kämpfe verwickelt war, kann man davon ausgehen, dass die Planung für den Neubau kaum vor 1073 in Gang kam. Allerdings war Diego I. Peláez von König Sancho II. von Kastilien (1065–1072), der einem Mordanschlag zum Opfer fiel, in sein Amt eingesetzt worden. Dieser König war ein mit Alfons VI. verfeindeter Bruder. Diego I. hatte aus verschiedenen Gründen ein problematisches Verhältnis zu Alfons VI., der ihn 1088 für zwei Jahre aus dem Bischofsamt entfernte. Auch sonst waren die Schwierigkeiten nicht gering. Um Platz für die neue Kathedrale zu schaffen, mussten die Konvente von San Martín Pinario und San Payo de Antealtares verlegt werden. Mit San Martín Pinario gab es keine Probleme. Hier war man froh, in einem neuen Kloster mehr Platz zu haben. Die alten Wächter des Jakobusgrabes von Antealtares waren nicht so leicht zufriedenzustellen. Mit ihnen kam am 17. August 1077 in der *Concordia de Antealtares* ein im Beisein Alfons' VI. geschlossener Kompromiss zwischen Bischof Diego I. und Abt Fagildus zustande, der den Weg für den Neubau der Kathedrale endgültig freimachte. Der spätere Erzbischof Diego II. Gelmirez war zu diesem Zeitpunkt etwa acht bis zehn Jahre alt und lernte in der Kathedralschule von Santiago seinen Beruf als Kleriker und die Verwaltungstätigkeit in einem Domkapitel. Er war gewiss ein wacher Zeuge dieser Vorgänge.

Das Datum der *Concordia de Antealtares* liegt genau zwischen den in der Literatur zu Santiago allenthalben mitgeteilten Daten des Baubeginns 1075 und 1078. Aus dem Wortlaut des Vertrages scheint hervorzugehen, dass man zu diesem Zeitpunkt mit den ersten Baumaßnahmen schon begonnen hatte. Im Pilgerführer des Aymeric Picaud und in einer – in ihrer Lesart allerdings umstrittenen – Inschrift an der Puerta de las Platerías wird als Datum für den Baubeginn 1078 genannt. Viele in der bisherigen Literatur ausführlich diskutierte Indizien sprechen allerdings für einen Baubeginn im Jahr 1075. Dazu gehören auch zwei Kapitelle im Chorumgang, die König Alfons VI. und Bischof Diego I. als Förderer und Schirmherren des Bauprojektes ausweisen. Sie lassen vermuten, dass ihre Schöpfer aus Frankreich kamen oder zumindest mit der Skulptur, wie sie damals in der Auvergne anzutreffen war, vertraut waren. Ohne die Vorlage neuer und sicherer Belege wird die Datierungsfrage auf absehbare Zeit nicht zu lösen sein.

Das Vorhaben, über dem Grab des Apostels eines der monumentalsten Kirchenbauwerke des Abendlandes zu errichten, fand außerhalb von Santiago keineswegs begeisterte Zustimmung. Vor allem am päpstlichen Hof in Rom sah man es gar nicht gerne, dass der Apostel Jakobus den Apostelfürsten Petrus und Paulus, die nach bisheriger Lehrmeinung allein im Westen des Römischen Reiches missioniert hatten, nun in Spanien ernsthafte Konkurrenz zu machen begann. Die ältere lokale Wallfahrt mochte man noch tolerieren oder totschweigen, die Einrichtung eines in die ganze christliche Welt ausstrahlenden Pilgerzentrums jedoch nicht mehr. 1049 war Bischof Cresconius II. von Iria Flavia/Compostela (1036–1066) deshalb von Papst Leo IX. wegen der Führung des Titels *aepiscopus apostolicae sedis* (Bischof des apostolischen Stuhls) von Santiago glattweg exkommuniziert worden. Auch ein Brief Papst Gregors VII. von 1074 erinnerte König Alfons VII. noch einmal ausdrücklich daran, dass sieben Gesandte der Apostel Petrus und Paulus den christlichen Glauben auf die Iberische Halbinsel gebracht hätten. Jakobus wurde in diesem Schreiben nicht einmal erwähnt. Man war in Santiago immerhin so klug, dem Papst entgegenzukommen und im Zuge der Kirchenreform der geforderten Einführung der römischen Liturgie anstelle der älteren hispano-mozarabischen Art die Messe zu zelebrieren, zuzustimmen und auch den Primat des römischen Pontifex anzuerkennen. In der *causa Jacobi* blieb man allerdings unnachgiebig. Im Gegenteil, das Bauprojekt der gewaltigen neuen Kathedrale sollte ein Zeichen sein, dass Santiago de Compostela sich neben den altehrwürdigen Pilgerzielen Jerusalem und Rom als gleichberechtigter Dritter sah. Ob der Bau aber die »Antwort auf den Brief Papst Gregors VII.« war, wie Moralejo (in: Caucci von Saucken 1996) meint, ist doch zu bezweifeln. Ein so weitreichendes Bauprojekt auf eine so kurzfristige Meinungsäußerung zu beziehen, erscheint nicht gerechtfertigt.

Wenn – und dafür sprechen die besseren Argumente – die Kathedrale von Santiago bereits 1075 begonnen wurde, stellt sich die Frage nach möglichen Vorbildern, den ersten Baumeistern und den Fortschritten des Bauvorhabens bis in die Zeit des Bischofs Diego II. Gelmirez. Die Architektur der Kathedrale von Santiago war in ihrer Zeit in Spanien einzigartig und ohne Vorläufer. Die Fährte führt deshalb, wofür vor allem die Choranlage mit Umgang und Kapellenkranz spricht, nach Frankreich, wo zu dieser Zeit drei verwandte Kirchen im Bau waren. Von diesen ist das Datum des Baubeginns von St. Sernin in Toulouse zu irgendeinem Zeitpunkt in den »1070er-Jahren« nicht präzise zu fassen, St. Martial in Limoges war zwischen 1053 und 1062 im Bau, während in Conques mit einem Baubeginn vielleicht schon 1041, bereits um 1060 das Tonnengewölbe über dem Mittelschiff begonnen wurde. Vorher war nur 1019 in der burgundischen Klosterkirche von Tournus das Mittelschiff in einer noch sehr ungelenken Art eingewölbt worden. St. Martial steht uns in seiner Gestalt nur ungenügend vor Augen. Die Mittelschiffwölbung in Conques, die als die älteste Tonnenwölbung dieser Art in Frankreich gilt, war ein außerordentliches Wagnis und konnte ohne Weiteres als Vorbild für das ambitionierte Baupro-

Santiago de Compostela, Mittelschiff der Kathedrale mit Blick zum Apostelgrab.

jekt in Santiago dienen. Man ging ein hohes bautechnisches Risiko ein. Noch 50 Jahre später sollte man mit der Tonnenwölbung in Cluny III zunächst scheitern. Zwischen Conques und Santiago bestanden laufend enge Beziehungen, wie die Tätigkeit des »Meisters von Conques«

in Santiago ab ca. 1101 zeigt, und die Weihe einer Kapelle im Chorumgang an die hl. Fides von Conques in der Kathedrale belegt. Conques dürfte von Beginn an die Vorlage für eine Hallen-Kirche mit Emporen, Umgangschor und Kapellenkranz geliefert haben. Die neue Kathedrale in Santiago ging allerdings in ihrer Monumentalität weit über ihr Vorbild in Conques hinaus.

Die ersten Baumeister von Santiago III sind uns aus der Beschreibung der Kathedrale durch Aymeric Picaud bekannt: »Die Baumeister, welche die Basilika des seligen Jakobus zu erbauen begannen, hießen Bernhard der Ältere, ein wunderbarer Meister, und Robert; mit den übrigen Steinmetzen, ungefähr fünfzig an der Zahl, arbeiteten sie da fleißig ...«. Die beiden, denen allgemein die Bauabschnitte am Chor von 1075 bis 1088 zugeschrieben werden, sind als Künstlerpersönlichkeiten nicht näher zu fassen, kamen aber, wie besonders der Name Robert nahelegt, vermutlich aus Frankreich. Ganz sicher entstanden in dieser Zeit die drei östlichen Kapellen des Chorumganges, und auch die Gesamtabmessungen der Kirche dürften schon abgesteckt und teilweise an den Außenmauern um die alte Kirche von 899 herum fundamentiert worden sein. Das war ein übliches Verfahren und ist heute noch in der Kathedrale von Elne oder am »Dom« zu Wetzlar in unfertigem Zustand zu sehen. Zwar stand im Bereich des Langhauses noch der Wehrturm des Bischofs Cresconius II., der erst zwischen 1117 und 1120 abgerissen wurde, wir wissen aber, dass die Westtürme als Plattformen schon bis zur Fußbodenhöhe des späteren Langhauses fundamentiert waren. Dennoch gingen die Arbeiten eher langsam voran. Große Bauhöhen wurden noch nicht erreicht. Die Absetzung und Einkerkerung von Bischof Diego I. Peláez 1088 führte zunächst zu einem Baustopp, der auch nach seiner Wiedereinsetzung von 1090 bis 1094 nicht aufgehoben wurde. Nun fehlte es an Finanzmitteln, da König Alfons VI., auch bedingt durch das Versiegen der Beute und Tribute aus den Raubzügen in die Taifas nach dem Einfall der Almoraviden, große Summen dem 1088 begonnenen Bau von Cluny III zukommen ließ.

Die Kathedrale des Bischofs Diego II. Gelmirez

In dieser Situation wurde Diego Gelmirez, der nun sein zwanzigstes Lebensjahr deutlich überschritten hatte, 1090 zum Berater des königlichen Schwiegersohns Raimund von Burgund und 1093/94 zum Administrator des verwaisten Bischofssitzes von Santiago de Compostela ernannt. Ab diesem Zeitpunkt wurde er unbestritten bis zu seinem Tod 1140 zum eigentlichen Motor des Bauvorhabens. 1101 taucht ein neuer Name unter den an der Kathedrale nachzuweisenden Meistern auf. Es handelt sich um den Meister Esteban oder Stephan, der auch an der romanischen Kathedrale von Pamplona nachzuweisen ist. Allgemein schreibt man ihm eine Tätigkeit zwischen 1094 und 1101 am Chor und an den Ostteilen des Querschiffes zu. Zumindest zeitweise war er gleichzeitig als *opifex* (Architekt) für beide Baustellen verantwortlich. Seine Handschrift ist an weiteren bedeutenden Bauprojekten entlang des Jakobsweges zu erkennen, so in Léon, Jaca und Toulouse. Eine Tätigkeit von ihm oder zumindest sein Einfluss werden auch in Sahagún und an San Vicente in Avila angenommen. Diego Gelmirez pflegte enge Beziehungen zu Bischof Petrus von Pamplona (1083–1115), der 1105/06 auch den Altar der hl. Fides von Conques in der Kathedrale von Santiago weihen durfte. Das dürfte die Vermittlung von Meister Esteban nach Santiago sehr erleichtert haben. Die Wahl von Gelmirez zum Bischof von Santiago 1100 und seine Weihe im folgenden Jahr festigten natürlich dessen Stellung gegenüber dem König, dem Domkapitel und der Bürgerschaft von Santiago, deren Oberherr er kraft seines Amtes war. Nun konnte er neue Ziele ins Auge fassen, die alle auf eines hinausliefen: die Steigerung des Ansehens des Apostels Jakobus und die Förderung der Wallfahrt. Damit verbunden war das Bemühen, die riesige Kathedrale zu vollenden oder doch zumindest für die Pilgerströme funktionsfähig zu machen, sein Bistum (und natürlich auch seine Person) im Rang gegenüber anderen Bischofssitzen in Spanien, vor allem gegenüber der alten Metropole Toledo, zu erhöhen und Santiago unter die bedeutendsten Sakralorte der Christenheit einzureihen.

Dafür waren ihm alle Mittel recht. Im Jahr 1102 unternahm er mit einigen priesterlichen Kumpanen den berüchtigten Reliquienraub der Gebeine der hll. Fructuosus, Cucufaz, Sylvester und Susanna aus der Kathedrale des portugiesischen Braga, der einerseits die Rangminderung dieser altehrwürdigen Erzdiözese, andererseits aber die Bereicherung seines eigenen Reliquienschatzes in der Kathedrale zum Ziel hatte. Die Inszenierung der Verklärung auf dem Berg Tabor in den drei Kapellen des Chorumganges allein genügte ihm nun nicht mehr. Eine große Schar prominenter und angesehener Heiliger sollte fortan das Apostelgrab umgeben. Gleichwohl blieb die Konzeption der Verklärung erhalten, mussten doch die neuen Reliquien Unterschlupf in anderen Heiligen geweihten Kapellen suchen. Davon weiß auch der Pilgerführer des Aymeric Picaud in seiner Beschreibung des Westportals der romanischen Kathedrale aus der Mitte des 12. Jahrhunderts zu berichten: »Doch in der Höhe ist in wunderbarer Weise die Verklärung des Herrn dargestellt, wie sie auf dem Berg Tabor stattgefunden hat. Dort ist der Herr in einer weißen Wolke sichtbar, ... und Moses und Elias ... Dort sind auch der selige Jakobus, Petrus und Johannes dargestellt, denen der Herr seine Verklärung vor allen anderen enthüllte«. Es handelt sich noch nicht um den erst ab 1168 von Meister Mateo errichteten Pórtico de la Gloria, sondern um dessen romanischen Vorgänger. Das Portaltympanon bereitete den Eintretenden schon an dieser Stelle auf die Inszenierung der Verklärung auf dem Berg Tabor im Chor der Kathedrale vor. Die von Gelmirez und seinem Domkapitel konzipierte sakrale Topografie in allen drei über dem Jakobusgrab erbauten Kirchen spricht eine eindeutige Sprache.

Der Bau der Kathedrale machte nun rasche Fortschritte. Die weitgehende Fertigstellung des Chorumganges und die Altarweihe wurden begleitet von einer radikalen Umgestaltung des Jakobusmausoleums, wobei sich Gelmirez über die Bedenken von Teilen des Domkapitels, die das uralte Grabmal nicht antasten wollten, einfach hinwegsetzte. Zwischen 1102 und 1105 wurden die oberen Teile des Mausoleums abgetragen und durch eine Plattform mit einem Altar ersetzt. Dieser wurde mit einem ganz aus Silber gefertigten Antependium geschmückt, zu dem nach dem Tod von Gelmirez noch ein Retabel kam. Über diesem Altar ließ er ein Ziborium, einen Baldachin geschmückt mit den Bildwerken der zwölf Apostel, der Propheten und der Erzväter des Alten Testamentes, errichten. Im Osten wurde im Scheitel des Chores ein der Maria Magdalena geweihter Altar aufgestellt. Das Jahr 1112 sah dann den vollständigen Abriss der alten Kirche von 899, was bedeutet, dass die Kathedrale bis in die ersten Langhausjoche hinein fertiggestellt und funktionsfähig war. Dazu zählten auch die beiden Querhausportale, der Zugang der Pilger durch die Puerta Francés im Norden und eine erste Ausführung der Puerta de las Platerías neben dem anschließenden Bischofspalast im Süden. Nach Aussage des *Liber Sancti Jacobi* entstand bis zur Jahrhundertmitte auch das romanische Westportal, in dessen Zentrum die bereits geschilderte Transfiguration auf dem Berg Tabor stand. Widerstände, nicht nur vonseiten des Domkapitels, konnten angesichts dieser Maßnahmen, die große Geldmittel erforderten, nicht ausbleiben. Allein zweimal, 1116/17 und 1136, kam es in Santiago zu Aufständen gegen Diego Gelmirez, die er, obgleich er fliehen bzw. sich verstecken musste, letztlich unbeschadet überstand. Von seinen ehrgeizigen Zielen war er durch nichts abzubringen.

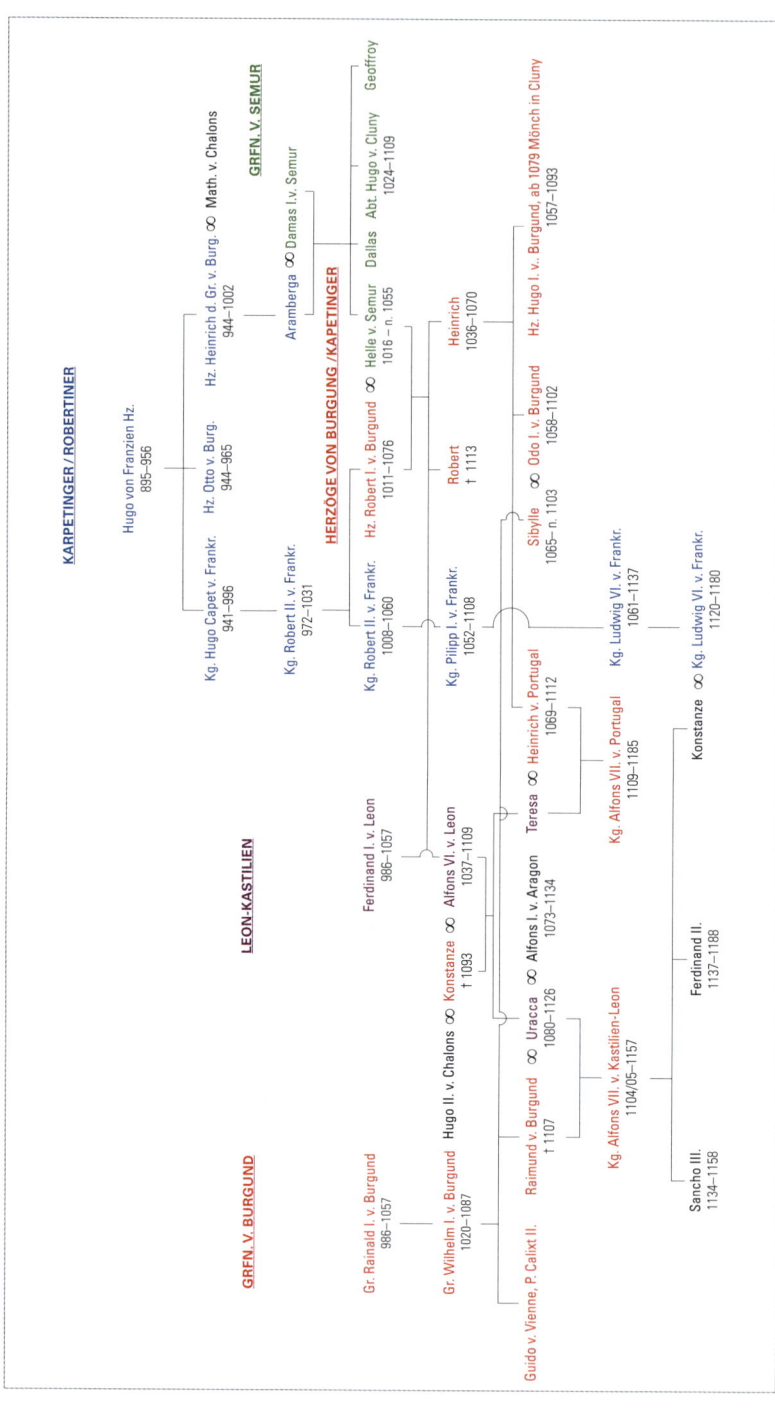

Verwandtschaftstafel Spanien – Burgund mit den Verbindungen zwischen König Alfons VI. von León, Abt Hugo von Cluny und Papst Calixt II.

Die umfangreichen Bau- und Ausstattungsmaßnahmen wurden begleitet von zahlreichen auswärtigen Aktivitäten. Ihm war völlig klar, dass er seine Ziele bei anhaltendem Widerstand aus Rom nicht erreichen konnte. So unternahm er ausgedehnte Reisen nach Frankreich und nach Rom, um mächtige Verbündete zu gewinnen, die ihm bei seinen Absichten hilfreich zur Seite stehen sollten. Schon im Jahr 1100 war er zum ersten Mal in Rom und vergaß nicht, der Kurie und dem Papst erhebliche Geldmittel zukommen zu lassen. Diese Bestechungsgelder sollten sich auszahlen. Eine zweite Romreise führte ihn über Frankreich, wo er an den sich konstituierenden Jakobswegen die Städte Toulouse, Moissac, Limoges, Conques und vor allem Cluny besuchte. In einer Zeit, da dieses mächtigste Kloster des Abendlandes zeitweise sogar die Päpste stellte, war es gut, den hoch angesehenen Abt Hugo von Semur auf seiner Seite zu wissen. Den Lohn seiner Bemühungen erntete Gelmírez 1105 in Rom, wo er vom Papst eine ganz besondere Auszeichnung, das Pallium, überreicht bekam. Es war die Vorstufe zur Erlangung der Würde eines Erzbischofs.

Bei diesen Bemühungen kamen ihm die schon erwähnten verwandtschaftlichen Verbindungen seines Königs nach Burgund und Cluny zustatten. König Alfons VI. und sein Nachfolger Alfons VII. waren durch Heiraten und Verschwägerungen sowohl mit dem Abt von Cluny, Hugo von Semur, wie auch mit Papst Calixtus II. und den Herzögen und Grafen von Burgund verwandt. Die Erhebung Santiagos zum Erzbistum im Jahr 1120 sah den frisch gebackenen Erzbischof Diego II. Gelmírez (fast) am Ziel seiner Wünsche. Die in den burgundischen Klosterverband und nach Rom fließenden »Subventionen« aus Spanien entfalteten ihre Wirkung. Nur zum Kurienkardinal oder gar zum Papst sollte er es nicht mehr bringen. Die Rangerhöhung Santiagos, verbunden mit der Propaganda, wie sie aus dem *Codex Calixtinus* herauszulesen ist, führte nun auch immer mehr Pilger auf den vorgezeichneten Wegen in die Apostelstadt. Das brachte neben einem hohen Ansehen in der gesamten Christenheit viel Geld, Abgaben und Schenkungen an die Kathedrale von Santiago. So konnte das Bauvorhaben mit viel Tatkraft und reichen Mitteln seinem Ende zugeführt werden. Als Diego Gelmírez 1140 die Augen schloss, war auch das Langhaus der Kathedrale fast bis zu dem schon bestehenden Westportal vollendet. Es sollte dem Schöpfer des Pórtico de la Gloria, Meister Mateo, ab 1168 vorbehalten bleiben, das Bauwerk bis zur Schlussweihe 1211 vollständig fertigzustellen. Eine Bauzeit von kaum mehr als einem Jahrhundert für eine Kathedrale dieser Größenordnung ist in der romanischen Epoche fast schon rekordverdächtig. Den Hauptbeitrag hierzu lieferte Erzbischof Diego II. Gelmirez, wenn auch mit bisweilen sehr fragwürdigen Mitteln.

Drei Jahrhunderte später schrieb der italienische Architekturtheoretiker Giovanni Battista Alberti (1404–1472), dass ein großes Haus wie eine kleine Stadt sein solle, eine Stadt hingegen wie ein großes Haus. Betrachtet man die Sakraltopografie der Kathedrale von Diego Gelmirez im Hinblick auf das Netzwerk der Jakobswege und die an diesen liegenden Heiligtümer, liegt der Verdacht nicht fern, dass bei Diego Gelmirez auf seinen Reisen nach Frankreich und Rom eine ähnliche Vorstellung Raum gewonnen hatte, nämlich die vielen Verehrungsorte von Reliquien am Jakobsweg so zu strukturieren, dass sich die wichtigsten dieser Orte in den Patrozinien der Kathedrale von Santiago wiederfanden, oder umgekehrt, dass die Patrozinien von Santiago eine besondere Strahlkraft im Netzwerk der Jakobswege entwickelten. Der Pilgerführer des Aymeric Picaud legt davon Zeugnis ab.

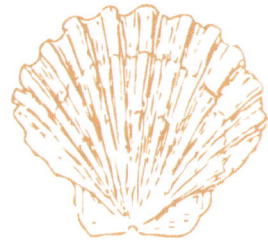

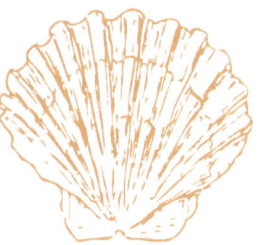

Orden am Jakobsweg
Die Funktion der geistlichen Organisationen

Der Jakobsweg ist, ungeachtet aller Wandlungen in den letzten Jahrzehnten, ein geistlicher Weg. Auf diesen Straßen zum Grab eines Apostels, zu einem der engsten Gefährten Jesu, spielte und spielt noch immer die praktizierte Religiosität der Menschen eine überragende Rolle, auch für eine große Anzahl derer, die einem gelebten Glauben eher fern stehen. Die Pilgerstraße ist gesäumt von christlichen Bauten, Denkmälern und Wegemarken aller Art. Zuallererst fallen die vielen Kirchen und Kapellen am Weg auf. Es handelt sich nicht nur um die in einem katholischen Land selbstverständlichen Pfarrkirchen in den einzelnen Ansiedlungen oder um die Kathedralen in den großen Städten. Allerorten stößt man auf Stiftskirchen und Klöster. Für den Pilger hat das neben der Möglichkeit zur geistlichen Erbauung und inneren Einkehr einen sehr praktischen Vorteil. Insbesondere die Klöster unterhalten nach den Vorschriften ihrer Ordensregeln Herbergen für die Wallfahrer.

Man nennt das 11. und 12. Jahrhundert, die Epoche im Abendland, in der die Jakobuswallfahrt von einem eher lokalen Ereignis zu einer ganz Europa und sogar den Orient umfassenden Bewegung wurde, häufig auch das monastische Zeitalter. Diese Bezeichnung ist in der Tat vollkommen zutreffend. Der Mönch, der sich in der gelebten Nachfolge Christi in persönlicher Armut, lebenslanger Keuschheit und Askese von dem Jammertal der Welt abwandte, um Gott zu suchen, war das Ideal der Zeit. Gegenüber dem enthaltsamen monastischen Leben, der Entsagung der sündigen Welt durch die lawinenartig anwachsende Zahl der Insassen der Klöster, fanden sich selbst Priester und Bischöfe, die Laien ohnehin, in der zweiten Reihe. Sogar Päpste standen bisweilen im Schatten von Äbten und Ordensleuten wie Hugo von Cluny und Bernhard von Clairvaux, ja, waren an der Wende vom 11. zum 12. Jahrhundert zumeist selbst aus dem Ordensstand hervorgegangen. Der schon seit dem 6. Jahrhundert in ganz Europa vertretene Orden der Benediktiner hatte sich, anfangs in einzelnen Klöstern, im 11. Jahrhun-

dert im ganzen Abendland auf seine Wurzeln besonnen und die Regel
des hl. Benedikt von Nursia in ihrer ursprünglichen Klarheit wieder zur
Richtschnur des klösterlichen Lebens gemacht. Im Jahr 1098 entstand
aus sehr bescheidenen Anfängen die Ordensgemeinschaft der Zisterzienser, die im folgenden Jahrhundert das monastische Leben im christlichen Europa entscheidend prägen sollte. Gewiss, auch die Insassen
der Klöster wurden dadurch nicht alle zu Heiligen. Aber das Ideal der
Zeit war klar formuliert: in Anbetung, Arbeit und Askese auf geradem
Weg die ewige Seligkeit anzustreben.

Eine große Wallfahrt wie die Pilgerfahrt zum Apostel Jakobus in
Santiago de Compostela konnte hiervon, auch wenn das Ziel nicht ein
Reliquienschrein in einem Kloster war, sondern eine Kathedrale, in der
ein Bischof und sein Domkapitel die Pilger empfingen, nicht unberührt
bleiben. So ist es kein Wunder, wenn entlang der sich allmählich netzar-
tig über ganz Europa ausbreitenden Wege zum hl. Jakobus zahlreiche
neue Klöster gegründet wurden. Die Motive für diese Neugründungen
sind allerdings vielfältig und nicht immer nur aus christlichem Gedankengut heraus zu verstehen. Neben den in den Ordensregeln veranker-
ten Geboten der Gastlichkeit, der Versorgung von Armen, Kranken und
Pilgern stehen bisweilen auch rein politische und finanzielle Gründe.
Bisweilen drängt sich sogar der Verdacht auf, einzelne Klöster seien
nur gegründet worden, um gegenüber anderen Orden »Präsenz« zu
zeigen oder aber um von dem Massenandrang auf dem Pilgerweg zu
profitieren. Das gilt jedoch nicht für alle Orden. Es gibt deutliche Unterschiede. Nicht nur muss man zwischen älteren Klöstern, die zum Teil
bis in die westgotische Zeit zurückgehen, und Neugründungen unterscheiden. Auch sind manche Orden am Jakobsweg nur in geringem
Maße oder gar nicht vertreten. Schließlich spielen die Zielsetzungen
der Orden bei ihren Gründungen eine wesentliche Rolle. Deshalb soll
die Rolle der Klöster am Jakobsweg anhand einiger Beispiele etwas
genauer betrachtet werden.

Cluny und Spanien

Die Abtei von Cluny wurde am 11. September 910 durch Herzog Wilhelm I. von Aquitanien, zugleich Graf von Macon, etwa 30 Kilometer
nordwestlich von dieser Bischofsstadt gegründet. Im Gegensatz zu älteren Klostergründungen war es weder die Absicht des Herzogs, die seit
Jahrhunderten bereits christianisierte Gegend um das Kloster zu mis-

sionieren noch hier eine Familiengrablege einzurichten oder gar wirtschaftlichen Gewinn aus dem Kloster zu ziehen. In Cluny sollte eine von weltlicher und geistlicher Gewalt völlig unabhängige Gemeinschaft sich ausschließlich dem Gebet, der Liturgie und dem Dienst an Gott nach der ursprünglichen strengen Auslegung der Benediktinerregel widmen. Wilhelm verzichtete deshalb auf eine Klostervogtei und unterstellte seine Gründung ausschließlich dem Papst. Das war zu Beginn des 10. Jahrhunderts durchaus ein Wagnis, herrschten doch an der Kurie in Rom damals Verhältnisse, die das Papsttum in den gewalttätigen Auseinandersetzungen römischer Adelscliquen gefangen und von einer skandalösen Sittenlosigkeit geprägt sahen. Langfristig sollte sich diese Exemtion von allen Einflüssen kirchlicher und weltlicher Machthaber jedoch auszahlen. Dazu zählte auch das Recht der Mönche von Cluny, unbeeinflusst von Dritten, den Abt selbst zu wählen. Dieses Recht und die Exemtion waren damals etwas ganz Neues und machten aus Cluny bei der strikten Beachtung der vorgenannten Prinzipien ein wirkliches Reformkloster, dem eine glänzende Zukunft beschieden war.

Im Mittelpunkt des klösterlichen Lebens standen das Gebet und die Liturgie, die mit zahlreichen Messen, Prozessionen, Psalmensingen und Andachten den Tagesablauf der Mönche bestimmte. Für die nach der Benediktinerregel geforderte körperliche Arbeit blieb da wenig Raum. Die materielle Versorgung wurde schon bald durch große Wirtschaftshöfe, die sog. Dekanien, übernommen, auf denen vor allem Konversen, Laienmönche, die vom Chordienst befreit waren, arbeiteten. Hier wurde auch die praktische Armenfürsorge geleistet. Schon in der Gründungsurkunde hieß es, »es sollten, wenn es die Möglichkeiten am Ort erlaubten, täglich die Werke der Barmherzigkeit den Armen, Bedürftigen und Fremden, die des Weges daherkämen und Pilgern mit höchster Anspannung erwiesen werden«. Cluny selbst lag nie an einer der Hauptrouten des Jakobsweges, aber diese Bestimmung sollte sich in vielen, dem Klosterverband von Cluny angehörigen Klöstern als ein Segen auch für die Jakobspilger erweisen.

Die Reformbewegung von Cluny machte bald Schule. Viele Klöster unterstellten sich in den folgenden zwei Jahrhunderten der Abtei von Cluny und übernahmen die dortigen Richtlinien der Klosterreform. Im 12. Jahrhundert zählte der Klosterverband von Cluny mehr als 1000 Abteien und Priorate mit rund 20000 Mönchen. Cluny war, zumindest aus der Sicht des Abendlandes, eine geistige und auch materiell abgesicherte Weltmacht geworden. Gleichzeitig erhielt das Kloster reiche Schenkungen durch Adelige aus ganz Europa, die oft selbst ins

Kloster eintraten. Hier fand man Mönche königlichen Geblüts, Herzöge, Grafen und zahlreiche Angehörige des Adels. Auch wenn diese sich den strikten Ordensregeln zu unterwerfen hatten, führte ihre Anwesenheit langfristig zu einigen Problemen. Die Familienverbände, mit denen diese Mönche versippt waren, gehörten zwangläufig zu den Eliten in ihren Staaten und waren dort aktiv an der Politik, an Krieg und Frieden beteiligt. Es konnte nicht ausbleiben, dass auch das geistliche Leben innerhalb der Klostermauern von Cluny in das politische Handeln der Zeit einbezogen wurde. Zunächst konnten herausragende Äbte diese Gefahren eindämmen. Diese zeichneten sich durch eine für die Zeit ganz außerordentliche Langlebigkeit aus, was auf dem auf Cluny ruhenden göttlichen Segen zu beruhen schien. Von 964 bis 1109 bekleideten mit Maiolus (964–994), Odilo (994–1049) und Hugo I. (1049–1109) nur drei Männer die Abtswürde. Alle drei wurden nach ihrem Tod schon bald heilig gesprochen. Aber mit dem Dritten von ihnen brach sich die Politik ihre Bahn in Cluny. Das sollte auf die Verhältnisse in Spanien und in Santiago de Compostela erheblichen Einfluss nehmen.

Abt Hugo I. führte den Klosterverband von Cluny auf den Höhepunkt seiner Entwicklung und seines Einflusses in Europa. Noch vor den Päpsten galt er als die höchste moralische und geistliche Instanz in Europa. Er entstammte dem Haus der Grafen von Semur, war mit Herzog Robert I. von Burgund verschwägert sowie mit dem französischen Königshaus und mit einem großen Teil des burgundischen Hochadels verwandt. Seine Nichte Konstanze war die Gattin König Alfons VI. von Kastilien-Léon, was auf die Förderung der Jakobuswallfahrt, aber auch für Cluny selbst positive Auswirkungen haben sollte. Auf diese Weise wurden nicht nur die Verbindungen zwischen dem léonesischen Königshaus, der Abtei Cluny und den Herzögen und Grafen von Burgund geknüpft. Diese Annäherung durch Heiraten führte ebenfalls dazu, dass mit König Alfons VII. von Kastilien-Léon und seinem Vetter Alfons I. von Portugal zwei Könige burgundischer Abstammung wichtige Reiche auf der Iberischen Halbinsel regierten. Das sicherte Hugo I. neben seiner geistlichen Autorität als Abt von Cluny einen immensen politischen Einfluss. Im Gefolge dieser engen verwandtschaftlichen Verbindung zwischen Burgund und den Iberischen Königreichen vermochte auch Bischof Diego Gelmirez von Santiago de Compostela engste Kontakte zu den Spitzen der abendländischen Christenheit zu knüpfen, die ihm bei der Verfolgung seiner Ziele, der Erlangung der Erzbischofswürde für die Apostelstadt und die Etablierung der Jakobuswallfahrt gleichrangig neben Rom und Jerusalem, sehr zustatten kamen.

Den politischen Einfluss hatte Abt Hugo I. schon früh geltend gemacht, als er 1077 als Pate Kaiser Heinrichs IV. zwischen diesem und Papst Gregor VII. in Canossa erfolgreich vermittelte. Im Jahr 1088 begann er in Cluny mit dem Bau einer neuen Abteikirche (Cluny III), die mit ihren fünf Schiffen, einer Gesamtlänge von 187 Metern, einer Gewölbehöhe von 32 Metern und einer Spannweite der Tonnengewölbe im Mittelschiff von 12 Metern schon die Dimensionen gotischer Kathedralen erreichte und ein technisches Wunderwerk ihrer Zeit war. Ihr Chor wurde 1095 von Papst Urban II., einem Cluniazenser, geweiht, die Schlussweihe erfolgte, verzögert durch einen Teileinsturz der Gewölbe in Lang- und Querhaus 1125, durch Papst Innozenz II. im Jahr 1130. Die Kirche war architektonischer Ausdruck der Macht und Bedeutung von Cluny, und bis ins 16. Jahrhundert, als der Petersdom in Rom seiner Vollendung entgegenging, die größte Kirche der abendländischen Christenheit. Nach seinem Tod 1109 wurde Hugo I. von Cluny in »seiner« Kirche bestattet.

Cluny war ein reiches Kloster. Dennoch strapazierte Abt Hugo I. mit diesem Bauvorhaben die wirtschaftlichen Ressourcen der Abtei und des Klosterverbandes auf das Äußerste. Er konnte allerdings auf erhebliche, von außerhalb seines Klosterverbandes kommende Geldmittel zurückgreifen. Nachdem schon König Ferdinand I. von Kastilien-Léon (1035/38–1065), lange vor dem Baubeginn, Zahlungen an Cluny geleistet hatte, schickte sein Nachfolger Alfons VI. (1037–1109) allein in seiner Regierungszeit 10 000 Talente und jährlich 240 Goldunzen zur Förderung des Bauvorhabens dorthin. Damit war er, noch vor König Heinrich I. von England, der größte Förderer des Projektes. Diese Geldmittel standen dem König vorwiegend aus dem muslimischen Spanien zur Verfügung. So hatte er mehrere der Taifas, der muslimischen Kleinkönigreiche, die nach dem Fall des Kalifenreiches entstanden waren, in Abhängigkeit und Tributpflicht gezwungen. 1085 war Toledo, die alte Hauptstadt des Westgotenreiches, von Alfons VI. erobert worden, und hier wie auch von Raubzügen, die Alfons VI. bis nach Granada und Sevilla führten, gelangte reiche Beute an den Königshof in Léon. Die Abteikirche Cluny III wurde, wie auch die parallel dazu entstehende neue Kathedrale von Diego Gelmirez in Santiago de Compostela, in großen Teilen mit spanisch-muslimischem Gold finanziert. Allerdings riefen diese Kriegszüge auch die nordafrikanischen Almoraviden und Almohaden auf den Plan, weshalb der spanische Geldstrom für die beiden Großbauten zu Beginn des 12. Jahrhunderts zeitweise zum Rinnsal wurde. Auch Bischof Diego Gelmirez brauchte, neben der Unterstützung des Bauvorhabens in Cluny, noch viel Geld für andere Zwecke.

Die Macht von Cluny reichte nicht nur bis Santiago, wo mit Dalmatius 1094 ein Cluniazenser als Vorgänger von Diego Gelmirez den Bischofsthron bestieg, sondern auch nach Rom. In der Amtszeit des Bischofs Diego Gelmirez von 1100 bis 1140, ab 1120 mit der Würde eines Erzbischofs, fand man es im Königreich Kastilien-Léon, dem Gelmirez zeitweise auch als Kanzler diente, nicht nur angemessen, den Bau von Cluny III und den Klosterverband zu unterstützen. Über die sehr intensiven Kontakte zwischen Cluny und Rom vergaß der mit allen Wassern gewaschene Prälat nicht, seine ganz persönlichen Anliegen, die zugleich die des Apostelgrabes in Santiago waren, zu fördern. Dabei kam ihm ein glücklicher Umstand zu Hilfe. Seit dem Cluniazenser-Papst Urban II. hatte man an der Kurie in Rom das Amt eines Kämmerers für die Finanzverwaltung geschaffen und in den folgenden Jahren unter mehreren Päpsten ausschließlich mit Mönchen aus Cluny besetzt. In Cluny wusste man angesichts der steigenden Bedeutung des Geldverkehrs mit diesem Zahlungsmittel umzugehen. Diese Schiene nutzte Diego Gelmirez, um seine Geldzuwendungen an Papst und Kurie sicher auf den Weg und zum Ziel zu bringen. Der Erfolg stellte sich 1120 ein. In diesem Jahr erhob Papst Calixtus II., der Onkel König Alfons VI. von Kastilien-Léon und ehemaliger Cluniazenser-Mönch, Santiago de Compostela auf Kosten des altehrwürdigen, noch zum muslimischen Territorium gehörenden Metropolitansitzes Mérida zum Erzbistum und Diego Gelmirez alsbald zum päpstlichen Legaten für die Iberische Halbinsel. Das spanische Gold kam also in Form einer Rangerhöhung aus Rom – und mit dem Beistand von Cluny – zurück.

Die engen Kontakte zwischen Cluny und Spanien sind schon seit Langem Gegenstand der Erörterungen in der Literatur zum Jakobsweg. In älteren Publikationen ist noch immer zu lesen, dass Cluny im 11. Jahrhundert geradezu eine Vorreiterrolle bei der Erschließung des Jakobsweges in Spanien eingenommen habe. Diese Aussage gilt es zu relativieren. Nicht der für größere Pilgerscharen geöffnete Jakobsweg war seit der Regierungszeit von König Sancho III. el Mayor von Navarra Veranlassung für Cluny, in Spanien Fuß zu fassen, sondern gerade die Hinwendung dieses bedeutenden Herrschers nach Mitteleuropa hatte ja am Anfang der Öffnung Nordspaniens für neue kirchliche und kulturelle Einflüsse aus Europa, vor allem aus Frankreich und Italien,

Sahagún, die wichtigste Niederlassung von Cluny am Jakobsweg. Ostpartie der Kirche San Lorenzo, 12. Jh.

gestanden. So wurde im Zuge der Kirchenreform nach einem Beschluss König Alfons VI. von 1080 sowohl der römischen Messe allmählich der Vorzug vor dem mozarabischen Ritus gegeben, und auch die Benediktinerregel, die vor dem 11. Jahrhundert auf der Iberischen Halbinsel kaum Beachtung erfuhr, erlangte unter dem Einfluss von Cluny in Spanien zunehmend Bedeutung. Die Durchsetzung dieser neuen Formen in der Liturgie war jedoch ein langsam ablaufender Prozess.

Das Ziel des Ordens von Cluny in den spanischen Königreichen des
11. Jahrhunderts war nicht so sehr der Jakobsweg als vielmehr die
Durchdringung der von den muslimischen Taifas unter Ferdinand I.
und Alfons VI. zurückeroberten Gebiete. Dabei spielten cluniazensi-
sche Niederlassungen bei der Repoblación, der Wiederbesiedelung und
der Erschließung dieser Gebiete, die in der nun sich intensivierenden
Reconquista zurückgewonnen worden waren, eine wichtige Rolle. Mit
diesen Maßnahmen geht auch ein regelrechter Import von Klerikern
aus den Klöstern von Cluny einher, verbunden mit dem Ziel, Unterstützung bei dem Aufbau einer neuen kirchlichen Infrastruktur zu leisten.
Die bekanntesten unter ihnen waren Gerald von Aurillac als Erzbischof
von Braga, Peter Andouque auf dem Bischofsstuhl von Pamplona und
der frühere Abt von Sahagún, Bernhard Sauvetat (Bernard de Sédirc,
Bernard d'Agen) als Erzbischof von Toledo und Primas von Spanien.
Insgesamt gründete Cluny im 11. und 12. Jahrhundert in Spanien etwa
20 Abteien und Priorate, die meisten entlang des Duero, aber auch in
Salamanca und Toledo. Entlang des Jakobsweges waren es vor allem die
Niederlassungen in San Juan de la Peña, Nájera, Frómista und Sahagún,
Letzteres bisweilen als das spanische Cluny bezeichnet, welche die Aufmerksamkeit der Forschung zu diesem Thema auf sich zogen. Zu nennen wären auch noch Carrión de los Condes, Villaverde und Villafranca
del Bierzo. Hier kamen die cluniazensischen Klöster ihrer selbstverständlichen Verpflichtung bei der Versorgung und Betreuung der Pilger nach. Davon, dass Cluny mit diesen Gründungen den Jakobsweg in
Spanien erst »begründet« habe, kann aber keine Rede sein.

Ritterorden

Auch wenn die Kämpfe der christlichen Staaten gegen die Muslime,
meist als Reconquista bezeichnet, bereits im späteren 11. Jahrhundert
den Charakter von Kreuzzügen gegen die »Ungläubigen« anzuneh-
men begannen, so sind echte Ritterorden, die als Träger dieser Glau-
benskämpfe auftraten, nicht vor dem 1. Kreuzzug 1095 bekannt. Als
ältester Ritterorden werden zwar die Johanniter angesehen, die ihren
Namen von einem 1048 in Jerusalem erwähnten und Muristan genannten Hospital, das Kaufleute aus Amalfi gestiftet hatten, ableiteten. Dieses war dem hl. Johannes dem Täufer geweiht und wurde von einer
Hospitalbruderschaft betrieben, die sich aber erst längere Zeit nach der
Eroberung Jerusalems 1099 zunächst 1113 in einen geistlichen Orden

Die älteren Mauern der Burg von Ponferrada aus der Zeit der Templer im 13. Jh.

und zwischen 1120 und 1140 in einen Ritterorden umwandelte. Dieser Orden ist in Spanien nicht anzutreffen. Der älteste echte Ritterorden wurde 1118 oder 1119 unter dem Namen *Arme Ritter Christi und des Tempels von Salomon zu Jerusalem*, kurz Templerorden genannt, gegründet und 1312 nach einem spektakulären Prozess in Frankreich mit Zustimmung des Papstes aufgelöst. Die erste Provinz des Templerordens außerhalb des Heiligen Landes wurde ab 1128 in Spanien eingerichtet.

Die Ritterorden erscheinen in Spanien wesentlich später als die rein geistlichen Orden auf der Bildfläche. Mit Blick auf den Jakobsweg heißt es meistens, hier sei ihre Aufgabe der Schutz der Pilger vor muslimischen und räuberischen Überfällen gewesen. Für die Hauptstrecke des Jakobsweges von den Pyrenäen nach Santiago de Compostela kann das nur für Räuber gelten, da eine muslimische Bedrohung dieser Strecke nach Ablauf des 11. Jahrhunderts nicht mehr gegeben war. Lediglich von Zaragoza, vor 1030 der nördliche Vorposten des Kalifenreiches, konnte bis zur Eroberung durch Alfonso I. el Batallador von Aragón im Jahr 1118 noch bis ins 12. Jahrhundert hinein eine Bedrohung des Wegeabschnitts in der Rioja ausgehen. Immerhin hatten noch 1110 die Almoraviden die Stadt, wenn auch nur für kurze Zeit, erobert. In das gleiche Jahr, in die zeitliche Nähe zur Gründung des Templerordens, fällt aber auch die Gründung des aragonesischen Ordens von St. Salvator, des vermutlich ältesten Ritterordens auf der Iberischen Halbinsel. Die Idee zur Gründung dieses Ordens dürfte durch das Vorbild der Templer im Heiligen Land angeregt worden sein.

Nahezu jedem Pilger auf dem spanischen Jakobsweg wird in Ponferrada die große Anlage der Templerburg aufgefallen sein, deren heutige Bausubstanz jedoch überwiegend aus dem 14. Jahrhundert stammt, als der Templerorden schon Geschichte war. Von dieser Burg aus wurden tatsächlich Pilger auf dem Jakobsweg von den Rittern geschützt, vor allem auf dem Weg von Astorga über Rabanal und den einsamen Irago, wo nicht nur wilde Tiere, sondern auch Räuber den Pilgern auflauerten. Nicht umsonst warnte Hermann Künig von Vach seine Leser: »Hütte Dich vor der Rabeneck (Rabanal) ist myn Rat«. Es spricht einiges dafür, dass die Templer in Rabanal eine Niederlassung unterhielten, von wo sie die Pilger sicher über den Irago nach Ponferrada geleiteten. Von dieser zeugt heute nur noch die Pfarrkirche. Solche Streckenabschnitte gab es mehrfach, angefangen in den Pyrenäen, in den Montes de Oca, in der Umgebung des Cebreiro-Passes und bei nahezu jeder Durchquerung unwegsamer Bergregionen und Wälder. An diese Gefahren erinnert auch die reizvolle romanische Kapelle von Eunate, die wegen ihrer Achteckform vielfach, aber ohne jeden historischen Nachweis, für eine Templerkirche gehalten wird. Wahrscheinlich war sie eine Friedhofskapelle für Pilger, die auf ihrem Weg, aus welchen Gründen auch immer, den Tod gefunden hatten. Eher als Templerkirche anzusehen ist die aus der gleichen Epoche stammende, ebenfalls achteckige Iglesia del Santo Sepolcro von Torres del Río in Navarra mit ihrem maurischen Kuppelgewölbe, das an den Mihrab in der Moschee von Córdoba erinnert, auch wenn hier ebenfalls sichere Beweise fehlen.

Vor muslimischen Streifscharen mussten die Pilger sich nördlich des Duero im 12. Jahrhundert nicht mehr fürchten, wohl aber auf den südlichen Wegen nach Santiago de Compostela. Vor allem die ausgedehnte Extremadura war bis zur Schlacht von Las Navas de Tolosa 1212 und dem Fall von Sevilla 1248 ein zwischen Christen und Muslimen heiß umkämpftes Gebiet, weshalb die Nutzung der Ruta de la Plata südlich von Salamanca auch im 13. Jahrhundert noch mit größten Gefahren verbunden war. Hier lag auch das eigentliche Betätigungsfeld der spanischen Ritterorden, sowohl im Kampf gegen die Muslime, vor allem die Almohaden aus Nordafrika, als auch beim Schutz der vermutlich noch sehr wenigen Pilger auf dem Weg zum Schutzpatron Spaniens, dem Apostel Jakobus in Santiago de Compostela. Zusammen mit den königlichen Truppen eroberten und sicherten sie dieses Gebiet für die christlichen Staaten und erhielten dafür nicht nur einen reichen Anteil an der Beute, sondern auch ausgedehnte Ländereien, durch welche die Ritterorden zu den größten Grundbesitzern in Spanien werden sollten.

Diese Kämpfe fanden vor allem von der Mitte des 12. bis weit ins 13. Jahrhundert hinein statt, weshalb die Gründungszeit der meisten spanischen Ritterorden in diese Periode fällt. Neben dem St.-Salvator-Orden sind dies der 1156 gegründete Alcántara-Orden, der zwei Jahre später entstandene Orden von Calatrava und der Santiago-Orden von 1170, der schon in seinem Namen den Bezug zum Grab des Apostels preisgibt. Der Mercedarier-Orden von 1218 widmete sich vor allem dem Loskauf von Gefangenen und Pilgern, denen bei den Muslimen die Sklaverei drohte. Handschellen und Fesseln als Votivgaben oder als Abbild erinnern in manchen Kirchen entlang des Jakobsweges an diese Gefahr. Der Orden ist bis heute in der Mission aktiv, hat aber als Laiengemeinschaft weiterhin einen ritterlichen Zweig. Späte Gründungen sind der Orden von Montesa von 1316, der bei der Auflösung des Templerordens einen Teil von dessen Angehörigen und Besitz in Spanien aufnahm. Auch der bereits 1201 gegründete Orden von Alfama ging 1400 im Orden von Montesa auf. Bleibt noch der Christusorden, ein 1319 gegründeter Ritterorden in Portugal, der in diesem Land die Nachfolge des Templerordens antrat.

Neben dem Kampf im Rahmen der Reconquista und der Sicherung der Pilgerwege schützten diese Orden ebenfalls die großen Besitztümer, welche der Kirche von Santiago de Compostela als Lohn für die Fürbitten und das Eingreifen des Apostels übertragen worden waren. Die Orden folgten festen Statuten, deren Genehmigung sich der Papst vorbehielt. Bei diesen Statuten ist festzustellen, dass man sich weniger an der alten Benediktinerregel als vielmehr an den Regeln und Gebräuchen des neuen Ordens der Zisterzienser orientierte. Dieser Orden ist, abgesehen von der Nähe zu den Ritterorden, am Jakobsweg kaum vertreten. Das dürfte daran liegen, dass die Zisterzienser eher die Abgeschiedenheit in einsamen Tälern suchten, statt sich aktiv im Pilgerwesen am Jakobsweg zu betätigen. Eine Präsenz am Jakobsweg vergleichbar der von Cluny ist bei den Zisterziensern nicht festzustellen.

War Franz von Assisi in Santiago de Compostela?

Mit dem Anbruch des 13. Jahrhunderts betrat ein neuer Ordenstyp die Bühne des Geschehens: die Bettelorden. Entlang des Jakobsweges sind sie Spätankömmlinge und tragen bis heute nur wenig zum Pilgerwesen und zur Beherbergung bei. Das ist verständlich. Die Franziskaner und die fast zeitgleich gegründeten Dominikaner verstanden sich als

Predigerorden, die ihre Klientel in den größeren Städten aufsuchten. Dort findet man in der Regel die großen Ordenskirchen mit den angeschlossenen Konventen, die natürlich auch wie fast alle anderen Orden der Verpflichtung nachkamen, Arme, Kranke und Pilger zu versorgen. So sind die Bettelorden mit Niederlassungen in den großen Städten am Jakobsweg vertreten, in Santo Domingo de la Calzada, in Burgos, Léon und in Santiago de Compostela, wo die Franziskaner noch heute ein ausgezeichnetes Hotel unterhalten.

In der Literatur wie auch im Internet kann man zahlreiche Beiträge finden, in denen zu lesen ist, dass der hl. Franz von Assisi zwischen 1213 und 1215 nach Santiago de Compostela gepilgert sei. Der dortige Konvent sei auf seine Veranlassung 1214 gegründet worden, womit er eines der ältesten Franziskanerklöster außerhalb Italiens sei. Die heutigen Klosterbauten bieten für diese Datierung nur eine geringe Hilfe, da sie erst im 16. bzw. 18. Jahrhundert errichtet wurden. Lediglich fünf gotische Fenster des älteren Kapitelsaales in den Formen des späten 13. Jahrhunderts und einige freigelegte Fundamente zeugen davon, dass die Niederlassung tatsächlich bis in diese Epoche zurückdatiert. Dessen ungeachtet stellt sich aber die Frage, ob der hl. Franziskus überhaupt je als Pilger nach Santiago de Compostela kam. Die historisch gesicherten Fakten sind ausgesprochen dürftig.

Thomas von Celano, der Franz von Assisi noch persönlich gekannt hat, nennt in der älteren seiner um 1228/29 entstandenen Lebensbeschreibungen des Heiligen »die Sehnsucht, die ihn zum Martyrium trieb, die ihn zuerst nach Spanien ... ziehen ließ«. Dort habe er »dem Miramolin (der almohadische Kalif Muhammad an-Nasir) und seinen Leuten das Christentum verkünden« wollen. Gott sei jedoch mit diesem Vorhaben des Heiligen nicht einverstanden gewesen und habe ihn, als er schon bis Spanien gekommen war, durch eine Krankheit an der Weiterreise gehindert. Ein genaues Datum für diese Reise wird nicht angegeben, aber immerhin scheint die Tatsache gesichert, dass Franziskus spanischen Boden betreten hat. Sein Ziel war aber eindeutig Marokko und nicht Santiago. Wenn die Ankunft in Spanien tatsächlich, wie meist angegeben, sich 1214 ereignete, so gab es abgesehen von dem göttlichen Fingerzeig einen weiteren gewichtigen Grund, das Unternehmen abzubrechen. Am 12. Juli 1214 wurde Kalif Muhammad an-Nasir in der Schlacht bei Las Navas de Tolosa schwer geschlagen, floh nach Marokko und starb kurze Zeit später. Für einen Bekehrungsversuch durch den Poverello blieb da keine Zeit, Grund genug, das Unternehmen abzubrechen.

Die Gründung eines Konvents in Spanien in dieser Zeit durch Franziskus persönlich ist zwar ebenfalls von Legenden umwoben, dennoch nicht unwahrscheinlich. In Rocaforte, am Jakobsweg oberhalb von Sanguësa, nicht weit vom Somport-Pass gelegen, zeigt man noch heute die Bauten der Einsiedelei von San Bartolomé, wo der Heilige 1213 auf seinem Weg nach Marokko die erste Franziskanerniederlassung gegründet haben soll. Auch eine Fuente San Francisco mit einem Stein, auf dem der Heilige sich ausgeruht haben soll, wird hier am Camino de la Fuente gezeigt. Wenn Franziskus den üblichen Weg von Italien über die *Via Francigena* und die *Via Tolosana* nahm, dann musste er am Somport spanischen Boden betreten. Die Berufung auf den Biografen Thomas von Celano ist allerdings irreführend, denn der weiß von der Gründung in Rocaforte nichts.

So werden also vereinzelt zwei Spanienreisen des hl. Franziskus vermutet, eine bereits 1210/11, als eine Bekehrung von Muhammad an-Nasir noch lohnend erschien, und eine 1214 nach Santiago, die zur Gründung einer Niederlassung der Franziskaner in Rocaforte führte. Die Legende der Wallfahrt des Poverello zum Grab des Apostels Jakobus findet sich erstmals in der vierten Erzählung der *Fioretti di San Francesco* von etwa 1370, wo die Pilgerfahrt als eine Art Auftakt für die Ausbreitung des Ordens geschildert wird. Auch ist es durchaus möglich, dass die vielleicht historische Tatsache der Gründung in Rocaforte entlang des Jakobsweges »wanderte« und die Basis des Besuchs von Franziskus und seiner Konventsgründung im gegenüber Rocaforte doch ungleich bedeutenderen Santiago abgab. Das wäre dann der »wahre« Kern der Legende, aber keineswegs der Beweis für einen Besuch des hl. Franziskus am Grab des Apostels Jakobus. Ein Hinweis mag diese Überlegungen beschließen. Um 1255 kritisierte der große franziskanische Prediger Berthold von Regensburg, wie später auch Martin Luther, die Pilgerfahrten nach Santiago de Compostela und empfahl, Gott lieber in der eigenen Pfarrkirche zu suchen. Gut dreißig Jahre nach dem Tod des Ordensgründers hätte es wohl kaum ein Franziskaner gewagt, den Ordensgründer in derart massiver Weise zu kritisieren.

Die Antoniter am Jakobsweg

Unter den Orden, die an den über ganz Europa verzweigten Jakobswegen eine besondere Aufmerksamkeit beanspruchen dürfen, nimmt der Antoniterorden eine besondere Stellung ein. Über seine herausragende

Rolle am Jakobsweg ist bislang kaum etwas geschrieben worden, denn es handelt sich um einen weitgehend vergessenen Orden, der bereits 1776 auf Geheiß Papst Pius VI. in den Malteserorden inkorporiert wurde. In Deutschland endete der Antoniterorden in der Säkularisation 1802/03. Lediglich der Chronist des Ordens, Adalbert Mischlewski, hat einen kleinen Beitrag über die Antoniter am Jakobsweg verfasst, der jedoch nur als Hinweis und nicht als eine umfassende Darstellung verstanden werden kann. Auch an dieser Stelle kann nur eine Übersicht über die Verbindungen der Antoniter zum Jakobsweg und vor allem zum Apostel Jakobus selbst gegeben werden, denn die Forschung auf diesem Feld steht noch ganz am Anfang.

Der Orden führt seine Anfänge, vielleicht nicht ganz zufällig, auf das Jahr 1095 zurück, als sich die Jakobuswallfahrt in Europa voll zu entfalten begann. Zu Beginn stand eine Hospitalbruderschaft, die sich der Betreuung von Kranken, Bedürftigen und Pilgern widmete, und in ihren ersten Tagen wohl kaum einen Gedanken an Statuten oder gar an eine Ordensgründung verschwendet haben dürfte. Ort des Geschehens war Didier-la-Motte, an einer der Strecken des Jakobsweges von Genf durch die Dauphiné zur Rhône gelegen und heute unter dem Namen St. Antoine l'Abbaye bekannt. Die Gemeinschaft widmete sich vorwiegend, aber nicht ausschließlich, der Pflege der an den Folgen der Mutterkornvergiftung Erkrankten und hatte dabei offensichtlich einigen Erfolg. Schon früh, um 1123, wählte sich die Gemeinschaft einen Priester als Oberhaupt, nahm als Dank reiche Schenkungen entgegen und übernahm auch auswärtige Hospitäler in Gap, Chambéry und Besançon. Schon 1146 sind die Antoniter am Jakobsweg in Spanien nachweisbar, wo sie in Castrojeriz mit tatkräftiger Unterstützung durch König Alfons VII. eine große Niederlassung und ein Hospital gründeten. Bis zur Umwandlung der Hospitalbruderschaft in einen geistlichen Orden dauerte es aber noch einmal einhundert Jahre. Am 22. April 1247 gestattete ihnen Papst Innozenz IV., einen Konvent zu bilden und als Chorherren nach der Augustinerregel zu leben. Die schnelle Ausbreitung des Ordens war in ihrem Tempo nur mit dem Orden der Zisterzienser und später der Jesuiten zu vergleichen. Im 14. und 15. Jahrhundert zählte der Orden bereits rund 370 Präzeptoreien (Klöster) und Hospitäler.

Der Ordenspatron der Antoniter war der hl. Antonius der Große (um 251–356), auch Antonius Abbas oder Antonius Eremita genannt, in der Spätantike einer der Begründer des christlichen Mönchtums in Ägypten. Seine Gebeine waren angeblich zuerst von Alexandria nach

Konstantinopel und dann um 1070 durch einen Ritter in die Dauphiné nach Didier-la-Motte gelangt. Ein gesichertes Datum ist 1083, als die kleine Kirche, in der die Reliquien niedergelegt worden waren, an die provenzalische Abtei Montmajour geschenkt wurde, was zur Umbenennung der Ortschaft in St. Antoine führte. Von daher nannte sich die hier in der Diözese Vienne bestehende Hospitalbruderschaft *Ordo Sancti Antonii Viennensis*. Der hl. Antonius wird meist stehend oder als Sitzfigur mit Buch und Stab dargestellt, seine Attribute sind das Tau-Kreuz, ein Schwein und ein Glöckchen. Letztere gehen auf die Tatsache zurück, dass die Antoniter in ihren Hospitälern den an der Mutterkornvergiftung Erkrankten neben dem mutterkornfreien Weißbrot vor allem gutes Schweinefleisch verabreichten, während die Glöckchen den verkrüppelten Kranken dazu dienten, auf sich aufmerksam zu machen und um Almosen zu bitten. Auch der Stab des Heiligen, der meist in einem Tau-Kreuz ausläuft, und die ebenfalls T-förmig gestaltete Krücke verweisen auf die ein Absterben der Gliedmaßen verursachende Mutterkornvergiftung. Im Jahr 1175 hatte die damals noch nicht als Orden konstituierte Antoniusbruderschaft das Tau als Kennzeichen auf ihrer Kleidung gewählt.

Schon auf den ersten Blick sind die ikonografischen Parallelen zwischen dem Apostel Jakobus und dem Ordensvater Antonius zu sehen. Am Mittelpfeiler des Haupteingangs der Kathedrale von Santiago de Compostela, dem Pórtico de la Gloria, wo alle ankommenden Besucher zur Begrüßung zwei Finger in die seit Jahrhunderten abgegriffenen Vertiefungen des Pfeilers legen, sitzt der Apostel mit einer Schriftrolle und dem am oberen Ende als Tau-Kreuz ausgebildeten, einer Krücke gleichenden Stab. Ohne den vorgegebenen Zusammenhang mit seiner Grabeskirche könnte man diesen Jakobus leicht für einen Antonius halten. Auch im Bayerischen Nationalmuseum in München findet man einen sitzenden, 1525 von Hans Leinberger geschaffenen Heiligen, von dem laut Bildunterschrift nicht klar ist, ob es sich um einen hl. Jakobus oder Jodokus handelt. Die enge Verwandtschaft des Bildtyps mit dem in unmittelbarer Nachbarschaft aufgestellten hl. Antonius des Meisters von Rabenden aus der gleichen Epoche ist jedoch unverkennbar. Es war bei den Antonitern der Brauch, auf dem Hochaltar eine annähernd lebensgroße Sitzfigur ihres Ordensheiligen aufzustellen. Bekannte Beispiele findet man im mecklenburgischen Tempzin, im umbrischen Deruta, in der Justinuskirche in Frankfurt am Main-Höchst, entlang des oberbayerischen Jakobsweges und, nicht zuletzt, im Schrein des Isenheimer Altares in Colmar. Eine vergleichbare Sitzfigur, hier natürlich der Apostel Jakobus, findet sich auch auf dem Hochaltar der Kathedrale von Santiago, vermutlich aus der Hand von Meister Mateo, dem Schöpfer des Pórtico de la Gloria.

Die Jakobus-Ikonografie ist vermutlich die ältere. Geht man davon aus, dass der Pórtico de la Gloria um 1188 vollendet wurde, kann man mit Blick auf die Einführung des Tau-Kreuzes als Kennzeichen der Antoniter 1175 und der schon seit 1146 bestehenden Niederlassung am Jakobsweg in Castrojeriz durchaus der Vermutung Raum geben, dass bei der Darstellung des hl. Antonius die Jakobus-Ikonografie des Meisters Mateo in Santiago Vorbild gewesen sein könnte. Am ebenfalls von Mateo beeinflussten Pórtico del Paraíso der Kathedrale von Ourense aus der ersten Hälfte des 13. Jahrhunderts steht der Apostel Jakobus ebenso mit dem hüfthohen Krückstock mit Querholz, wie der den meisten Pilgern sicher unbekannte Antonius aus späterer Zeit auf dem Brunnen am Campo de San Antonio in Santiago de Compostela. Bemerkenswert ist, dass die Erzbischöfe von Santiago de Compostela vermutlich seit Diego Gelmirez ebenfalls den als Tau-Kreuz geformten Bischofsstab als Zeichen ihres Amtes führten, wie das einzige Bild von Gelmirez von 1289 aus dem Mittelalter im Historischen Nationalarchiv in Madrid zeigt.

Die Pilger auf dem Jakobsweg hatten sicherlich das Grab des Apostels zum Ziel, aber fast immer auch den hl. Antonius Abbas vor Augen – nicht nur an Orten mit Präzeptoreien der Antoniter. In der Kathedrale von Pamplona hatte der Ordensvater der Antoniter ebenso einen Altar wie in Logroño und Burgos. In Castrojeriz, der wichtigsten Generalpräzeptorei in Spanien, findet man die Darstellungen des Antonius und das Tau-Kreuz gleich mehrfach und auch in Sahagún ist er vertreten. Wie eng die Interessen der Pilger im Hinblick auf Jakobus und Antonius verknüpft sein konnten, zeigt sehr schön eine Darstellung von Pilgern auf einem Gemälde des Mariano di Antonio di Francesco Nutolo in der Galleria Nazionale in Perugia. Mehrere offensichtlich verkrüppelte Pilger lagern vor einem Schrein des hl. Antonius (hier fälschlich als Antonius von Padua bezeichnet). Man erkennt ihre Krücken, Pilgertaschen und Trinkflaschen und auf dem Gewand die Jakobsmuschel. Der rechts im Bild zurückgelehnte Krüppel aber trägt neben der Muschel deutlich sichtbar das Tau, das Zeichen des hl. Antonius. In ihm sind Jakobs- und Antoniuspilger in einer Person vereint.

Die Präsenz der Antoniter am Jakobsweg ist ungewöhnlich groß. Sie beginnt bereits mit dem Mutterhaus in St. Antoine, das als einzige Niederlassung als Abtei bezeichnet wurde. Unterhalb dieser Leitungs-

Meilenstein mit Jakobsmuschel und Antoniter-
kreuz vor dem Kloster in Castrojeriz.

ebene gab es die Präzeptoreien, unter denen die wenigen Generalprä-
zeptoreien einer Ordensprovinz vorstanden. Von diesen gab es nach
der Aufstellung von Mischlewski die meisten in Frankreich, wo ohnehin mehr als die Hälfte aller Niederlassungen des Ordens bestand, im
Deutschen Reich mit Lothringen sechs, in Italien vier und in Spanien
mit Castrojeriz und Olite gerade einmal zwei. Die geringe Zahl in Spanien täuscht jedoch über die wahre Präsenz der Antoniter am Jakobsweg hinweg. Insbesondere im Bereich der Hospitäler, Hospize und
Stadthöfe besteht hier wie auch im übrigen Europa noch erheblicher
Forschungsbedarf. Unter Berücksichtigung der Antoniusbruderschaf-
ten, Laienvereinigungen, welche die Ordensleute bei der Erfüllung
ihrer Aufgaben unterstützten, sowie der Patrozinien- und Ortsnamen
wie Alto de San Antón oder Monte San Antonio kann man allein am
Jakobsweg zwischen den Pyrenäen und Santiago zwölf Orte mit Bezug
zu den Antonitern feststellen, an denen Hospitäler, Herbergen oder
andere Versorgungseinrichtungen betrieben wurden. Nimmt man den
Pestheiligen San Roque (Rochus), der häufig zusammen mit Antonius

bei den Antonitern auftritt, hinzu, dann kommt man sogar auf 20 Stationen. In Tagesetappen umgerechnet, konnte ein Pilger so nahezu jeden Tag auf eine Niederlassung der Antoniter treffen. Auch Hermann Künig von Vach übernachtete auf seiner Pilgerreise gerne bei den Antonitern. Leistungsfähige Hospitäler gab es natürlich in den großen Städten, in Pamplona, Logroño, Burgos, Léon und Astorga, wo die Antoniterhöfe sich in der großen Zahl der von anderen Orden und Bruderschaften betriebenen Einrichtungen wiederfanden. Allein Burgos zählte im Mittelalter 32 Hospize, Léon und Astorga deren 17. Die Konkurrenz am Jakobsweg war groß.

Die Zuwendung der Orden und geistlichen Gemeinschaften zu den Pilgern war nämlich nicht ausschließlich vom Gebot der Nächstenliebe und den Ordensregeln bestimmt. Die Betreuung der Pilger war ein gutes Geschäft. Auf einer Wallfahrt sind die Gläubigen gerne bereit, Geld auszugeben, nicht nur für ihre täglichen Bedürfnisse, sondern auch als Opfergaben, Spenden, Beiträge zum Kirchenbau und als großzügigen Dank für Unterstützung und Hilfe. Im späteren Mittelalter trat dann noch der florierende Ablasshandel hinzu. Die Heiligen in den einzelnen Wallfahrtsorten hatten schon immer, bis zum heutigen Tage, ein einnehmendes Wesen. Unter den geistlichen Orden galten die Antoniter als besonders geldgierig. Vor allem im 14. Jahrhundert, in enger Verbindung mit dem ebenfalls auf seine finanziellen Vorteile bedachten Papsttum in Avignon, versuchten die Antoniter regelrecht, jegliche Verehrung des hl. Antonius in ihrem Orden zu monopolisieren und zu Geld zu machen. Auch auf ihren straff organisierten »Terminierungen«, Sammelfahrten zur Einwerbung von Spenden, trieben sie einen recht unheiligen Handel mit der Angst der Menschen vor Krankheit, Tod und um das ewige Seelenheil. Die Wohltaten der Antoniter hatten ihren Preis, so auch am Jakobsweg, wo die Pilger nicht nur versorgt, sondern auch kräftig abkassiert wurden – und das Tag für Tag, Etappe für Etappe. Nicht umsonst schrieb der Kupferstecher Sebald Beham (1500–1550) auf einem seiner Flugblätter über die Antoniter:

>>Schwartz/darauff blaw creutz ist ir kleyd
Sind alle bůben schwer ich eyn eyd«.

(Ein schwarz/blaues Kreuz zeigt ihr Kleid
Sind alle Spitzbuben, schwör ich einen Eid)

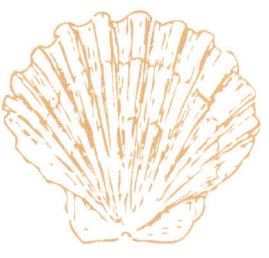

Sicherheit und Versorgung der Pilger
Herbergen, Hospitäler, persönlicher Schutz

Pilgern heißt, die Heimat, Haus und Hof, die Familie und die gewohnte Umgebung zu verlassen. Wenn man nicht gerade ein häufig besuchtes, vertrautes Ziel aufsucht, ist man schon nach wenigen Kilometern in der Fremde. Nichts anderes bedeutet das lateinische Wort *peregrinus*, das mit Begriffen wie »fremd, ausländisch, unkundig«, im Rechtsleben auch mit »Nichtbürger« übersetzt wird. Eigentlich bezeichnet es jemanden, der aus der Herde, *grex*, oder der Schar herausgetreten ist. Aus diesem Wort leitete sich im mittelalterlichen Kirchenlatein der *pelegrinus* ab, der dann in der deutschen Sprache zum »Pilger« wurde. In jedem Fall findet sich der Pilger auf seinem Weg in einer ihm ungewohnten und manchmal sogar abweisenden oder feindlichen Umgebung wieder. Seine persönlichen Bedürfnisse aber bleiben die gleichen. Er muss essen und trinken, sich bekleiden und er braucht abends einen Platz, an dem er geschützt vor den Unbilden der Witterung und vor wilden Tieren sein Haupt zur Ruhe betten kann. Die Befriedigung dieser Bedürfnisse auf einer Pilgerreise ist bis zum heutigen Tag mit – allerdings sehr verschiedenartigen – Schwierigkeiten verbunden.

In der Fremde ist der Fremde immer fremd

Die Wallfahrt zum Apostel Jakobus hatte schon immer christliche Rahmenbedingungen. Deshalb wurden die Pilger bereits im Mittelalter auf Vorbilder verwiesen, an denen sie sich, sollten die Widrigkeiten am Weg sie verzweifeln lassen, orientieren konnten. Die Predigt *Veneranda dies* im *Codex Calixtinus* stimmt den Pilger sehr nachhaltig auf das, was ihm bei seiner Wanderung bevorsteht, ein. Schon der erste »Pilger«, der Urvater Abraham, war ein Sünder, da er,

> »weil er das göttliche Gesetz überschritt, das Paradies verlassen musste und in die Verbannung dieser Welt geschickt wurde, um durch das Blut und die Gnade

Christi gerettet zu werden. Ebenso wird der Pilger, der von seinem Wohnort fort-
geht, von seinem Priester wegen seiner Vergehen auf Pilgerfahrt und somit
gleichsam ins Exil geschickt. Er wird durch die Gnade Christi gerettet, wenn er
seine Sünden aufrichtig bekannt hat und durch die auferlegte Buße versöhnt sein
Leben beenden wird«.

Auch Christus, der die Sünden der Welt auf sich genommen hatte, war
nach dieser Auffassung ein heimatloser Pilger, der im Umherziehen
seine Botschaft verkündete. Im Kreuzgang von Santo Domingo de Silos
ist er in der Emmaus-Szene des Neuen Testamentes folgerichtig als Pilger mit Pilgertasche und Jakobsmuschel dargestellt, der den ihm begeg-
nenden Aposteln als Fremdling erscheint. In seiner Nachfolge waren
die missionierenden Apostel ebenso Pilger wie die irischen Mönche
des Frühen Mittelalters, die das Verlassen ihrer Heimat als *peregrinatio*,
als Exil und Bußleistung, betrachteten.

Die Rolle Christi als Pilger begründete aber die im christlichen
Glauben verwurzelte Verpflichtung, den in der Fremde als Wallfahrer
sich orientierenden Wanderer als Gast zu betrachten und ihm die
Werke der Nächstenliebe angedeihen zu lassen. Am deutlichsten drückt
dies schon die im 6. Jahrhundert niedergeschriebene Ordensregel des
hl. Benedikt in ihrem Artikel 53 aus: »Alle Fremden, die kommen, sollen aufgenommen werden wie Christus; denn er wird sagen: ›Ich war
fremd, und ihr habt mich aufgenommen‹«. Die Regel meinte damit
jeden Fremden, nicht allein die Pilger, welche die Kirche in den ersten
Jahrhunderten durchaus mit Skepsis betrachtete. Manche Kirchenväter
sahen das Umherziehen, vor allem von Frauen, wegen der Gefahren
auf den Wegen skeptisch, blieben aber eine Minderheit. Andere berie-
fen sich bei der Rechtfertigung von Reisen und Wallfahrten gerade auf
die Bibel, wo es im Alten Testament bei Jesus Sirach heißt: »Er bereist
das Land fremder Völker, / erfährt Gutes und Böses unter den Menschen«. Pilgern bedeutete einen erheblichen Zugewinn an Lebenser-
fahrung. Auch der hl. Benedikt war vorsichtig. Seinen Mönchen gebot
er die *stabilitas loci*, das Wohnen im Kloster als festem Ort. Reisen und
Pilgerfahrten waren in Ausnahmefällen erlaubt, aber um der gegensei-
tigen Kontrolle willen nur zu zweit.

Herbergen und die Versorgung am Weg

Die frühesten Herbergen an den Pilgerwegen finden sich fast ausschließlich in Klöstern. Schon vor der Regel des hl. Benedikt hatte es im griechischen Osten bei den ersten Klöstern die Xenodochien zur Aufnahme von Armen, Kranken, Fremden und Pilgern gegeben. In der Spätantike hatte es entlang des gut ausgebauten römischen Straßennetzes Herbergen und *Mansiones* gegeben, Raststätten, die vor allem vom Militär und reisenden Staatsbediensteten genutzt wurden. Wie viele der Straßen verfielen auch diese Gasthäuser im Frühmittelalter, als es kaum noch Reisende und somit keinen Bedarf mehr gab. Erst ab dem Hohen Mittelalter, als wieder Scharen von Menschen den großen Wallfahrtsorten, allen voran Rom, Jerusalem und Santiago, zustrebten, gab es neben den Hospitälern und Gästeeinrichtungen der Klöster auch wieder Herbergen, die von Privatleuten betrieben wurden, allerdings von sehr unterschiedlicher Qualität.

Das frühe Musterbeispiel eines Quartiers für Gäste bietet noch immer der Klosterplan von St. Gallen aus dem frühen 9. Jahrhundert. Hier gab es gleich zwei derartige Einrichtungen: ein Haus für Gäste von gehobenem Stand und eines für Arme und Pilger. Auch die großen Klöster des Hohen Mittelalters wie Cluny hatten vergleichbare Hospize für Gäste. Noch heute betreiben viele Klöster entlang des Jakobsweges große Herbergen. Genannt sei als Beispiel der große Schlafsaal des Klosters Samos, der jedem Pilger offen steht. In der Regel fand der Pilger am Weg ein Hospital vor, das sowohl von einem Kloster als auch von einer geistlichen Bruderschaft betrieben werden konnte. Die moderne Bezeichnung eines Hospitals kann jedoch nicht ohne Weiteres auf mittelalterliche Verhältnisse übertragen werden. In einer Zeit, da die meisten Krankheiten ohnehin nicht zu heilen waren, war das Hospital in erster Linie eine Versorgungs- und Pflegeeinrichtung für Kranke, Arme, Bedürftige und eben auch Pilger. Hier fand man ein Nachtquartier, wurde verpflegt, gepflegt und mit dem Nötigsten für die Weiterreise versorgt. Wer aus Krankheitsgründen dazu nicht mehr in der Lage war, konnte im Hospital, vergleichbar einer heutigen Palliativklinik, seine letzten Tage und Stunden unter geistlichem Beistand verbringen. Viele, vor allem ärmere Pilger waren auf derartige Einrichtungen angewiesen, wollten sie die Unsicherheiten und Strapazen des langen Weges überstehen.

Verletzungen, Krankheit und Tod unterwegs musste nahezu jeder Pilger fürchten. Die Ursachen konnten mannigfaltiger Art sein. Nicht wenige Menschen brachen zur Pilgerfahrt auf, wenn sie den Zenit ihres Lebens schon überschritten hatten. Das war nicht selten mit 40 oder 50 Jahren der Fall, denn die Lebenserwartung lag deutlich niedriger als heute. Sie wollten nach einem als sündhaft empfundenen Leben »reinen Tisch« machen und durch diesen Bußgang die Chancen für einen Platz im Himmel vermehren. Alterstypische Gebrechen ließen die Wallfahrt nicht selten in einem Hospital oder auf einem Friedhof am Weg denn am Apostelgrab enden. Verletzungen waren nicht allein durch die Strapazen auf dem Weg, sondern auch durch wilde Tiere wie Wölfe und Bären, aber auch streunende Hunde zu fürchten. Schließlich waren unwegsame Gebirgsregionen und Wälder zu durchqueren. Auch die allgegenwärtigen Raubüberfälle waren, wenn überhaupt, selten ohne Blessuren zu überstehen. Viele Pilger erreichten ihr Ziel nie, der Tod hielt reiche Ernte unter ihnen. Auch deshalb waren die vielen Wallfahrtsorte am Weg als Zwischenziele so bedeutend. Wenn auch das Grab des hl. Jakobus unerreichbar blieb, so konnten doch die vielen anderen Heiligen am Weg bei den letzten Stunden in einem Hospital und an seiner letzten Ruhestätte dem Pilger Beistand auf dem Weg ins ewige Leben leisten.

Originale Hospize aus dem Hohen Mittelalter findet man an den Jakobswegen kaum noch. Vom berühmten, 1120 gestifteten Hospital auf dem Aubrac im Zentralmassiv stehen nur noch die Tour des Anglais und die Kirche mit dem bezeichnenden Namen Notre Dame des Pauvres. Das große und prächtige Hospital von San Marcos in Léon geht zwar auf das Jahr 1151 zurück, wurde jedoch ab 1513 vom Orden des hl. Jakob vom Schwert völlig neu erbaut. Auch das Hostal de los Reyes Católicos, vor der Kathedrale in Santiago gelegen, entstand auf Geheiß der Katholischen Könige unter Einbeziehung älterer Bauteile ab 1492. Die Gesamtzahl aller Hospitäler an den Strecken des Jakobsweges muss beeindruckend gewesen sein. In Spanien gab es in der Stadt Léon 17, in Astorga 21 und in Burgos sogar 32 Hospitäler, die größte am Jakobsweg bekannte Zahl in einer Stadt. Insgesamt müssen es an den Wegen beiderseits der Pyrenäen viele hundert gewesen sein.

An einem Zweig der *Via Francigena* ist bei Laag in Südtirol ein einzigartiges mittelalterliches Hospital erhalten geblieben. Es handelt sich um das im 13. Jahrhundert erbaute, 1317 erstmals erwähnte »Klösterle« im Ortsteil St. Florian, das vielleicht schon auf einen Vorgänger des 11. Jahrhunderts zurückgeht. Um einen großen Innenhof liegen vier Flügel mit Räumlichkeiten für Menschen aller Stände sowie Scheunen und Stallungen. Der obligatorische Kirchenraum war in zwei Stock-

Die verbliebenen Gebäude der mittelalterlichen Herberge auf dem Aubrac.

werke unterteilt, die beide den Blick auf den Chor mit dem Altar freigaben. Der untere Raum diente den Besuchern des Gottesdienstes, im oberen Stock fanden Pilger eine einfache Schlafstatt, von aus der sie, wie in vielen Hospitälern üblich, den Gottesdienst verfolgen konnten. Albrecht Dürer auf seiner Reise nach Venedig und Martin Luther auf dem Weg nach Rom dürften hier genächtigt haben, aber auch zahlreiche Pilger auf dem umgekehrten Weg von Italien in Richtung Santiago de Compostela. Die vielen Jakobskirchen an diesem Streckenabschnitt, so in Tramin, in Romeno und in Mahr, sprechen eine beredte Sprache. Das »Klösterle« war eine sehr große und komfortable Herberge, wie sie auf dem flachen Land nicht eben häufig waren. Auch mittelalterliche Herbergen einfacheren Typs haben sich, wenngleich in vielen Fällen heute als solche kaum mehr erkennbar, erhalten. Ein schönes Beispiel findet sich ebenfalls in Südtirol bei St. Jakob in Mahr südlich von Brixen. Hier besitzt die kleine Kirche an ihrer linken Seite einen Anbau mit einem Erdgeschossraum und einem Dachboden darüber. Die Zahl der Pilger, die hier ein Nachtlager finden konnten, war gewiss klein und sie konnten froh sein, hier eine Schütte Stroh und ein Dach über dem Kopf zu haben. Charakteristisch ist auch für diese einfachen Herbergen die direkte Anbindung an ein Gotteshaus, häufig mit Blickverbindung zum Altar. Pilgern war Gottesdienst.

Die Sorge um ein Nachtquartier war nicht die einzige, welche die Pilger auf ihrem langen Weg begleitete. Das begann schon mit der Ausrüstung. Ein Hut, ein möglichst wetterfester Umhang, ein Stock, als Stütze ebenso wichtig wie als Waffe, um halbwilde Hunde und andere Tiere abzuwehren, und eine Pilgertasche für die wenigen Habseligkeiten waren unabdingbar. Das Schuhwerk war ein besonderes Problem, denn es war teuer. Mit den heutigen Hightech-Walking-Boots war das, was man im Mittelalter um die Füße wand, nicht zu vergleichen. Nicht wenige gingen barfuß, was gleichzeitig ein Kennzeichen des Büßers war. Die Pilger bedurften der Verpflegung. Auch wenn sie in manchen Hospizen eine warme Suppe, eine Hafergrütze oder einen Brei gereicht bekamen, so benötigten sie für längere Wegstrecken zumindest Brot und Käse. Wurstwaren waren selten und Fleisch, ob als Schinken getrocknet oder gebraten, war nur etwas für die Reichen. Das größte Problem aber war gutes Wasser. Das floss keineswegs kostenfrei in Flüssen und Bächen. Dort war es meist von Abwässern der nächsten Ansiedlung verseucht und ungenießbar. Alkoholhaltige keimfreie Getränke wie Most, Wein und Bier aber kosteten Geld. Vor diesem Hintergrund wird verständlich, weshalb Aymeric Picaud in seinem Pilgerführer den »gute(n) und schlechte(n) Flüsse(n) am Jakobsweg« ein eigenes Kapitel widmet. Er nennt zahlreiche Flüsse und Bäche mit mildem und reinem Wasser, stellt diesen aber Wasserläufe gegenüber, deren Genuss unweigerlich zum Tod führt. Wer heute die Brunnen am Jakobsweg nutzt, muss zwar nicht den Tod fürchten, wird aber froh sein, vor allem auf den langen, heißen Strecken in Kastilien, überhaupt genügend Wasserstellen zu finden, denn ein Bedarf von fünf und mehr Litern am Tag war zu allen Zeiten selbstverständlich.

»Schräge Vögel«

Nicht alle Pilger wandelten auf einer Wallfahrt frommen Sinnes die Wege des Herrn und seines Apostels Jakobus. Auf den Jakobuswegen lauerten mancherlei Gefahren für Gut, Leib und Leben. Das hatte schon Aymeric Picaud in seinem Pilgerführer angesprochen, wenn er vor betrügerischen Wirten, Fährleuten und Zöllnern oder ganz einfach vor der Gefahr von Raubüberfällen auf die Pilger, Mord und Totschlag warnte. Eines seiner Beispiele sind die Fährleute bei St. Jean de Sorde

Die mittelalterliche Pilgerherberge von St. Florian bei Laag in Südtirol. Rechts die Kirche.

(Sorde l'Abbaye) zwischen den Landes und dem Pass von Roncesvalles. Diese pflegten ihre Boote mit den Pilgern häufig zu überladen, damit sie kenterten und sie anschließend die Leichen der ertrunkenen Pilger ausrauben konnten. Allerdings spielen hier auch die Vorurteile Ayme-ric Picauds gegen die »gottlosen Navarresen« eine Rolle, denen er grundsätzlich jedes Verbrechen zutraute. Auch die Predigt *Veneranda dies* warnt die Pilger ausdrücklich vor »schlechten Wirten ..., welche die Pilger mit zahllosen Betrügereien täuschen«. Die Tricks der Wirtsleute muten schon recht modern an. »Verdammt sind also die bösartigen Wirte des Jakobsweges die ... die Pilger ausnehmen. Manche gehen ihnen am Stadtrand entgegen und küssen sie, als ob sie ihre von weit angereisten Verwandten seien. Was tun sie weiterhin? Sie führen sie in ihre Häuser, versprechen ihnen alle guten Dinge und handeln schlecht«, weiß *Veneranda dies* mitzuteilen. Der deutsche Pilger Hermann Künig von Vach gab seinen Zeitgenossen Hinweise auf gute und schlechte Herbergen. Wenn er sagt, dass man sich auf einen Halt in Nájera freuen könne, so nimmt er aber das Spital des hl. Jakobus davon aus: »... da ist das Personal durchweg bösartig. Die Spitalfrau tut den Pilgern viele Gemeinheiten an, aber die Betten sind sehr gut«. Licht und Schatten in den Herbergen lagen oft dicht beieinander.

Ein Klassiker am Jakobsweg in Mirakelerzählungen wie auch in zahlreichen Bildgeschichten ist das heute meist in Santo Domingo de la Calzada angesiedelte »Hühnerwunder«. Noch immer werden im Querschiff der dortigen Kirche lebende Hühner gehalten, die bisweilen den Gottesdienst mit einem fröhlichen Gackern bereichern. Die weitverbreitete fromme Legende wird auch an anderen Orten, z. B. in Toulouse, angesiedelt. Die Handlung ist schnell erzählt, gewinnt aber ihren Reiz durch die Ausschmückung in den in ganz Europa anzutreffenden Bildzyklen von Italien und Oberbayern bis nach Portugal. Ein Pilgerpaar mit seinem Sohn kommt in eine Herberge, wo sich der Jüngling der erotischen Attacken der Wirtstochter erwehren muss. Er bleibt standhaft, die verschmähte Maid steckt ihm jedoch heimlich einen goldenen Becher ins Gepäck und bezichtigt ihn lauthals des Diebstahls. Der Richter am Ort macht kurzen Prozess und verurteilt ihn zum Tod am Galgen. Die traurigen Eltern ziehen weiter, klagen in Santiago dem Apostel ihr Leid und sind auf dem Rückweg baß erstaunt, den Sohn noch lebendig am Galgen hängend zu finden. Jakobus – nach anderer Version der hl. Dominikus – hatte ihn die ganze Zeit gehalten. Man eilt zum Richter, der gerade ein Huhn zu verspeisen gedenkt, um die Abnahme des Sohnes vom Galgen zu erreichen. Der Spott des Richters, der Sohn sei so tot wie die gebratenen Hühner, findet ein rasches Ende, als diese vom Teller davonfliegen. Nun werden die wahren Schuldigen ermittelt, die böse Wirtstochter wird gehenkt und die wieder vereinte Familie zieht glücklich weiter. Eine Legende, aber mit wahrem und warnendem Hintergrund. »Hüte dich vor bösen Wirten«, hieß die Botschaft, die den Pilgern an vielen Orten, im wahrsten Sinne des Wortes, vor Augen stand.

Mit Ausnahme des »Hühnerwunders« gibt es fast keine Bildwerke mit Darstellungen von unredlichen Wirtsleuten am Weg. Gegenüber den oben beschriebenen Sünden wider das Fleisch finden sich auch Skulpturen oder Malereien anderer von Menschen begangener Untaten an Kirchen oder öffentlichen Bauten entlang des Jakobsweges so gut wie nie. Auf manchen Kapitellen gibt es raufende oder streitende Gestalten. Das schwere Verbrechen des Mordes und des Totschlags wird fast ausschließlich am Beispiel der Geschichte von Kain, der seinen Bruder Abel erschlug, behandelt. Immerhin war hier die Strafandrohung klar: die Mühsal des Alltags und am Ende die ewige Verdammnis. Darüber hinaus war in dem schon bei geringem Anlass gewaltbereiten Mittelalter ein Totschlag oder überhaupt die Anwendung körperlicher Gewalt etwas Alltägliches. Die Untaten wurden hart und mit teilweise drakonischen und grausamen Strafen geahndet, aber sowohl nach Auffassung der Kirche wie der Gläubigen gehörten sie zum täglichen Leben wie der Auf- und der Untergang der Sonne.

Die sich ab dem 11. Jahrhundert zu einem europaweiten Phänomen entwickelnde Wallfahrt nach Santiago de Compostela bot allerdings der Sozialgemeinschaft eine Chance, Gewaltverbrecher sowohl zu eliminieren als auch auf den Weg der Buße zu führen. Die Wallfahrt nach Santiago war nicht selten die Auflage aus einem Gerichtsurteil, das den Täter vor die Wahl stellte, entweder auf dem Schafott oder am Galgen sein Leben zu beenden oder aber die beschwerliche und für das eigene Leben oft nicht ungefährliche Wallfahrt anzutreten. Eine solche Bußwallfahrt war alles andere als eine Vergnügungsreise. Eine Ausstattung mit Zehrgeld und Kleidung gab es nicht, allenfalls für die ersten Tage, um sicherzugehen, dass der Täter auch von dannen zog. Er hatte sich seinen Lebensunterhalt durch Betteln und Almosen zu beschaffen. Die Buße für eine Tötung leisteten nicht nur Mörder und Totschläger. In der *Vision des Bauern Gottschalk* von 1189/90 ist die Rede von einem Henker namens Winido, der nach der Hinrichtung eines Jungen von Gewissensbissen geplagt wird und sich deshalb freiwillig mit seiner Frau auf die Pilgerfahrt zur Schwelle des heiligen Jakobus begibt, um Buße für sein Handeln zu tun.

Die Delinquenten waren für alle, die ihnen begegneten, gekennzeichnet. Sie hatten ihre Handschellen und Ketten bis nach Santiago zu tragen, wenn ihnen nicht ein mildtätiger Schmied oder auch ein Gesinnungsgenosse half, die schweren Eisen vorzeitig loszuwerden. In manchen Kirchen findet man solche Ketten und Fesseln noch heute, entweder im Original als Votivgaben oder als Bildwerke. Auch wenn nicht immer klar ist, ob es sich bei diesen Fußeisen und Handschellen eventuell auch um Fesseln befreiter Gefangener und Sklaven, etwa aus dem muslimischen Herrschaftsbereich handelt, so dürfen wir davon ausgehen, dass Pilger in Ketten auf dem Jakobsweg ein nicht seltenes Bild waren. Die Gesellschaft, die diese Verbrecher auf den Weg nach Santiago de Compostela schickte, sah in dieser Maßnahme einen doppelten Vorteil. Zunächst wurde der Übeltäter aus der heimischen Stadt, der Dorfgemeinschaft ausgesondert und konnte so auf absehbare Zeit keinen Schaden mehr anrichten. Für die Kirche war es zugleich ein Handeln nach ihren eigenen Geboten. Der Täter bekam die Chance, durch die Mühsal der Wallfahrt Buße zu leisten und am Ziel der Reise einen Sündenablass und damit die erneute Chance zur Erlangung der ewigen Seligkeit zu bekommen. Es darf allerdings dabei nicht überse-

Ein »Muschelbruder« des
19. Jhs. aus Santa Marta de Tera.

hen werden, dass bei dieser Art der Buße dem Missbrauch Tor und Tür
geöffnet waren.

Manch einer mochte dabei, im doppelten Wortsinn, »auf der Strecke« bleiben. Ereilte ihn unterwegs der Tod, war die Gesellschaft auf
Dauer von dem Übeltäter befreit. Er hatte dann, fast in der Art eines
Gottesurteils, seine verdiente Strafe bekommen. Nicht wenige aber, die
beizeiten und nicht ohne die Hilfe von Gleichgesinnten ihrer Ketten
ledig wurden, machten fortan als Landstreicher und Straßenräuber die
Landstraßen und Pilgerwege unsicher. Als der Ritter Arnold von Harff
auf seiner ausgedehnten Pilgerreise 1496–1499 auf der Rückreise von
Santiago zwischen Léon und Burgos mit seiner Reisegesellschaft von
Straßenräubern überfallen und ausgeraubt wurde, könnten die Täter
durchaus aus der Gruppe der am Jakobsweg gestrandeten zwielichtigen Pseudopilger gekommen sein. Wie Harff berichtet, schreckten sie
auch vor Mord und Totschlag nicht zurück. Vor allem im späteren Mittelalter, vom 14. bis zum 16. Jahrhundert und noch bis in unsere Zeit
traf und trifft man derartige Existenzen auf den Strecken des Jakobsweges an. Von einem Pilger waren sie auf den ersten Blick kaum zu unter-

scheiden. Wie diese trugen sie einen Mantel, Hut, Stock und Pilgertasche, und natürlich deutlich sichtbar die Jakobsmuschel und weitere
Pilgerabzeichen, die ihnen in Klöstern und Herbergen Zugang und
Mahlzeiten verschafften. Dort konnten sie sich entweder schmarotzend
durchschlagen oder aber durch kleinere Diebstähle, Räuberei und
Gewalt die Pilger um Hab und Gut erleichtern, manchmal auch an Leib
und Leben schädigen. Man muss jedoch einräumen, dass der Über-
gang vom armen, vielleicht durch Unglücksfälle unterwegs verelende-
ten Pilger zum gewerbsmäßigen Gauner und Betrüger fließend war. In
einer Zeit, in der sporadische Almosen die einzige »Sozialhilfe« waren,
musste manch ein Pilger in Notsituationen, allein und ohne Sprachkenntnisse in einem fremden Land, einfach sehen, wo er blieb. Die von
der Moral, Recht und Religion gesetzten Grenzen wurden da zwangsläufig schnell überschritten.

Nach der Muschel, dem Abzeichen für Jakobspilger, das diese zwielichtigen Gestalten als Ausweis ihrer frommen Gesinnung mit sich
führten, wurden sie Muschelbrüder oder auch einfach Jakobsbrüder
genannt. Jost Ammann hat sie 1568 in seinem *Ständebuch* dargestellt,
ein Zeichen dafür, dass diese Art Pilger europaweit anzutreffen war.
Der beigefügte Text spricht für sich:

> Wir Jakobsbrüder mit grossem Hauffen
> Im Land sind hin und her gelauffen/
> Von Sant Jacob/ Ach und gen Rom
> Singen und betteln one Schom/
> Gleich anderen presthafften armen/
> Offt tut uns der Bettelstab erwarmen
> In Händen / alsdann wir es treibn
> Unser lebtag faul Bettler bleibn.

Natürlich hatten die Behörden ein waches Auge auf diese »Pilger«, die
sich zu einer regelrechten Landplage auswuchsen. Sie waren teilweise
bandenmäßig organisiert und machten nicht selten mit betrügerischen
Wirten und Fährleuten, denen sie unter Versprechungen arg- und hilf-
lose und oft der Landessprache nicht mächtige Pilger zuführten,
gemeinsame Sache. Entsprechend hart wurde durchgegriffen, wenn
sie als Landstreicher und Straßenräuber erkannt wurden. Da half dann
alle Tarnung, etwa als Krüppel oder Kranker, nichts mehr. Dann konnten diese Gestalten von Glück reden, wenn sie mit Prügeln oder Ver-
stümmelung davonkamen. Nicht selten beendeten sie ihr Leben am

nächsten Galgen. Die staatlichen und kommunalen Autoritäten versuchten durchaus, die Sicherheit der Pilger zu gewährleisten und sowohl die Räuber und Mörder wie auch die Kleinkriminellen dingfest zu machen. Oft aber konnte sich diese hoch mobile Gruppe ihrer Strafe entziehen. Die zahlreichen zu ihrer Bekämpfung erlassenen Gesetze und Vorschriften bezeugten wohl eher eine gute Absicht, als dass sie das Übel an der Wurzel fassten. Die mittelalterliche öffentliche Ordnung und die zwar barbarische, aber unzureichende Strafjustiz hatten oft das Nachsehen. Und so finden wir die Jakobs- oder Muschelbrüder noch bis an den Beginn des 20. Jahrhunderts auf den Wegen nach Rom und Santiago de Compostela.

Es geht heute friedlicher, harmloser zu auf den Jakobswegen. Aber die schiere Masse der Pilger, die Jahr für Jahr zu Hunderttausenden die Straßen und Wege Richtung Galizien bevölkern, bereitet auch heute Probleme. Die Pilgerstatistik benennt bei rund 40 Prozent der Wanderer deren Motive nicht oder nur unzureichend. Ein paar Kleinkriminelle und Taschendiebe werden sicher auch dabei sein. Das legt allein schon die allgemeine Kriminalitätsquote nahe. Die Masse der Pilger sieht sich jedoch anderen Problemen gegenüber, die auch die eigene Motivation betreffen.

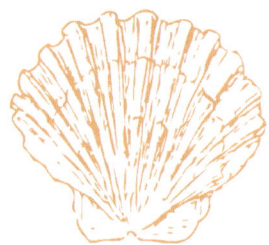

Sternenweg – Via Triumphalis – Leidensweg
Die Spiritualität der Wallfahrt
nach Santiago de Compostela

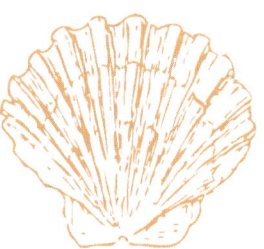

Die Pilgerfahrt auf dem Jakobsweg war von den Anfängen bis zum Ausgang des 20. Jahrhunderts fast ausschließlich vom christlichen Glauben
geprägt. Auch wenn schon seit Jahrhunderten Zweifel an der Authen-
tizität der Gebeine des »wahren Jakob« bestanden, minderte das die
Anziehungskraft des Jakobusgrabes zunächst nicht. Zwar endete die
Glanzzeit der mittelalterlichen Wallfahrt mit dem Ablauf des 15. Jahrhunderts, aber mit der Bildung des spanischen Kolonialreiches ab 1492
wuchsen dem Apostel Jakobus weit über die Iberische Halbinsel hinaus
neue Aufgaben und eine bis heute seine Grabstätte in Santiago aufsu-
chende Klientel zu. War der Heilige bis zum Abschluss der Reconquista
mit der Eroberung Granadas 1492 der Schutzheilige Spaniens und in
seiner militärischen Funktion der Matamoros, der Maurentöter, gewesen, so wurde er nun mit der aggressiven Ausdehnung des spanischen
Weltreiches in Süd- und Mittelamerika zum Schutzpatron der Kon-
quistadoren. Aus dem Matamoros wurde der Mataindios, der Indianer-
töter. Zeugnis dieser in weniger als einem Jahrhundert ablaufenden
Eroberungen sind die Ortsnamen. Allein in Spanien, Portugal und
Lateinamerika führen 49 Städte und Kantone den Ortsnamen Santiago,
außerdem zwei Flüsse. Drei weitere kommen auf den Philippinen
hinzu. Und nicht nur im Himmel, auch unter den Gestirnen ist der
hl. Jakobus vertreten. Der Asteroid 11335 führt den Namen »Santiago«.
  Beeinträchtigt wurde die Jakobuswallfahrt auch durch die Umwäl-
zungen der Frühen Neuzeit. Die Protestanten aller Richtungen lehnten
nach der Reformation Martin Luthers im frühen 16. Jahrhundert das
eng mit dem Ablasshandel verknüpfte Wallfahrtswesen ab. Für Luther
war die Pilgerfahrt ganz einfach Teufelswerk zur Täuschung der wahren Gläubigen, weshalb er mit deutlichen Worten von der Wallfahrt
nach Santiago de Compostela abriet. Auch das mit der Pilgerfahrt ver-
bundene Ablasswesen musste dem Reformator suspekt sein. Die Reli-
gionskriege in Deutschland und Frankreich, der Dreißigjährige Krieg,

der Spanische Erbfolgekrieg und endlich die Französische Revolution mit den ganz Europa erfassenden Kriegen Napoleons im Gefolge ließen die Wallfahrt zwar nicht enden, aber die Pilgerzahlen drastisch zurückgehen. Dennoch machten sich, wie Reiseberichte und zahlreiche Kirchen und Bildwerke aus dieser Zeit nachweisen, immer noch Pilger auf den langen Weg. Selbst im Spanischen Bürgerkrieg von 1936 bis 1939, als der Apostel Jakobus überdies von dem späteren Diktator Franco für seine Ziele instrumentalisiert wurde, suchten noch einzelne Pilger am Grab des Heiligen Beistand und Trost. Es bedurfte schon eines starken Glaubens, in solchen Zeiten die Pilgerfahrt anzutreten.

Christliche Pilger

Dieser starke Glaube ist auch heute noch unter einer großen Anzahl der Pilger, vor allem aber am Ziel in der Kathedrale von Santiago de Compostela anzutreffen. Selbst die Buße wird nicht vergessen. Die Beichtstühle im Langhaus der Kathedrale, in denen man in allen Weltsprachen um die Absolution nachsuchen kann, sind gut frequentiert. So ist es auch nicht erstaunlich, wenn man unter den Pilgern zahlreiche Kleriker und Mönche aus der ganzen Welt antrifft. In der neueren Literatur findet sich häufiger die Bemerkung, die Jakobswallfahrt habe sich seit dem 18. Jahrhundert »entspiritualisiert«, sei eine säkulare Veranstaltung geworden. Schaut man auf die Entwicklung mancher Orte an den Jakobswegen und auch in Santiago selbst, so ist dieser Eindruck sicher nicht falsch, er trifft aber eher für die Rahmenbedingungen der Pilgerfahrt als für die Motive der Pilger selbst zu. Diese bedürfen einer genaueren und differenzierenden Betrachtung. Es gibt in der Literatur, in Briefen und persönlichen Mitteilungen, vor allem aber im Internet zahlreiche Belege dafür, dass ein Pilger, der sich beim Start gerade noch vage an seinen Taufschein erinnern mochte, Santiago als gläubiger Mensch wieder verließ.

Es sind weniger die Rituale der katholischen Amtskirche, die den christlichen Glauben vieler Pilger heute wieder bestärken. Natürlich ist ein feierliches Hochamt in der Kathedrale mit Kerzenlicht, Gesängen und Weihrauch ein beeindruckendes Ereignis. Die katholische Kirche versteht es seit 2000 Jahren und mehr noch seit dem Tridentiner Konzil im 16. Jahrhundert, sich perfekt zu inszenieren. Auch das Schwingen des Botafumeiro, des riesigen Räuchergefäßes, welches Chor und Querschiff vollständig mit dem intensiven Geruch des Weihrauchs zu erfüllen vermag, bleibt nicht ohne Wirkung. In der Kathedrale wird auch den Sinnen der Pilger einiges geboten. Doch das sind Äußerlichkeiten. Die Menschenmassen, die sich seit der Jahrtausendwende auf dem Jakobsweg drängen, haben inzwischen auch die Kirchenfunktionäre wahrgenommen. Wo sich viele Jahrhunderte lang kein Papst in Santiago blicken ließ, bemerkt man seit dem ersten Besuch Johannes Pauls II. 1982, dem ein weiterer zum IV. Weltjugendtag 1989 folgte, dass sich die römischen Oberhirten die Chance nicht entgehen lassen wollen, den dort in großer Zahl anwesenden Menschen direkt ihre Botschaft zu vermitteln. Papst Benedikt XVI. folgte seinem Beispiel 2010.

Beide Jahre, 1982 und 2010, waren »Heilige Compostelanische Jahre«, d.h. Jahre, in denen der Festtag des Apostels Jakobus am 25. Juli auf einen Sonntag fällt. Das Privileg für die Abhaltung der Heiligen Jahre wurde, so heißt es, angeblich mit der Bulle *Regis aeternae* von Papst Alexander III. im Jahr 1179 auf der Grundlage älterer, von Papst Calixtus II. ausgefertigter Privilegien, also in der Zeit von Erzbischof Diego II. Gelmirez, erteilt. In diesen Jahren schwillt der Pilger- und Besucherstrom in Santiago de Compostela gewaltig an. Nur dann ist die Heilige Pforte am Chorhaupt geöffnet und die Gläubigen haben die Gelegenheit, sofern sie beichten, die Messe in der Kathedrale hören und die Eucharistie empfangen, einen vollkommenen Ablass zu erhalten. Die Zahlen sind auf den ersten Blick beeindruckend. Waren es im Jahr des ersten Papstbesuches 1982 noch 4 Millionen Besucher, die im heiligen Jahr die Kathedrale aufsuchten, so kamen im »Heiligen Compostelanischen Jahr« 2004 schon rund 12 Millionen und zum Besuch von Benedikt XVI. 2010 immerhin mehr als 9 Millionen. Die Zählmethoden des Domkapitels sind allerdings fragwürdig. Gezählt wird jeder, der die Heilige Pforte durchschreitet. Wer also an einem oder mehreren Tagen des Öfteren diesen Zugang zum Apostelgrab wählt, wird gleich mehrfach gezählt. Auch die Zahl der gegen Spenden ausgeteilten Heiligenbildchen und die Zahl derer, welche in diesem Zeitraum die Kommunion empfingen, erscheinen als statistische Grundlage etwas schwach. Gleichwohl, in den »Heiligen Compostelanischen Jahren« vervielfacht sich die Zahl der Besucher in Santiago. Die Wirte und Hoteliers freuen sich.

Die wahre Spiritualität der Pilgerfahrt nach Santiago erschließt sich dem gläubigen Pilger jedoch weniger im Rummel rund um das Apostelgrab, sondern auf andere Weise. Gewiss wird er beim Eintritt in die Kathedrale irgendwann am Pórtico de la Gloria seine Finger in die abgegriffene Höhlung unter der Statue des hl. Jakobus legen. Er wird auch dem Grab des Apostels in der Krypta oder eine Ebene höher hinter dem Hochaltar seinen Besuch abstatten und, ungeachtet der drängenden Menschenmassen, die Atmosphäre dieser einzigartigen Kathedrale auf sich wirken lassen. Der durch die christliche Botschaft vermittelte Glaube wurde jedoch meist schon vorher gelebt. Für einen christlichen Pilger ist das Wandern Gottesdienst. Er bewegt sich in der freien Natur, in Gottes Schöpfung, und hat Gelegenheit, sich in den vielen Kirchen und Kapellen am Weg mit Zeugen und Zeugnissen des Glaubens auseinanderzusetzen. Gerade die lange Dauer der Wanderung gibt dem Pilger die Möglichkeit, über sich und sein Verhältnis zum christlichen Glauben nachzudenken. Gespräche mit anderen Pilgern unterwegs und in den Herbergen tragen ebenfalls zu einer Vertiefung dieser Gedanken bei. Doch das gilt nicht nur für die gläubigen Christen auf dem Jakobsweg.

Selbsterfahrung

Die Motive, auf dem Jakobsweg zu wandern, sind so vielfältig wie die Menschen, die dieses Vorhaben in die Tat umsetzen. Der christliche Glaube liefert, ungeachtet des christlichen Ursprungs der Wallfahrt, nur einige von mehreren Gründen. Nicht wenige wissen beim Start noch gar nicht genau, was sie auf dem Jakobsweg eigentlich wollen, welches Ziel sie verfolgen. Für manche ist es einfach nur einmal »etwas anderes«, eine Art Urlaub fern von Strand, Ballermann oder bayerischen Alpen. Andere wurden von Freunden und Bekannten direkt überredet oder durch deren Erzählungen angeregt, so etwas auch mal zu versuchen. Zu den stärksten Anregern gehört mit Sicherheit das Internet, in dem viele Pilger ihre persönlichen Motive und Erfahrungen weltweit verbreiten. Auch die in ihrer Zahl stark angeschwollene Literatur zu Kunst und Kultur des Jakobsweges veranlasst viele, diesen Teil des Weltkulturerbes einmal aus eigener Anschauung und eigenem Erleben kennenzulernen. Bücher von prominenten Autoren tun ein Übriges. Es ist unstrittig, dass die Bestseller von Shirley MacLaine 2001 und Hape Kerkeling 2006 allein Hunderttausende auf den Weg gebracht haben. Die Deutsche St. Jakobus-Gesellschaft spricht vom »Kerkeling-Effekt«. Auch der Autor Paulo Coelho vermarktete seine Wanderung auf dem Jakobsweg 1986 als Erweckungserlebnis. Aber wer immer zum ersten Mal seine Schritte für mehr als ein paar Tage auf den Jakobsweg lenkte, der wusste vorher eigentlich nicht, was ihn tatsächlich erwartete.

Dabei geht es gar nicht so sehr um die praktische und organisatorische Vorbereitung und Gestaltung der Reise. Hierzu kann man sich in Reiseführern und im Internet jede Menge Ratschläge holen. Was dort häufig versucht wird, ist, eine mentale Einstellung zum Jakobsweg zu vermitteln, ein Vorhaben, das meist danebengeht. Jeder muss sich dem Jakobsweg auf seine Weise annähern, muss seine eigene Einstellung zur Pilgerfahrt entwickeln. Die Erfahrungen anderer aufzunehmen mag sinnvoll sein, diese können jedoch die Reflexion über das eigene Denken und Handeln nicht ersetzen. Die ersten Tage auf dem Jakobsweg sind noch weit entfernt von religiösem Hochgefühl oder gar Selbstfindung. Wer sein Leben im Büro, an der Drehbank oder zwischen drängenden Terminen, als Handwerker, Lehrer oder als Dienstleister verbringt, wer Familie, Freunde und Verwandte für eine Weile hinter sich lassen will, muss sich in den Tagesablauf auf dem Jakobsweg erst einmal einfinden. Die so sehnlichst erhoffte Befreiung vom Alltag muss angesichts der ersten Misshelligkeiten, von Blasen und Gliederschmerzen, der Eingewöhnung in eine fremde Umgebung, zunächst einmal warten. Es mag schon am ersten Tag sehr beglückend sein, von Roncesvalles durch die schönen Pyrenäenwälder Richtung Pamplona zu laufen, aber das ändert sich schnell, wenn man abends bei der Quartiersuche feststellt, dass die Betten im ersten Refugio schon alle belegt sind. Gerade zu Beginn fordert der Jakobsweg vom ahnungslosen Pilger vor allem eines: Zeit und Geduld.

Kurz hinter der Pilgerherberge von Roncesvalles verkündet ein großes Schild dem Pilger die Geschäftsordnung für die kommenden Tage und Wochen: »Santiago de Compostela 790« (km). So manch einem Wanderer fällt da zum ersten Mal das Herz in die Hosen. Das zieht sich. Unter vier Wochen ist da nichts zu machen, und auch dann sind es zu Fuß fast 30 Kilometer pro Tag. Aber schon nach wenigen Tagen, spätestens nach dem Alto de Perdón hinter Pamplona, wenn der Weg durch eine freundliche Hügellandschaft in die Rioja führt, wird man eine erstaunliche Erfahrung machen. Das Verhältnis zu Zeit und Raum verändert sich. Zwar fordert auch ein Tag auf dem Jakobsweg ein gewisses Maß an Zeitplanung. Das zeitige Aufstehen in den Refugios wird zur Regel, denn zwischen sechs und sieben Uhr sollte man auf dem Weg sein. Gegen neun Uhr schließt die Herberge ohnehin. Am Abend muss man sich daran gewöhnen, dass um zehn Uhr das Licht gelöscht wird, Schlafenszeit. Und das in Spanien, wo es im Sommerhalbjahr meist vor 21.30 Uhr in den Restaurants nichts zu essen gibt. Aber der Tagesablauf hat nichts mehr mit Büroarbeit und Stechuhr zu tun. Man ist jetzt allein, selbst wenn man mit Freunden in einer Gruppe wandert oder sich zeitweilig einem anderen Pilger anschließt. Zögernd zunächst, dann immer bewusster weitet sich der Raum, in dem man sich nun bewegt. Im Laufen hat man bald einen eigenen gleichmäßigen Rhythmus gefunden, der es erlaubt, seine Sinne weg vom Weg auf die umgebende Landschaft zu richten.

Es ist eine neue, für viele vorher nie gekannte Erfahrung. Wann hat man zuvor schon einmal einen ganzen Tag im Freien verbracht? Allenfalls am Wochenende, bei einer Tageswanderung. Und nun ist man Tag für Tag draußen, in der freien Natur, ohne jeglichen Zwang, allenfalls mit dem fernen Ziel vor Augen, das aber gerade wegen der zeitlichen und räumlichen Entfernung noch keine konkrete Gestalt annimmt. Es zählt nur das Hier und Jetzt. Das ist eine neue Raumerfahrung, die in unserer durchorganisierten Welt kaum noch zu machen ist. Gerade indem man die Räume zu Fuß durchquert, bekommt man langsam wieder ein Gefühl für die Landschaft und ihre Eigenheiten. Wo man sonst eine Distanz in fünfzehn Autominuten hinter sich lässt, verbringt man nun einen ganzen Tag. Obwohl man sich meistens vorwärtsbewegt, hat man nun Zeit, seine Umgebung mit allen Sinnen wahrzunehmen. Wälder und Felder haben einen eigenen Geruch, Gewässer plätschern oder rauschen, auch der Wind pfeift seine eigenen Melodien. Wann hat man in einem Auto schon mal einen Vogel singen gehört?

Die Wegstrecken sind keineswegs eintönig. Gerade die spanischen Wegabschnitte bieten vom Hochgebirge der Pyrenäen bis zu den Stränden und Felsenküsten am Kap Finisterre alle Landschaftstypen. Man hat versucht, die verschiedenen Landschaften mit geistigen Inhalten zu füllen: Navarra mit der Vergebung der Sünden, wobei manch einer an den von Weitem schon Furcht erregenden Alto de Perdón hinter Pamplona oder auch an die Strecke vom Somport-Pass nach Jaca gedacht haben mag. Die nur auf den ersten Blick eintönige und im Sommer glühend heiße kastilische Meseta, auf der es zwischen Léon und Astorga 40 Kilometer entlang einer staubigen Landstraße immer nur geradeaus geht, lässt den Pilger klein und demütig werden. Mehr als auf manchen Bergstrecken wird hier der Weg zur Mühsal. Die Aufstiege zum Cruz de Ferro im Irago mit den fast immer von Schnee bedeckten Bergen der Montes Aquilanos zur Linken und zum Cebreiro werden von nicht wenigen – und das zu Recht – als Passion empfunden, während man in den grünen und immer regenfeuchten Hügeln Galiziens die Hitze hinter sich lässt und schon die Vorfreude auf das Ziel in Santiago verspürt. Man muss kein Christ sein, wenn man diese letzten Kilometer mit einer Art Auferstehung verbindet. Wer es profaner liebt, wird von der Höhe zwischen Castrojeriz und Frómista die unendliche Weite der kastilischen Landschaft genießen oder im Kastanienwald oberhalb von Trabadelo im Valcarce sich bei einer Frühstücksrast ein Stück Brot, Käse und etwas Obst gönnen. Es sind dies Augenblicke, in denen sich die Begegnung mit dem Apostel Jakobus auf ein Zitat aus der Verklärung am Berg Tabor reduziert: »... es ist gut, dass wir hier sind. Wir wollen drei Hütten bauen ...« (Mk. 9,5). Man möchte bleiben, den Augenblick, die Umgebung nicht gleich schon wieder hinter sich lassen.

Mit der Raumerfahrung ist nach einigen Tagen die veränderte Wahrnehmung der Zeit verbunden. Diese ist nun nicht mehr der Zwischenraum zwischen zwei Terminen, zwischen Frühstück und Mittagessen, sondern sie erstreckt sich kontinuierlich über einen ganzen Tag. Gleich, ob man langsam oder schnell geht, die Zeit läuft langsam und gleichmäßig mit einem mit. Sicher ist die Art und Weise der Fortbewegung verschieden. Der eine geht schnell, der andere langsam, dieser hält regelmäßig für eine Pause inne, jener liebt es, die Strecke gleichmäßig in einem Zug zurückzulegen. Aber die Zeit drängt nicht, fordert nichts, sie läuft Tag für Tag in gleichmäßiger Weise ab. Der Jakobsweg bietet eine einmalige Gelegenheit, eine neue Einstellung gegenüber der Zeit zu gewinnen. Mit einem schlichten Vorsatz, in Zukunft »etwas kürzer zu treten«, Stress durch eine vernünftigere Zeiteinteilung abzubauen, ist es nicht getan. Das muss erfahren, eingeübt und verinnerlicht werden. Gerade für diesen Lern- und Eingewöhnungsprozess bieten einige Wochen auf dem Jakobsweg die besten Voraussetzungen. Eine Strecke zu Fuß zurückzulegen heißt, den ganzen Tag zu entschleunigen. Ganz gleich, wie schnell der Wanderer sich fortbewegt, wie viele Pausen er macht, er wird im Schnitt zwischen drei und fünf Kilometer in der Stunde, 20 bis 30 pro Tag zurücklegen. Das Ergebnis ist die Erfahrung einer neuen Kultur der Langsamkeit, wobei der Begriff der »Kultur« am Jakobsweg wörtlich verstanden werden kann, und eine entspannte Langsamkeit im Tagesrhythmus als Zugabe gratis hinzugegeben wird.

Merkwürdige, lange nicht oder nie gekannte Gedanken kommen auf. Wie gut ist es, Zeit zu haben. Selbst ein drohend heraufziehender Regen hat kaum Einfluss auf den endlich gefundenen Rhythmus der Fortbewegung. Soll es doch regnen. Das ist in einem vielfach von Trockenheit geplagten Land ein Segen, zumindest aber eine angenehme und erfrischende Abwechslung. Der Weg ist ohnehin vorbestimmt. Der befreiende Genuss der Zeit wird deutlich, wenn man einmal eine Wegemarkierung übersieht, wenn man sich verirrt. Da sind diejenigen, die heute mit Navigationssystemen verkabelt nach Plan, nach *Zeit*plan, ihre Strecken abspulen, doch sehr zu bedauern. Man betritt unbekannte, nicht vorhergesehene Räume, man braucht Zeit, sich neu zu orientieren; statt sich zu ärgern, kann man den unverhofften Zugewinn genießen. Das nächste Refugio? Komm ich heute nicht, komm ich halt morgen. Ein Bauer am Weg, eine Frau im Dorfladen oder im Café werden schon weiterhelfen. Nur keine Hast.

Das Wandern auf dem Jakobsweg bietet die einzigartige Gelegenheit, wenigstens für eine Weile aus der gewohnten Umgebung und den festgefügten Zeitabläufen herauszutreten, den Arbeitsalltag, ja sogar Familie und Freunde weit hinter sich zu lassen. Mit jedem Schritt, mit jedem Tag entfernt der Pilger sich weiter von seinem bisherigen Lebensumfeld, verspürt eine »Freiheit«, von deren Existenz und Möglichkeiten er nie eine Vorstellung hatte. Bei manchen kommt dann während des Laufens regelrechte Euphorie auf, andere genießen einfach still dieses Glücksgefühl des Abstandes zwischen sich und der Alltagswelt. »Ich bin dann mal weg«, hat Hape Kerkeling mit Blick auf solche Gefühle seinen Bestseller betitelt. Ich bin »draußen«, diesen Eindruck wird der Wanderer auf einem einsamen Feldweg oder beim Durchqueren eines wie ausgestorben erscheinenden Dorfes verinnerlichen. Es ist natürlich eine geistige Freiheit auf Zeit, aber eine Gelegenheit, innezuhalten, zu sich selbst zu finden, Kraft zu schöpfen. Es ist ein Urlaub vom Alltag, und wie in einem richtigen Urlaub bedeutet das Abschalten und Erholung. Der Kopf wird endlich einmal frei. Irgendwann wird man wieder in den bisherigen alltäglichen Lebensrhythmus zurückkehren, aber mit neuen Erfahrungen, mit erweitertem Bewusstsein, vielleicht sogar mit dem Willen, sein Leben neu zu gestalten.

Überhaupt die Alltagserfahrungen. Das beginnt bei den eigenen Bedürfnissen. Es ist schon erstaunlich, wie wenig man braucht, um glücklich und zufrieden zu sein. Einzelzimmer mit Bad und WC? Die Mindeststandards werden radikal abgesenkt. Geduscht wird nachmittags nach der Ankunft im Refugio. Das erspart das Schlangestehen am Abend oder am frühen Morgen. Mit 20 oder 30 Leuten in einem Schlafsaal? Das ist schon bald kein Problem mehr. Das Schnarchen und Furzen der anderen wird zur gewohnten Begleitmusik. Die Hauptsache ist, man hat ein Bett, aber auch eine Matratze auf dem Fußboden oder ein Haufen Stroh in einer Scheune sind schon eine Wohltat. Warmes Drei-Gänge-Menü? Wer um 22 Uhr im Bett liegen muss, hat in Spanien keine Chance. Es ist unglaublich, wie bescheiden eine gute Mahlzeit sein kann. Ein Kanten Brot, ein Stück Käse oder Wurst, eine

Tomate oder ein Stück Obst. Mehr braucht man nicht an einem langen Tag. Und natürlich Wasser, reines, klares Wasser. Man bekommt es an Brunnen, in der nächsten Bar oder auch an einer Haustür, wenn man klopft und freundlich fragt. Die Flasche muss immer voll sein, sonst übersteht man die Strecke nicht. Und wenn man sich etwas Besonderes gönnen will, dann leistet man sich einen Zumo, frisch gepressten Orangensaft. Da ist der Luxus aber schon fast auf die Spitze getrieben. Nicht dass es kein warmes Essen am Weg gäbe. Die Wirte freuen sich über jeden, der bei ihnen einkehrt. Und auch ein Asket bekommt einmal Appetit. Aber notwendig ist es nicht, manchmal sogar lästig, wenn man zu den landesüblichen Zeiten ein Lokal aufsuchen muss, obwohl es draußen viel schöner ist. Das Verblassen scheinbar so notwendiger Dinge des Alltags befreit; weniger Körper, mehr Geist, mehr Genuss. Die Qualitäten am Jakobsweg sind andere, und sie sind ohne große Mühe zu erlangen.

Esoterik

Wer Gott als Begleiter auf dem Jakobsweg nicht bei sich haben will, wer nicht auf dem Weg zum Ziel zu ihm findet, dem eröffnen sich heute andere geistige Räume, die den Jakobsweg zum inneren Erlebnis werden lassen. Die Orientierung in diesen Räumen ist jedoch alles andere als einfach. Einerseits wollen sich viele nicht mehr ausschließlich von der christlichen Heilsbotschaft und den Dogmen der katholischen Kirche leiten lassen, andererseits ist die Gottsuche jenseits der etablierten »Buchreligionen« vielen Pilgern immer noch ein Bedürfnis. Der Jakobsweg dient heute zahlreichen Menschen dazu, über eine individuelle Selbsterfahrung zu einem Bewusstseinszustand zu gelangen, der den Gedanken an ein höheres Wesen, das jenseits der von den Naturwissenschaften gesetzten Grenzen existiert, zulässt. Diese Bestrebungen münden heute in eine »esoterisch« genannte Weltanschauung ein, die viele Elemente älterer Religionen, der Philosophie, der Psychologie, der Biologie und der Physik, aber auch ganz persönliche Ansichten in einem bunten Konglomerat vereint, wobei die daraus resultierenden Teilströmungen durchaus nicht ohne Widersprüche sind.

Die Regale in den Buchhandlungen biegen sich mittlerweile unter den Büchern, welche die Esoterik zum Thema haben. Auch zum Thema Jakobsweg gibt es zahlreiche Publikationen mit esoterischem Hintergrund, ohne dass indessen so recht klar wird, welchen Bezug das

Thema Jakobsweg zur Esoterik überhaupt hat. Man sollte das Problem allerdings nicht gering schätzen. Unter den Hunderttausenden, die heute alljährlich die Jakobswege bevölkern, sind die glaubensstarken Christen eine Minderheit. Am anderen Ende des Spektrums bilden aber auch diejenigen, die aus rein sportlichen Gründen oder um eines Eventtourismus willen den langen Weg auf sich nehmen, keine Mehrheit. Dazwischen trifft man auf eine scheinbar ungeformte Masse, die aber für die geistigen Herausforderungen des Jakobsweges sehr empfänglich ist. Diese Pilger vermögen sich, vor allem wenn sie den Jakobsweg zum ersten Mal als Wanderer erleben, anfangs nur selten zu artikulieren. Sie geben sich ohne Vorbehalte dem Erlebnis dieser Wochen, der eigenen Körpererfahrung in einer bisher so nicht gekannten Situation, dem befreienden Gefühl, vollständig aus dem Alltag herausgetreten zu sein, dem neuen Empfinden von Natur, Zeit und Raum, aber auch den zahlreichen religiösen Anregungen am Weg mit Begeisterung hin. Hinzu tritt noch das Gemeinschaftserlebnis, die tägliche Begegnung mit Menschen aus allen Kulturkreisen und Altersgruppen und der Gedankenaustausch, der weit über die kleinen Sorgen des Alltags hinaus hin zu der Frage führt, warum man als eigentlich nicht religiöser Mensch eine solche Pilgerfahrt überhaupt unternimmt.

Dieser Rechtfertigungsdruck sich selbst und anderen gegenüber ist nicht zu unterschätzen. Schließlich sind die Strapazen, nicht selten auch die Leiden, die ein Pilger vor dem Erreichen des Zieles auf sich nimmt, nicht gering. Eine solche Pilgerreise muss einfach einen Sinn machen, sonst besteht die Gefahr, Zeit vergeudet zu haben, vielleicht gar, dass sich die positiven Eindrücke, die man am Weg aufgenommen hat, am Ziel in Enttäuschung und ein Gefühl der inneren Leere verwandeln. Die Hinwendung zu esoterischem Gedankengut ist, gerade weil Logik und eine naturwissenschaftliche Betrachtungsweise hier nicht gefragt sind, auch eine Flucht in eine Spiritualität, die den Hoffnungen und Sehnsüchten des Individuums jenseits der etablierten Religionen viele Türen zur Erlangung eines seelischen Gleichgewichts offen hält. Die Anleihen bei den »alten« Religionen der großen Glaubensgemeinschaften sind gleichwohl sehr zahlreich. Einen genau umschriebenen Gottesbegriff gibt es zwar nicht, Gott ist kein personifiziertes Wesen, sondern Göttlichkeit wird als eine lebendige kosmische Wesenheit, eine »höchste Schwingung« oder auch – in Anlehnung an christliches Gedankengut –, als die vollkommene Liebe aufgefasst. Gott wird nach Paulo Coelho als *anima mundi*, als Weltenseele, die sich im Kosmos oder in seiner Schöpfung personifiziert, angesehen. Die christliche Vorstellung vom ewigen Leben wird unter Verarbeitung buddhistischer Vorstellungen als Reinkarnation, als permanente Wiedergeburt gedacht, wodurch letztlich über viele einzelne Schritte eine bessere Welt entstehen werde. Dieser optimistische, auf dem Prinzip Hoffnung basierende Glaube wird angereichert durch zahlreiche heterogene und bisweilen widersprüchliche Ideen aus den Bereichen Magie, Astrologie, Geomantie, Okkultismus und alternative Medizin. Wesentlich ist, dass all diese Ideen im Menschen nach innen wirken und nicht inhaltsleer in äußeren Ritualen wie in vielen alten Religionen praktiziert werden. Die intensive Raum-, Zeit- und Naturerfahrung auf dem Jakobsweg ist einer solchen Einstellung zweifellos förderlich.

Wer sich mit esoterischem Hintergrund auf den Jakobsweg begibt, ist in der Regel kein Feind der Kirche. Auch für diese Pilger ist es fast selbstverständlich, nach der Ankunft in der Kathedrale von Santiago die Messe zu hören und sich auf dem Pilgerbüro die Urkunde mit der Bescheinigung der Pilgerfahrt zu holen. Die obligatorische Frage, ob man die Pilgerfahrt aus religiösen Gründen angetreten habe, können auch Esoteriker, ohne von der Wahrheit abzuweichen, mit »Ja« beantworten. Nicht zuletzt deshalb wurden die Anforderungen für die Ausstellung der Urkunde in den letzten Jahrzehnten erheblich abgesenkt. Das Domkapitel von Santiago will, wie in mehr als tausend Jahren zuvor, seine zahlungskräftige Klientel nicht ohne Not verprellen. Wallfahrten sind nach wie vor für alle Beteiligten ein gutes Geschäft.

Man mag zu einer esoterischen Einstellung stehen, wie man will. Man sollte aber Pilger, die sich spirituell in einer derartigen Gedankenwelt bewegen, nicht gering schätzen. Gewiss mutet manches kurios oder unsinnig an, etwa wenn Shirley MacLaine einen intensiven Dialog mit ihrem Wanderstock pflegt. Es sind zumeist Menschen, die in einer sehr schnelllebigen und orientierungslosen Zeit einen Halt suchen. Der Weg nach Santiago gibt vielen von ihnen neue Kraft, hat für manche den Wert einer Therapie, wie sie bei anderen Pilgerfahrten und Wallfahrtsorten als Hilfe nicht angeboten werden kann. Genau dieses Faktum macht den besonderen Wert der Jakobswallfahrt aus. Lourdes und Fatima mögen weiterhin Wallfahrtsorte sein, an denen die Menschen sich Heilung und Linderung von ganz konkreten Leiden und Gebrechen erhoffen. Jerusalem und Rom wiederum, mit denen sich Santiago de Compostela seit dem Mittelalter auf Augenhöhe sieht, mit denen die Stadt auch wieder in der Zahl der jährlichen Pilger mithalten kann, sind die Stätten, von denen das Christentum seinen Ausgang nahm. Es gilt, noch einmal den Blick auf diese drei Pilgerziele zu werfen.

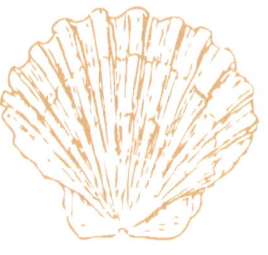

Santiago – Rom – Jerusalem
Die Konkurrenz der Wallfahrtsziele

Am 7. November 1496 trat der vom Niederrhein stammende Ritter Arnold von Harff eine dreijährige Pilgerreise an, die ihn nach Rom, Jerusalem und Santiago de Compostela führen sollte. Ein langer und selbstbewusster Bericht aus seiner Feder dokumentiert den Reiseverlauf und lässt Einblicke zu, warum er gerade diese Orte aufsuchen wollte. Die Auswahl der Ziele war nicht zufällig. Jerusalem und das Heilige Land waren eindeutig die wichtigsten Ziele auf seiner Reise, denn hier hatte Christus gelebt und war am Kreuz gestorben. Unter den drei Wallfahrtsorten konnte Jerusalem jederzeit den ersten Rang beanspruchen. Rom, die Stadt, in der die Apostelfürsten Petrus und Paulus das Martyrium erlitten und ihre letzte Ruhestätte gefunden hatten, belegte in der Hierarchie der christlichen Pilgerziele eindeutig den zweiten Rang. Hier residierte mit dem Papst das Oberhaupt der abendländischen Christenheit, eine Tatsache, die im Mittelalter allein schon den Besuch in der »Ewigen Stadt« rechtfertigte. Da Arnold von Harff auf seiner langen Reise viel Energie darauf verwandte, Ablässe jeder Art und mit dem geistlichen Segen beglaubigte Ritterschläge zu bekommen, war er in Rom an der richtigen Adresse. Ohne den Pilgersegen Papst Alexanders VI. für seine Pilgerfahrt wäre ihm mancher Ablass verwehrt geblieben. Dass Arnold von Harff von Jerusalem aus noch zum anderen Ende der Welt nach Santiago de Compostela reiste, zeigt, dass die Grablege des Apostels Jakobus unter den führenden Wallfahrtsorten des Mittelalters unangefochten den dritten Platz einnahm. Im Gegensatz zum Heiligen Land und zu Rom, wo es jeweils zahlreiche Gedenkorte, Grablegen und Reliquien zu verehren galt, hatte Santiago außer den Gebeinen des Apostels selbst nur die wenigen weiteren Reliquien zu bieten, die seit Diego Gelmirez' Zeiten das Apostelgrab umgaben. Schon allein aus diesem Grund ist es erstaunlich, wie sich Santiago neben Jerusalem und Rom und vor allen anderen Pilgerzielen behaupten konnte.

Arnold von Harff – Etappen einer Pilgerfahrt

Rom war für Arnold von Harff das erste wichtige Ziel auf seiner Reise. Im Wesentlichen benutzte er die klassische Pilgerroute der *Via Francigena*, es gab aber da, wo er besondere Interessen hatte, wichtige Abweichungen. So wandte er sich von Verona zunächst nach Bologna, von Florenz wiederum nahm er den Umweg über Pisa, ehe er dann über Siena nach Rom gelangte. Dort besuchte und besichtigte er neben den sieben obligatorischen Pilgerkirchen zahlreiche weitere Gotteshäuser und vergaß nicht, die vielen erworbenen Ablässe zu vermerken, die sich allein in Rom auf mehr als 80 000 Jahre summierten. Arnold von Harff war ein Kind seiner Zeit, noch stark der Glaubenswelt des Mittelalters verhaftet, aber kritisch und eigenständig genug, um Fehlentwicklungen und offenkundige Missstände, gerade in der Kirche, zu erkennen. Der gebildete Edelmann besaß aber auch die Zurückhaltung und die Klugheit, zu den drei Söhnen und der Tochter von Papst Alexander VI. nur einen knappen Kommentar abzugeben: »davon wäre viel zu schreiben, was christlichen Leuten nicht bekannt sein sollte«. Er sah den römischen Pontifex zwar mit kritischen Augen, wollte es sich mit ihm aber auch nicht verderben.

Von Rom zog er nach Venedig und schiffte sich dort zur ägyptischen Metropole Alexandria ein. Wieder folgten Abstecher, in das mameluckische Kairo und in das Katharinenkloster am Berg Sinai. Die in seinem Bericht geschilderten Reisen ins Innere Arabiens, nach Mekka und sogar nach Äthiopien hat Arnold von Harff in Wahrheit nie unternommen. Seine Informationen über diese Weltgegenden übernahm er aus fantastischen Länder- und Reisebeschreibungen, wie sie etwa von John Mandeville und Bernhard von Breydenbach, aber auch von älteren Autoren wie Aristoteles, Plinius d. Ä., Isidor von Sevilla und Hrabanus Maurus vorgelegt worden waren. Nicht alles, was er berichtete, hatte er selbst erlebt. Immerhin hatte er in Köln studiert und verfügte außer dem Latein noch über weitere Sprachkenntnisse. Den Wahrheitsgehalt seiner Reisebeschreibung relativierte er allerdings dadurch, dass er ganz unbefangen mitteilt: »eyn schone loegen tzeirt wael eyn reeden« (eine schöne Lüge ziert wohl eine Rede). Für seine Erlebnisse in den Städten Rom, Jerusalem und Santiago dürfte dies nur wenig zutreffen, auch wenn er für Rom die *Mirabiliae Urbis Romae* (die Wunder der Stadt Rom) und für seine Santiago-Strecke die Reisebeschreibung des Hermann Künig von Vach ausgiebig zurate gezogen hat.

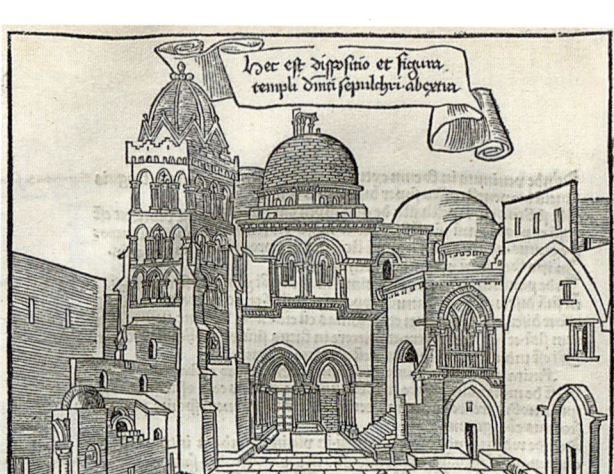

Die Grabeskirche in
Jerusalem, wie Arndd
von Harff sie sah.
Bernhard von Breyden-
bach: Peregrinatio
in terram sanctam.
Erhard Reuwich;
Mainz 1486

Auch wenn Arnold von Harff bei der Beschreibung Jerusalems weitere Quellen herangezogen hat, kann man nach seinem Bericht zweifellos davon ausgehen, dass er die von ihm aufgeführten Stätten in der
Stadt selbst in Augenschein genommen hat. Das geht sehr deutlich aus
der Beschreibung des Felsendomes hervor, den er, als er auf der Tem-
pelterrasse stand, als den Tempel Salomos bezeichnet. Sein Hauptaugenmerk galt jedoch den heiligen Stätten, an denen Jesus und weitere
Persönlichkeiten aus dem Alten und dem Neuen Testament gewirkt
hatten. Wiederum fällt sein eifriges Bestreben auf, Ablässe zu erhalten.
Im Gegensatz zu seinen Aufenthalten in Rom oder in Santiago äußerte
er in Jerusalem an keiner Stelle Kritik an der Überlieferung zu den
heiligen Stätten. Diese standen für ihn außerhalb jeder Diskussion.
Das wird besonders deutlich bei der Erwähnung des Kirchleins mit der
Stätte, »... wo St. Jakob dem Älteren das Haupt auf Geheiß des Königs
Herodes abgeschlagen wurde«. Kein Wort darüber, ob der Apostel nicht
vielleicht nahe der Stätte seines Martyriums bestattet sei. Immerhin
wird Arnold von Harff schon bald am Grab des Apostels in der Kathedrale von Santiago ernste Zweifel anmelden, ob der »wahre Jakob«
nicht doch in Toulouse seine letzte Ruhe gefunden habe. Die Krönung
seines Jerusalem-Aufenthaltes war für ihn am Heiligen Grab in der
Grabeskirche der Ritterschlag zum »Ritter vom Heiligen Grab«. Nun

zahlten sich der in Rom erteilte Segen und die Vollmacht Papst Alexanders VI. erst richtig aus. Diese Ehrung übertraf sogar die so zahlreich gesammelten Ablässe. Rom war der notwendige Auftakt gewesen, Jerusalem aber der Höhepunkt. Welchen Stellenwert aber nahm für ihn nun Santiago de Compostela am anderen Ende der Welt ein?

Der folgende Teil seiner Reisebeschreibung ist vergleichsweise knapp. Über Damaskus, Antiochien, Anatolien und Konstantinopel geht es weiter über Serbien und Ungarn zurück nach Venedig. Nach eigener Aussage traf Arnold von Harff erst hier die Entscheidung, »nach dem fernen St. Jakob in Galicien zu ziehen«. Nachdem die nötigen Wechsel und andere notwendige Dinge beschafft worden waren, verlief die Reise durch die Lombardei und über den Mont Cenis in die Dauphiné nach St. Antoine l'Abbaye, wo er dem Mutterhaus der Antoniter einen Besuch abstattete. Seit Mailand bewegte er sich nun schon auf einem der Jakobswege. Von St. Antoine aus pilgerte er durch das Val d'Isère zur Rhône und weiter auf der Oberstraße in Richtung Santiago. Die Metropole Toulouse war ihm kaum eine Erwähnung wert, außer dass er in der Kirche von St. Sernin unter sechs dort ruhenden leibhaftigen Aposteln Jakobus d. Ä. nennt und 18 weitere Reliquien von Märtyrern und Heiligen. Nach der Überquerung des Passes von Roncesvalles und der Grenze zu Spanien führt uns Arnold von Harff auf dem klassischen spanischen Jakobsweg nach Santo Domingo de la Calzada. Obwohl er dort den Lokalheiligen mit dem Ordensgründer Dominikus verwechselte, blitzte nach Kenntnisnahme des »Hühnerwunders« sein kritischer Geist wieder auf: »Gott möge über die Irrtümer der Pfaffen entscheiden, die niemals Unrecht haben können und wollen«. Bald darauf war er in Santiago de Compostela.

Im Gegensatz zu Rom und Jerusalem wurde Santiago von Arnold von Harff nur mit wenigen Zeilen bedacht. »... ein kleines, schönes, gefälliges Städtchen in Galizien ... hier liegt eine schöne große Kirche«. Leicht erheitert berichtete er von dem Brauch der deutschen Pilger, sich die Krone der auf dem Hochaltar sitzenden Jakobusstatue aufzusetzen, wofür sie den Spott der Pilger aus anderen Ländern ernteten. Sein Hauptaugenmerk galt den Gebeinen des Apostels, die ihm jedoch nicht gezeigt wurden. Man bedeutete ihm, er solle gefälligst glauben, sonst werde er verrückt wie ein tollwütiger Hund. Stattdessen wurden ihm das Haupt Jakobus des Jüngeren und diverse weitere Heiligtümer gezeigt. Nach einigen weiteren Zeilen berichtete er noch von einem Ritt nach Finisterre und dann war für ihn der Aufenthalt in Santiago beendet.

Ohne dass er seine Enttäuschung in Worte fasst, scheinen Santiago und das Apostelgrab keinen nachhaltigen Eindruck bei Arnold von Harff hinterlassen zu haben. Die Echtheit der Gebeine des Jakobus war für ihn schon in Jerusalem ein Thema gewesen, in Toulouse hatte er sie offen angezweifelt. Er verließ Santiago nicht als frommer Pilger, der, wie in Jerusalem, den heiligen Stätten seine Verehrung entgegenbrachte, sondern eher als ein gelangweilter Edelmann, der auf seiner Kavalierstour durch die Welt »ein gefälliges Städtchen« gesehen hatte, mehr nicht. Das Grab am Ende des »Sternenweges« war für ihn eine einzige Enttäuschung. Der Niedergang der Jakobuswallfahrt hatte, auch wenn er sich bis in die zweite Hälfte des 20. Jahrhunderts lange und langsam hinzog, bereits begonnen. Die Fiktion, als Wallfahrtsort auf Augenhöhe mit Jerusalem und Rom zu stehen, wurde jedoch von Erzbischof und Domkapitel stets aufrechterhalten und bekam 1879, als man mit großem Getöse die »Wiederauffindung« der Gebeine des Apostels feierte, nachdem man sie 1589 angesichts der Bedrohung durch den englischen Piraten Sir Francis Drake in einer Mauernische versteckt hatte, und deren Echtheit durch eine Bulle Papst Leos XIII. bestätigen ließ. Das Apostelgrab war durch die enormen Anstrengungen und die guten Beziehungen des Erzbischofs Diego II. Gelmirez zu Beginn des 12. Jahrhunderts gerade zu Rom und Jerusalem auf die gleiche Ebene mit Jerusalem und Rom gehoben worden. Arnold von Harff hatte sich vor Ort von dieser Vorstellung überzeugen wollen, fand aber keine Belege. Er wurde am Beginn der Neuzeit Zeuge der Tatsache, dass diese Bedeutung Santiagos für lange Zeit vorbei war.

Jerusalem

Jerusalem lag zwar von Santiago aus gesehen am anderen Ende der Welt, es gab aber im Mittelalter lebhafte Verbindungen zwischen den beiden Wallfahrtsorten. Schon im 10. Jahrhundert, als die Ruhestätte des Apostels Jakobus noch ein Wallfahrtsziel von eher lokaler Ausstrahlung war, wurde von einer Reise des armenischen Eremiten Simeon von Jerusalem nach Santiago de Compostela berichtet. Er verfügte dabei über ein offizielles Empfehlungsschreiben des Patriarchen Arsenios von Jerusalem. Seit dieser Zeit bestanden Beziehungen zwischen den beiden Städten. Diese dürften ihre Ursache nicht zuletzt in der Tatsache gehabt haben, dass der Apostel Jakobus d. Ä. seine Aktivitäten in Jerusalem entfaltet und dort das Martyrium erlitten hatte. Wenn nun sein Grab im fernen Galizien verehrt wurde, musste das zwangsläufig in Jerusalem, wo am Ende des 11. Jahrhunderts eine Kirche über der Stätte seines Martyriums errichtet und noch im 12. Jahrhundert dem deutschen Pilger Johannes von Würzburg dessen Haupt gezeigt wurde, Interesse erregen. Umgekehrt waren Reisen von Pilgern von Spanien nach Jerusalem durch alle Jahrhunderte keine Seltenheit. Schon der berühmten Pilgerin Egeria, die sich von 381 bis 384 im Heiligen Land aufhielt, wird eine allerdings nicht gesicherte galizische Herkunft zugeschrieben.

Wichtiger aber war die Lage Galiziens an der seit Jahrtausenden befahrenen Schifffahrtsroute von Nordeuropa und den Britischen Inseln nach Ägypten und Palästina, die natürlich zu allen Zeiten von Pilgern zu den Heiligen Stätten in Jerusalem genutzt wurden. Galizien war nach der Überwindung der gefährlichen Biscaya ein wichtiger Zwischenhalt, weshalb seit der Spätantike von hier nach Jerusalem reisende Pilger bezeugt sind, angeführt von Bischof Avitus von Braga bereits an der Wende vom 4. zum 5. Jahrhundert. Mit dem Beginn der Kreuzzüge 1095/1099 intensivierten sich die Kontakte zwischen Jerusalem und Galizien. Man befand sich in einer vergleichbaren Situation. Wie in Palästina hatte nun auch in Spanien der Kampf gegen die Muslime eine neue Qualität gewonnen. Aus den früheren Grenzkonflikten beiderseits des Duero war die Reconquista, waren richtige Kreuzzüge gegen die unter den Almoraviden und Almohaden wieder erstarkten islamischen Territorien geworden. Das ging so weit, dass die Päpste den spanischen Rittern sogar die Teilnahme an den Kreuzzügen ins Heilige Land verboten, weil sie zu Hause gebraucht würden. Auch die vergleichbaren Interessen der Bischofssitze Jerusalem und Santiago in der Zeit von Diego II. Gelmirez sind bemerkenswert. Jerusalem war selbstverständlich seit den frühen Tagen des Christentums ein ehrwürdiger Bischofssitz, wurde aber erst 451 zur Würde eines Patriarchates erhoben. Demgegenüber blickte die antike Metropole Antiochien auf die Tradition eines bereits im Jahr 34 durch den Apostelfürsten Petrus begründeten Patriarchates zurück, weshalb man das Patriarchat von Jerusalem als nachrangig ansah. In Spanien gab es, spätestens seit der Wiedereroberung dieser Stadt 1085, eine Rivalität zwischen dem bis in die westgotische Zeit zurückreichenden Patriarchat von Toledo, wo der Primas von ganz Spanien residierte, und dem vor der Auffindung des Apostelgrabes fast namenlosen Bistum von Iria Flavia/Compostela, aus dem binnen weniger Jahrzehnte und durch die Machenschaften von Diego II. Gelmirez das Erzbistum Santiago de Compostela werden sollte. Man sah es in Toledo mit großem Missvergnügen, dass der umtriebige, frisch gebackene Erzbischof Gelmirez seinen apostolischen Sitz zum Patriarchat erheben lassen wollte. Das blieb ihm jedoch immer verwehrt.

Noch 1049 war ja Bischof Cresconius II. von Iria Flavia von Papst Leo IX. auf der Synode von Reims exkommuniziert worden, weil er sich *Episcopus Iriensis et Apostolicae Sedis* nannte, was auch Rom als Bedrohung seiner Stellung empfinden musste. Bischof Gelmirez hatte aus diesem Vorfall die richtigen Schlüsse gezogen. Man wusste in Santiago sehr genau, dass man eine Aufwertung des Apostelgrabes niemals gegen die von alters her angesehenen Wallfahrtsorte Jerusalem und Rom, sondern nur mit deren Zustimmung durchsetzen konnte. Auch deshalb erreichten die Beziehungen zwischen Santiago und Jerusalem in der Amtszeit von Diego Gelmirez als Bischof einen absoluten Höhepunkt. Der geschickt agierende Kirchenmann schickte, wie schon in Cluny und Rom gesehen, ab 1114, als die Augustiner-Chorherren die Verantwortung für die Grabeskirche übernahmen, reichlich Geld nach Jerusalem, mit dem die Finanzierung dortiger Klausurbauten und des anschließenden Erweiterungsbaues der Grabeskirche abgesichert wurden. Auch die Gebetsverbrüderung zwischen den Domkapiteln von Jerusalem und Santiago während der Epoche der Kreuzzüge spricht eine beredte Sprache. Der 1129 in Santiago angekündigte hochrangige Bote des Patriarchen Stephan von Jerusalem, der Jerusalemer Kanoniker Aimerich, wird heute vielfach mit dem Kompilator des *Codex Calixtinus*, also mit Aymeric Picaud gleichgesetzt. Das ist weder im positiven noch im negativen Sinne zu beweisen, aber einige Indizien sprechen dafür. So sind einige wichtige Urkunden des Patriarchates von Jerusalem nur in der *Historia Compostellana* überliefert und im 5. Buch des *Liber Sancti Jacobi* ist sogar die Bemerkung enthalten, das Werk sei unter anderem »in den Ländern Jerusalems« geschrieben worden (*Liber Sancti Jacobi V, cap. 11, fol. 213v.*). Ein aus Frankreich stammender, dem Jerusalemer Kapitel angehörender Kleriker als Autor des berühmten Pilgerführers, das wäre in der Tat ein starker Beleg für die engen Kontakte zwischen den Bischofssitzen von Jerusalem und Santiago de Compostela.

Rom

Wenn in Santiago mit Jerusalem aufgrund der verwandten Interessen relativ leicht ein Konsens herzustellen war, gelang das mit Rom nur zögernd. Aus römischem Blickwinkel waren die auf der Basis von sehr vagen Belegen behauptete Missionstätigkeit des Apostels Jakobus in Spanien und die wundersame Auffindung von dessen Grab in Santiago im frühen 9. Jahrhundert schlichtweg eine Anmaßung, galt es doch seit den Schilderungen der »Apostelgeschichte« als unbestritten, dass im Westen des Römischen Reiches nur der Nachfolger Christi Petrus und der Völkerapostel Paulus die frohe Botschaft verkündet hatten. Beide hatten in Rom, der Hauptstadt des Römischen Reiches, gewirkt und waren dort nach ihrem Martyrium auch begraben worden. Da konnte es nicht sein, dass ein Provinzbischof im hintersten Spanien seinen Bischofsstuhl als *sedes apostolicus*, als Lehrstuhl in der direkten Nachfolge eines der zwölf Apostel bezeichnete. Weitere Gründe mögen nach der Exkommunikation des aufmüpfigen Bischofs Cresconius 1049 durch Papst Leo IX. (Regierungszeit 1049–1054) zur zunächst unnachgiebigen Haltung Roms gegenüber Santiago beigetragen haben. Das Papsttum der Kirchenreform stand unter Druck. Mit der Ostkirche bestanden erhebliche Differenzen um liturgische und dogmatische Fragen, welche die Autorität des Papstes in diesem Teil der christlichen Welt infrage stellten. Sie führten 1054, noch in der Amtszeit Papst Leos IX., zur Niederlegung der Bannbulle auf dem Altar der Hagia Sophia und dem Schisma zwischen der orthodoxen und der katholischen Kirche. Im Westen begannen sich die Differenzen zwischen Papst und Kaiser um die Modalitäten der Papstwahl und die Investitur der Bischöfe abzuzeichnen. Da waren die Ansprüche der halbseidenen spanischen Christen, denen gegenüber noch Papst Gregor VII. 1074 die mozarabische Liturgie als häresieverdächtig bezeichnet hatte, alles andere als willkommen. Wer in dieser Zeit versuchte, zu Rom in eine offene Konkurrenz zu treten, und sei es nur um eines angeblichen Apostelgrabes willen, der hatte mit starkem Gegenwind zu rechnen.

Was bildete man sich eigentlich in Santiago ein, wo man neben einem dubiosen Apostelgrab gerade einmal über ein paar drittklassige Heiligengebeine verfügte, die durch den Reliquienraub von 1102 nur unwesentlich vermehrt wurden? Rom war schließlich die Stätte, wo in der Zeit des ersten Christentums Tausende von Märtyrern ihr Leben für den Glauben hingegeben hatten. In den Katakomben glaubte man

Domenico Tasselli
Ansicht des
Restbaus von
Alt-St. Peter in Rom
im Jahr 1605

ihre Gebeine geborgen. Besuche von Gläubigen am Grab des Apostels Petrus sind schon aus dem 2. Jahrhundert bezeugt. Dieser Glaube trug dazu bei, dass in der Spätantike und im Frühen Mittelalter, als es allmählich zur Pflicht wurde, in einem neu geweihten Altar Reliquien zu deponieren, Rom regelrecht zum Exporteur von Heiligengebeinen wurde, so dubios sie im Einzelfall auch sein mochten. Der Abglanz dieser nach ganz Europa verhandelten Reliquien fiel natürlich auf die Stadt Rom zurück. Sie war nun die Stadt der Heiligen schlechthin. Da konnten andere Städte, selbst wenn sie über einzelne hochrangige Reliquien verfügten, nicht mithalten. So viele Gebeine von Rom aus auch exportiert wurden, die Stadt verfügte, neben den in den Memorialkirchen St. Peter und St. Paul vor den Mauern erhaltenen Gräbern der Apostelfürsten über eine Unzahl weiterer hochrangiger Reliquien, neben der alle anderen Orte, Jerusalem und die Heiligen Stätten in Palästina vielleicht ausgenommen, zurückstehen mussten. Ein Flecken wie Compostela konnte da nicht ernst genommen werden.

In Rom gab es nicht nur die Gräber der Apostelfürsten im Petersdom und in San Paolo fuori le Mura. Schon seit der Spätantike kamen weitere Kirchenbauten als bedeutende Gedenkstätten und mit wichtigen Reliquien versehen hinzu. Für Pilger, die zunächst nur den Apostelgräbern ihren Besuch abstatten wollten, kamen, wenn sie erst einmal in Rom angekommen waren, weitere Kirchen hinzu. Da war zunächst San Giovanni in Laterano, die eigentliche römische Bischofskirche, der Sitz des Papstes und immer mehr auch des Stellvertreters Christi auf Erden. Ihr folgte im Rang schon bald die Basilika Santa Maria Maggiore, die große Marienkirche des 5. Jahrhunderts. Dies waren die wichtigsten Kirchen Roms, die Patriarchalbasiliken. Ihnen folgten die der Verehrung des hl. Kreuzes gewidmete Kirche Santa Croce in Gerusalemme, die Basilika des Erzmärtyrers San Lorenzo fuori le Mura und die Kirche San Sebastiano ad Catacumbas, die zeitweise während der valerianischen Christenverfolgung die Gebeine der Apostelfürsten aufgenommen hatte. Alle diese Pilgerbasiliken, die bis heute trotz jüngster Erleichterungen im Ablauf von den Rompilgern an einem Tag zur Gewinnung eines Ablasses aufgesucht werden, wurden schon früh in Pilgerführern wie z. B. den *Mirabiliae Romae vel potius historia et descriptio urbis Romae* erwähnt und zum Besuch empfohlen. Mit einem derartigen Reichtum an Kirchen konnte das entlegene Santiago nicht mithalten. Man darf aber davon ausgehen, dass die von Diego Gelmirez veranlassten Propagandaschriften zugunsten des Jakobusgrabes, wie der *Codex Calixtinus*, der *Liber Sancti Jacobi* und die *Historia Compostellana*, sich die ihm sicher bekannten stadtrömischen Pilgerführer zum Vorbild nahmen.

Santiago

Wie Diego II. Gelmirez römische Widerstände überwand und die Päpste zu Verbündeten gewann, ist ein Lehrbeispiel für die Eigenarten mittelalterlicher Glaubensstärke, für das Verständnis für die eigenen Grenzen und Möglichkeiten, für den Einsatz von Diplomatie ebenso wie von skrupellosen Methoden – und dass ein wenig Glück auch dazugehört. Diego II. Gelmirez hatte, vermutlich schon seit seiner Zeit als Administrator des verwaisten Bistums von Iria Flavia, das Ziel vor Augen, das Ansehen des hl. Jakobus und seiner Grabstätte in Santiago sowie den Rang des mittlerweile dort angesiedelten Bischofssitzes zu verbessern und nicht zuletzt seinen eigenen Platz in der Hierarchie der abendländischen Kirche zu heben. Er hatte verstanden, dass die Erhöhung des hl. Jakobus nur im Einklang mit den konkurrierenden Pilgerzielen Rom und Jerusalem zu erreichen war. Auch sein König Alfons VI. hatte sich diesen Einsichten nicht verschlossen. Er öffnete das Land frühzeitig der Kirchenreform und stellte den Primat des

Papstes nicht infrage. Gelmirez folgte ihm auf dieser Linie. Darüber hinaus war ihm auch der Einsatz sehr weltlicher Mittel recht. Schon mit der Unterstützung der geistigen Weltmacht Cluny hatte man sich mächtige Fürsprecher erkauft. Und auch die Päpste standen den aus Santiago fließenden Geldern nicht ablehnend gegenüber. Bei aller Dogmatik schlägt man nicht die Hand, die einen füttert. Das war im Mittelalter nicht anders als heute.

Aber der ehrgeizige Bischof verband sein Geschick auch mit der nötigen Portion Glück. Die Tatsache, dass sich das leonesische Königshaus so eng mit den Grafen und Herzögen von Burgund verschwägerte, konnte er nicht voraussehen, allenfalls beratend fördern. Genutzt hat er sie allemal. Nun zählte plötzlich nicht nur der in der christlichen Welt hoch angesehene Abt Hugo von Cluny zur Verwandtschaft seines Königs, mit Papst Calixtus II. bestieg auch der Mann aus der burgundischen Verbindung den Papstthron, der 1120 Gelmirez' sehnlichsten Wunsch erfüllte, Erzbischof und Metropolit zu werden. Lediglich Patriarch zu werden, blieb dem Erzbischof jedoch verwehrt. Dafür waren die Regierungszeiten der ihm wohl gesonnenen Päpste einfach zu kurz. Gleichwohl ist die Karriere des Diego Gelmirez, vom namenlosen Kleriker zum Metropoliten und Erzbischof des exemten Sitzes von Santiago de Compostela, auch im Mittelalter fast einmalig zu nennen. Die Päpste hatten ihren Grund für die Santiago gegebenen Gunsterweise. Die Kirchenreform, der trotz des Wormser Konkordates als Sieg anzusehende Erfolg im Investiturstreit sowie die Kreuzzüge in Palästina und in Spanien machten sie, nach dem schnellen Bedeutungsverlust von Cluny im Verlauf des 12. Jahrhunderts, bis zum Ende des 13. Jahrhunderts zu den unbestrittenen geistigen Führern Europas.

Der Höhepunkt der Bedeutung Santiagos liegt eindeutig im 12. Jahrhundert. Der Grundstein für diese Entwicklung wurde nicht zuletzt von Diego Gelmirez gelegt. Das ist auch am Beispiel des Jakobus Matamoros abzulesen. Die Legende von der Schlacht bei Clavijo 844 wurde erst im 12. Jahrhundert voll ausformuliert. Der Apostel war nun der erste Kreuzritter gegen die Mauren. Davon zeugen auch die Bildwerke. Das bislang älteste entstand kurz nach der Jahrhundertmitte an der Kollegiatskirche von Toro. Selbst wenn noch ältere Darstellungen dieser Art aufgefunden werden, dürften sie kaum vor 1130/1140 datieren. Den kriegerischen Apostel, der als Schutzpatron die spanische Reconquista mit tatkräftiger Unterstützung der Päpste in Kreuzzüge verwandelte, gab es vorher noch nicht. Von einem Höhepunkt aus kann der Weg meist nur noch abwärtsgehen. Das war nach dem Tod des Energiebündels Gelmirez auch mit dem Erzbischofssitz von Santiago der Fall. Das letzte Ziel, Sitz eines eigenen Patriarchates zu werden, das Toledo in den Schatten drängen sollte, wurde nicht mehr erreicht, aber die Pflöcke, die Gelmirez eingeschlagen hatte, erwiesen sich über Jahrhunderte hinweg als stabil.

Die Pilgerfahrt aber, die unter Gelmirez einen so unglaublichen Aufschwung genommen hatte, dauerte durch das ganze Mittelalter auf hohem Niveau an. Könige wie Ludwig VII. von Frankreich und Fürsten wie z. B. Herzog Heinrich der Löwe kamen und mit ihnen zahlreiche Pilger aus allen Ständen und Ländern. Trieb sie allein die Sehnsucht nach dem Apostelgrab? Das ist zu bezweifeln. Im wohlhabenden 12. Jahrhundert hatten Pilgerfahrten Hochkonjunktur, sie waren schon damals ein Ausgleich für die Mühen des Alltags. Sie versprachen nicht nur die ewige Seligkeit, sondern auch eine Auszeit, etwas mehr persönliche Freiheit in den immer enger werdenden Grenzen zwischen Leibeigenschaft und den Zwängen der engen Städte. Hinzu kam noch, dass nach der katastrophalen Niederlage der Kreuzritter in der Schlacht von Hattin 1087 und dem nachfolgenden Verlust von Jerusalem das Heilige Land auf Jahrzehnte hinaus kein attraktives Pilgerziel mehr war. An der Bedeutung der drei führenden Wallfahrtsorte änderte sich dennoch zunächst nichts. Rom behauptete zwar seinen Platz, aber Santiago war nun wesentlich näher gerückt. Und nur dort konnte man etwas leibhaftig erleben, was kein Wallfahrtsort dieser Epoche zu bieten vermochte: das Ende der Welt in Finisterre. Die Bedeutung dieses einsamen Felsens am Atlantik für die Jakobuswallfahrt wird heute gerne übersehen. Dem mittelalterlichen, meist schriftlosen Menschen, der in und mit Bildern lebte, erschloss sich eigentlich erst hier die Grenze seines irdischen Daseins. *Finis terrae*, das Ende der Welt, konfrontierte ihn mehr als jedes Grab, als jeder Reliquienschrein mit den Grenzen seines irdischen Daseins. Hinter dem Horizont gab es bis zum Ende des Mittelalters nur die ewige Seligkeit oder die Verdammnis.

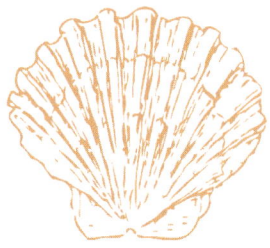

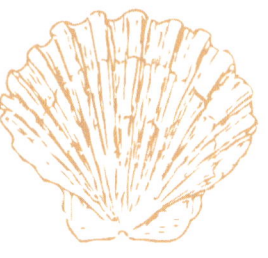

Der Jakobsweg im 21. Jahrhundert
Gelebter Glaube und Rummelplatz

Die Pilgerfahrt auf dem Jakobsweg hat mit Beginn des 21. Jahrhunderts einen im Vergleich zu den Jahrzehnten zuvor ungeheuren Aufschwung erlebt. Wo noch 1970, dem Jahr, ab dem zuverlässiges statistisches Material vorliegt, sich gerade einmal 68 Pilger auf dem Pilgerbüro im erzbischöflichen Ordinariat meldeten, war 2006 die Marke von 100 000 Pilgern bereits überschritten. Dabei sind die »Heiligen Compostelanischen Jahre« 1999 und 2004 nicht berücksichtigt, da in diesen Jahren die Zahl der in Santiago ankommenden Pilger grundsätzlich über den Ziffern der Normaljahre liegt. Seither geht der Zustrom der Pilger weiter steil nach oben. Wiederum mit Ausnahme des Jakobus-Jahres 2010 steigerte sich die Zahl der ankommenden Pilger 2014 auf 237 385, und diese wird 2015 mit einiger Sicherheit die Viertelmillion erreichen. Doch damit sind längst nicht alle erfasst, die in jedem Jahr auf den Jakobswegen eine größere Strecke zurücklegen. Die offiziellen Zahlen registrieren ja nur die Ankunft in Santiago und die Ausstellung der Pilgerurkunde. In Wahrheit dürften sich auf den vielen Teilstrecken, vor allem in Süddeutschland und der Schweiz, mehr noch in Frankreich und in Spanien selbst, die doppelte Anzahl von Wanderern bewegen. Die Gesamtzahl von einer halben Million an Pilgern per annum kann schon 2015 erreicht, wenn nicht gar überschritten werden.

Weltkulturerbe

Beliebte und landschaftlich außerordentlich reizvolle Strecken sind als Jakobswege im Voralpenland in Bayern und in der Schweiz gekennzeichnet und ausgebaut worden. Hier sammeln sich Pilger aus Tschechien, Österreich und aus ganz Süddeutschland, um dann über das alte Pilgerzentrum Konstanz auf die Oberstraße und durch die Schweiz zur Rhône zu gelangen, wo sie dann die Wahl haben, entweder direkt über Le Puy-en-Velay und den Aubrac auf einem der klassischen Wege

Aymeric Picauds in Richtung der Pyrenäenpässe zu ziehen oder aber weiter der Oberstraße folgend dem längeren, aber etwas bequemeren Weg über Toulouse den Vorzug zu geben. Die vier Wege Aymeric Picauds in Frankreich gehören inzwischen genauso zum Weltkulturerbe wie die spanische Hauptstrecke von den Pyrenäen nach Santiago de Compostela. Das betrifft nicht einzelne Kirchen oder Denkmäler, sondern die Jakobswege als landschaftlich besonders interessante Strecken und die zahlreichen, wie Perlen an einer Schnur aufgereihten Kulturdenkmäler insgesamt. Die Fernwanderwege in Frankreich, die »Grand Routes«, beziehen sich seit Längerem auf die Wege Aymeric Picauds. Zusätzlich sind einzelne Orte und Kirchen wie die Kathedralen von Chartres, Bourges und Burgos, die Kirche von St. Sernin in Toulouse und natürlich die Stadt Santiago de Compostela noch einmal einzeln als Weltkulturerbe registriert.

Die Einreihung der Stätten am Jakobsweg und des Weges selbst in das Weltkulturerbe der Menschheit macht Sinn und wird der Jakobuswallfahrt als einem mehr als 1000 Jahre alten europäischen Phänomen mehr als gerecht. Als Weltkulturerbe ausgewiesen zu sein, bringt jedoch auch Gefahren mit sich, die am Jakobsweg mit dem Anbruch des neuen Jahrhunderts nicht mehr zu übersehen sind. Als 1993 der spanische Jakobsweg in das Weltkulturerbe Eingang fand, beschloss die Regierung der Autonomen Region Galicien unverzüglich die Vermarktung der Auszeichnung. Unter dem Signum »Xacobeo« hatte man vor allem die in den Heiligen Jahren herbeiströmenden Pilger als Zielgruppe vor Augen. Mittlerweile steht das Geschäft am und mit dem Jakobsweg in voller Blüte. Kein Zweifel, die Ehre, zum Weltkulturerbe zu gehören, kostet Geld. Und dieses Geld muss zumindest teilweise aus dem Jakobsweg erwirtschaftet werden. Davon profitieren letztlich auch die Pilger. Viele kirchliche und kommunale Refugios am Weg sind seither mit mehr Schlafplätzen und verbesserten sanitären Anlagen entweder modernisiert oder gleich ganz neu erbaut worden. Natürlich geht dabei der Charme eines engen, am Rathaus angebauten Schlafsaales, geht auch die dadurch erzwungene Nähe der Pilger zueinander weitgehend verloren. Wo so viele Menschen unterwegs sind, braucht man einfach mehr Platz, auch in den Herbergen. Und nicht jeder empfindet eine einzige Toilette für dreißig Leute oder eine enge Gemeinschaftsdusche ohne Geschlechtertrennung als Bereicherung seiner Pilgerfahrt. Ein wenig mehr Intimität darf schon sein. Auch der Ausbau der Wege muss in diesem Zusammenhang gesehen werden. Ob allerdings die heute kilometerweit sich dahinziehenden Schotter-

Schotterpisten ersetzen die Wanderwege, der Jakobsweg im 21. Jh.
zwischen Castrojeriz und Frómista.

schneisen anstelle der vorher vorhandenen Pfade und Feldwege dem
Charakter des Weltkulturerbes entsprechen, darf doch sehr in Zweifel
gezogen werden. Mögen die kantige alte Römerstraße bei Cirauqui
oder das als Weg dienende Bachbett zwischen Portomarin und Palas de
Rei auch kein Balsam für die geschundenen Füße sein, besser sind die
breiten Schotterpisten des 21. Jahrhunderts auch nicht. Wenn die Landschaft geschunden wird, leidet der Mensch mit.

Eventkultur und Tourismus

Der Massenandrang und die Vermarktungsanstrengungen am Jakobsweg fordern ihren Preis. Der Pilgerbetrieb hat sich seit der Jahrtausendwende sehr verändert. Ob man das bedauern muss, steht dahin, denn
so viel scheint sicher: Die Uhr lässt sich derzeit nicht zurückdrehen. Es
ist gerade die Sinnsuche, die so viele auf den Jakobsweg bringt, welche

die Spiritualität der Pilgerfahrt etwas mehr in den Hintergrund treten lässt. Die Jakobuswallfahrt ist zum Event geworden. Wo es einst im Evangelium bei der Verklärung Christi am Berg Tabor im Beisein des Apostels Jakobus hieß: »... es ist gut, dass wir hier sind. Wir wollen drei Hütten bauen ...«, gilt heute am Jakobsweg vielfach die schlichte Losung: »Hier ist was los, da muss ich hin!« Die Erzbischöfe von Santiago haben in mehreren Hirtenbriefen versucht, dieser Entwicklung gegenzusteuern. Sie stellen den geistigen Sinngehalt von Umkehr und Erneuerung durch die Pilgerfahrt in den Vordergrund. Was davon wirklich in den Köpfen der Pilger ankommt, bleibt einstweilen offen. Immerhin registrierte man in Kirchenkreisen erfreut die verstärkte Frequentierung der Beichtstühle in der Kathedrale von Santiago in den Heiligen Jahren 1999, 2004 und 2010 und die gut besuchten Messen. Doch bewegen sich gerade Christen katholischen Glaubens gerne in ritualisierten Abläufen, deren Befolgung ein aufmerksamer Beobachter in der Kathedrale allenthalben feststellen kann. Da nach der Ankunft am Ziel der Besuch des Grabes, die Beichte und der Empfang der Eucharistie nun einmal vorgeschrieben sind, unterziehen sich viele dieser Prozedur, um am Ende den versprochenen Ablass zu erhalten. Ob man an dessen Wirksamkeit glaubt, ist unwichtig. Ihn zu empfangen schadet jedenfalls nicht. Tiefer Glaube, oberflächlicher, mit esoterischem Gedankengut angereicherter Aberglaube und Eventerlebnis schließen einander nicht aus, ja sie können sogar bisweilen sehr merkwürdig anmutende Verbindungen eingehen.

Draußen auf den Jakobswegen sieht das zunächst noch ganz anders aus. Es scheint, dass, je weiter man vom Ziel in Santiago noch entfernt ist, sich die Gedankenwelt umso säkularer gestaltet. In Oberbayern oder am Niederrhein mag man die Pilgerfahrt noch als eine gewöhnliche Wandertour empfinden, verbunden mit einem schönen Abend in einem lauschigen Biergarten. Das ändert sich auch für den eingefleischten Atheisten mit dem Erreichen der ersten großen Zwischenziele in Frankreich. Dem Gesang der Nonnen bei der Abendvesper in der Abteikirche von Vézelay vermag man sich ebenso wenig zu entziehen wie der Orgelimprovisation eines Mönches in der Abteikirche von Conques. Die Spiritualität des Jakobsweges erfasst in solchen Momenten auch einen Agnostiker. Aber die stimmungsvolle Atmosphäre in den alten Kirchen ist nur die eine Seite der Medaille. Die verstärkte Kommerzialisierung des Jakobsweges ist nicht zu übersehen. Oft trifft man schon vor der Kirchentür auf den geschäftigen Alltag. Die an jedem Wallfahrtsort der Welt zu findenden Devotionalien- und Andenkenläden sind dabei leicht zu verkraften. Die Beschleunigung und die Intensivierung der Geschäftemacherei geben jedoch Anlass zur Sorge. Gegenüber der wundervollen Kirche von Frómista sind längst Bistros in Turnhallengröße entstanden, die in der Lage sind, ganz Reisebusse in Windeseile abzufüttern.

Der Tourismus am Jakobsweg ist ein noch recht junges Phänomen und hat in den letzten Jahren erheblich zugenommen. Es geht dabei nicht um die Pilger. Kaum einer der vielen Rucksackträger, die auf dem Weg zu Fuß unterwegs sind, würde sich als Tourist bezeichnen. Im Gegenteil, die Pilger selbst sind zum Anschauungsobjekt für die Touristen geworden. Kaum einer der großen Reiseveranstalter verzichtet heute darauf, eine Reise entlang des Jakobsweges anzubieten. Die Reiseteilnehmer verbringen den größten Teil der Strecke im bequemen klimatisierten Reisebus, steigen aus, um die wichtigsten Kirchen, Klöster und Denkmäler zu besichtigen, und lernen so in wenigen Tagen das kennen, wozu andere Wochen oder Monate benötigen. Das authentische Erleben des Jakobsweges wird durch kurze Wanderabschnitte auf besonders attraktiven, aber immer bequemen Abschnitten vermittelt. Hier kann man sich dann aus der Nähe anschauen, wie die richtigen Pilger mit Hut, Stock und Blasen an den Füßen den langen Weg bewältigen. Wenn eine solche Horde Touristen dann mit Fragen über einen Pilger herfällt, Erinnerungsfotos machen will und dem Betroffenen eigentlich nur auf die Nerven geht, mag das lästig sein, aber es ist zunächst nur eine von den Unbilden, die den Pilger auf dem Weg heimsuchen können. Es ist wie ein Regenschauer, der auch wieder vorüberzieht. Ärgerlich wird es, wenn Auto- oder Bustouristen in der Nähe einer Herberge vorfahren und, bevor die nach einer langen Wegstrecke ermatteten Pilger eintreffen, alle Betten belegen, um einmal eine Nacht in der Atmosphäre eines Refugios zu verbringen. Der Reiseveranstalter spart sich die Übernachtung in einem teuren Hotel und die wirklichen Pilger haben das Nachsehen.

Zum Glück sind solche Missstände bisher noch Einzelfälle, abgemildert auch durch die Tatsache, dass die Lücke zwischen den einfachen Refugios und den teureren Hotels mittlerweile durch eine breite Palette preiswerter Hotels und Pensionen fast überall an den Jakobswegen geschlossen ist. »Bed & Breakfeast« ist heute in Spanien kein Fremdwort mehr, und auch in Frankreich hat die Zahl der »Gîtes Rurales« erheblich zugenommen. Es ist heute auch dem normalen Pilger möglich und zu empfehlen, nach mehreren Übernachtungen in einem Refugio einmal eine Nacht in einem etwas komfortableren Zimmer mit privatem Bad und WC zu verbringen. Dann kann man sich etwas intensiver der Körperpflege widmen, in Ruhe Wäsche waschen und, wenn die Umgebung es hergibt, sich einige Sehenswürdigkeiten etwas genauer ansehen, anstatt stur weiterzuwandern. Solche bewusst eingelegten Pausen sind dem Pilger in jedem Fall zu empfehlen, gleich mit welcher Motivation er sich auf den Weg gemacht hat.

Kultur und Sport

Die Pilger sind ja nicht alle gleich, sie haben ganz unterschiedliche Gründe, auf dem Jakobsweg zu wandern. Im 21. Jahrhundert scheinen sich drei große Gruppen herauszukristallisieren, deren Motive sich untereinander vermischen können. Von der religiösen und spirituellen Motivation wurde bereits ausführlich gesprochen. Sehr weit verbreitet ist eine kulturhistorische Herangehensweise an den Jakobsweg. Sie unterscheidet sich von der schnellen touristischen Annäherung im Rahmen einer Bildungsreise vor allem dadurch, dass der Weg und die an ihm liegenden Kunststätten nicht einfach bei einem schnellen Besuch angeschaut, kurz erläutert und abgehakt werden, sondern dass sie durch eigenes Handeln nachvollzogen und nacherlebt werden. Der »Kulturpilger« nimmt sich einfach mehr Zeit und hat dadurch die Möglichkeit, sich über den unmittelbaren Eindruck einer Kunststätte hinaus mit deren Umfeld, der umgebenden Landschaft und ihrer Kunsttopografie auseinanderzusetzen. Ihm bleiben kleine Kapellen, Wegekreuze, Ruinen und Überreste von Hospitälern ebenso wenig verborgen wie Burgen oder Denkmäler, die nicht unmittelbar am Weg liegen. Den großen, die Straße überquerenden Bogen des Antoniterklosters von Castrojeriz haben zwangsläufig alle Jakobspilger durchschritten, ob sie aber nach einer anstrengenden Tagesstrecke auch noch den Weg auf die bis auf einen römischen Wachturm zurückgehende Burg oberhalb des Städtchens gefunden haben, ist doch sehr zu bezweifeln. Ebenso ist es mit der berühmten wie unbekannten Burg von Clavijo, für deren Besichtigung zu Fuß von Logroño aus ein ganzer Extratag anzusetzen ist, oder der Schmiede von Compludo, die von el Acebo unterhalb des Cruz de Ferro nur in einem weiteren Fußmarsch von fünf bis sechs Stunden zu erreichen ist. Es ist die Crux der Jakobspilger, dass sie als Fußgänger nur über einen begrenzten Bewegungsradius verfügen. Im Umkreis des Jakobsweges gibt es noch so viele interessante Ziele, die sie aber alle »vom rechten Weg« abbringen würden.

Die Wege des »Kulturpilgers« sind im Wesentlichen durch die Haupt-routen des Jakobsweges im Pilgerführer des Aymeric Picaud vorgezeich-net. Zwar wird man dort Aachen, Konstanz, Einsiedeln, Lausanne und St. Antoine l'Abbaye vergeblich suchen, aber der Pilger wird keinesfalls enttäuscht werden. Eine Wanderung als »Kulturpilger« kann so leicht zu einem durch die Geschichte geprägten Erlebnis, zu einem histori-schen Experiment werden. Er wird eine große Zahl von Kunst- und Kul-turstätten, vor allem aus der Hochzeit der Jakobuswallfahrt im 12. und 13. Jahrhundert, antreffen, die ihm nicht nur eine vertiefte Vorstellung von der mittelalterlichen, vor allem der romanischen Kunst am Jakobs-weg vermitteln, sondern ihn auch, zumindest in Ansätzen, mit der mit dem Jakobsweg verbundenen Spiritualität vertraut machen. Ein Kir-chenbesuch ist immer etwas Besonderes, gleich ob man mit den Augen des Kunstbegeisterten oder der Andacht des Frommen vor einen Altar oder eine Heiligenstatue tritt. Man darf auch bei unterschiedlichen Inte-ressenlagen nicht vergessen, dass der Jakobsweg eine durchweg christ-lich geprägte Route ist, dass man, wie immer man sich verhält, doch nie den Weg zum Grab des hl. Jakobus verlässt. Diese Tatsache führt nicht selten dazu, dass der »Kulturpilger«, der mit eher profanen Gedanken losgezogen ist, am Ende mit einem völlig neuen Bewusstsein für den geistigen Gehalt des Weges in Santiago eintrifft.

Ganz anders verhält es sich mit einem Pilgertypus, der im 21. Jahr-hundert vermehrt auf dem Jakobsweg anzutreffen ist. Egal welche Stre-cke man sich aussucht, auf dem Jakobsweg warten große Entfernun-gen auf den Pilger. Die knapp 800 Kilometer von Roncesvalles bis nach Santiago hat man ja noch im Griff, von Südspanien her über die Ruta de la Plata sind es dann schon mehr als 1000 Kilometer. Von Mitteleu-ropa sind es schon 2000 bis 2500 Kilometer, von Nord- und Osteuropa bereits mehr als 3000. Eine solche Strecke zu bewältigen, stellt eine nicht geringe sportliche Leistung dar. Manche Pilger haben vor allem im Sinn, diese sportliche Herausforderung zu bestehen. Das ist legi-tim, wenngleich einem christlichen Pilger des Mittelalters solche Ge-danken niemals in den Sinn gekommen wären. Ob allerdings auf dem Jakobsweg Marathon- oder andere Langstreckenläufe veranstaltet wer-den sollten, wie bereits erwogen wurde, muss doch sehr in Zweifel gezogen werden. Der betagte Herbergswirt von Manjarin, ein Veteran aus dem Spanischen Bürgerkrieg, hatte für diesen Fall schon vor Jahren angekündigt, er werde die Teilnehmer mit seinem alten Maschi-nengewehr von der Straße vertreiben. So weit sollte es der Apostel Jakobus, in jeder Hinsicht, nicht kommen lassen.

Eine sportliche Einstellung zum Jakobsweg hat aber auch noch einen anderen, bei sehr vielen Pilgern gar nicht unwillkommenen Effekt. Für eine sportliche Leistung benötigt man einen gesunden, gut trainierten Körper. Wer sein halbes Leben auf einem Bürostuhl oder mit immer gleichen Handgriffen bei seiner Arbeit oder im Handwerk verbracht hat, dessen Körper ist für die Pilgerfahrt auf dem Jakobsweg nicht gerade optimal vorbereitet. Ein längeres Training zu Hause mit dem Ziel, den Körper auf vier Wochen Bewegung im Freien vorzubereiten, war in den meisten Fällen nicht möglich. Für solche Pilger führt der Weg auch zu einer neuen Erfahrung des eigenen Körpers. Was kann ich mir zumuten, wie stelle ich durch eine Balance aus Leistungswillen und gebotener Zurückhaltung den Körper auf die anstrengenden Tage, die ihm bevorstehen, ein? Wie gestalte ich meine Ernährung, wie viel Schlaf brauche ich? Wie gehe ich mit Wunden, Blasen vor allem, Gelenk- und Gliederschmerzen um? Die richtige Beantwortung dieser Fragen entscheidet über den Erfolg und die Freude an der Pilgerfahrt. Keine Angst, es geht einiges, auch wenn man schon auf dem Weg ist. Man merkt bald, man muss Geduld haben, langsam beginnen und seine Tagesleistung allmählich steigern. »Wer einen Berg besteigen will, hebt an mit ruhigem Schritt«, heißt es bei Shakespeare und diese Maxime hat auch Gültigkeit auf dem Jakobsweg. Wer als Sportler keine Rekorde brechen oder Höchstleistungen vollbringen will, kann seinem Körper auf der Pilgerfahrt etwas Gutes tun. Ein paar Kilo weniger, verbesserte Blutdruck- und Cholesterinwerte und allgemeines körperliches Wohlbefinden sind der sichere Lohn. Ein medizinischer Check vor dem Start ist allerdings anzuraten. Dann droht keine Gefahr.

Verkabelt und gefangen

Wirkliche Gefahr droht der Pilgerfahrt im 21. Jahrhundert von einer ganz anderen Seite. Die modernen Medien, die digitale Welt haben längst vom Jakobsweg Besitz ergriffen. Am Anfang standen lauter kleine und für den Pilger sehr vorteilhafte Erfindungen und Entwicklungen. Noch außerhalb der digitalen Welt, sorgten seit den 1990er-Jahren die Mikrofasern für wasserdichte Kleidung und entsprechendes Schuhwerk. Der Pilger wurde bei Regen nun nicht mehr bis auf die Haut nass, musste bei feuchtheißem Wetter keine Schwitzbäder in seinem einer Plastiktüte gleichenden Polyester-Anorak mehr erdulden. Zur gleichen Zeit trat das Mobiltelefon seinen Siegeszug an. Nun musste man sich nicht mehr, wollte man der Familie zu Hause Nachricht geben, um die wenigen Telefonzellen am Weg balgen, das passende Münzgeld oder eine Telefonkarte bei sich haben. Dafür wurden in den Unterkünften die Steckdosen, an denen die Telefone aufzuladen waren, knapp. Auch das Internet ist ein Segen. Die Vorplanung der Pilgerfahrt wird dadurch sehr einfach, gleich ob es um den Streckenverlauf, die Herbergen, Einkaufsmöglichkeiten oder Trinkbrunnen geht, von den unzähligen Erfahrungsberichten ganz zu schweigen. Musste man vor zwei Jahrzehnten sich noch mühsam einen dickleibigen Führer mit Landkarten, Stadtplänen und einer genauen Wegebeschreibung besorgen, steht dies heute alles im Internet zur Verfügung. Allein unter den Stichworten »Santiago de Compostela«, »Jakobsweg« und »Pilgerfahrt nach Santiago« sind derzeit (2015) rund 50 Millionen Ergebnisse abrufbar – Tendenz steigend. Da erscheint die Zahl der Internet-Portale zu »Kunstwerken am Jakobsweg« mit rund 1,13 Millionen fast mickrig. Wer will das noch überschauen oder gar bewältigen?

Der Jakobspilger im 21. Jahrhundert wird sich innerhalb weniger Jahre unter dem Einfluss der digitalen Medien mehr verändern als in den 1000 Jahren zuvor. Die folgende Skizze ist keine Horrorvision, sie ist zu einem guten Teil schon Realität: Der Pilger verfügt über eine perfekte Ausrüstung und ist voll verkabelt, wobei die lästigen Kabelschnüre schon überwiegend durch Funkimpulse ersetzt worden sind. Ohne sein iPhone oder eine Weiterentwicklung desselben zu einem alles beherrschenden Leib-Computer vermag er keinen Schritt mehr zu tun. Er sucht seinen Weg nicht mehr selbst, das überlässt er der Navigations-App. Weitere Apps ermöglichen es ihm, Zimmer oder gar ein Bett in einem Refugio im Voraus zu buchen, Dorfläden und Bars zu finden, sodass sein vorbestellter Zumo frisch gepresst auf dem Tresen steht, wenn er zur Tür hereinkommt. Natürlich kann dann auch die Pilgerurkunde nach der Freigabe durch einen Impuls aus dem Jakobusgrab am heimischen Drucker ausgeworfen werden. Am Weg werden die gelben Pfeile allmählich verblassen und durch Sensoren ersetzt sein, die den Pilger sicher zum Ziel geleiten. Geht doch einmal etwas schief, so rufen weitere Apps einen Notarzt oder auch den Besenwagen auf den Plan, der ihn vom Weg abholt. Ob in der Kathedrale von Santiago die Beichte über eine Buß-App abgeleistet werden kann, muss der Weisheit der heiligen Mutter Kirche überlassen bleiben. Auf fehlende technische Unterstützung kann sie sich jedenfalls nicht berufen.

All diese so nützlichen kleinen Hilfen werden aber auch eines zur Folge haben: Der Pilger wird immer mehr entmündigt, wird abhängig

CAPITULUM hujus Almae Apostolicae et Metropolitanae Ecclesiae Compostellanae sigilli Altaris Beati Jacobi Apostoli custos, ut omnibus Fidelibus et Peregrinis ex toto terrarum Orbe, devotionis affectu vel voti causa, ad limina Apostoli Nostri Hispaniarum Patroni ac Tutelaris **SANCTI JACOBI** convenientibus, authenticas visitationis litteras expediat, omnibus et singulis praesentes inspecturis, notum facit: _Dnum Wolfgangum Metternich_ hoc sacratissimum Templum pietatis causa devote visitasse. In quorum fidem praesentes litteras, sigillo ejusdem Sanctae Ecclesiae munitas, ei confero.

Datum Compostellae die _10_ mensis _Junii_ anno Dni _1998_.

Secretarius Capitularis

Am Ziel: die Zertifizierung durch die Urkunde des Domkapitels von Santiago de Compostela.

von seinen elektronischen Hilfsmitteln. Es wird gerade das verhindert, was die meisten Pilger, ob religiös oder nicht, auf dem Jakobsweg suchen: Selbsterfahrung, Selbstbefreiung durch das Heraustreten aus dem Alltag. Die Suche nach dem Sinn des Lebens oder einfach nur nach Gott sind unter solchen Umständen kaum vorstellbar. Wenn man schon heute eine ganze Generation nur noch über ihr iPhone gebeugt sieht, kann man sich vorstellen, wie die Pilger der Zukunft dieses Instrument, bei weiterer Fortentwicklung und Vervollkommnung, auf dem Jakobsweg einsetzen. Naturerlebnis, Vogelgezwitscher und Sehenswürdigkeiten werden dann nur noch über das Display wahrgenommen. Auch dafür gibt es bald Apps. Und wer dann das Krächzen der Krähen nicht mag, der wählt die Nachtigall. Man sollte den Pessimismus aber nicht zu weit treiben. Schließlich kann man das Gerät ja ausschalten, im Antiquariat einen alten Führer kaufen und die Pilgerfahrt auf altmodische Weise genießen. Es könnte jedoch sein, dass man am Nachmittag in der Herberge nicht durch die per Impuls und Codewort zu öffnende Tür kommt, weil man sich nicht angemeldet hat. Der Schlusspunkt wäre dann erreicht, wenn der Apostel Jakobus dem Pilger seinen Segen mit dem Hinweis, er sei unter »www.santiago.sp« nicht eingeloggt, verweigert.

Die Jakobuswallfahrt wird nur dann überleben, wenn zu den oben skizzierten Szenarien Gegenentwürfe gefunden und verwirklicht werden. Das kann nicht in Form eines technikfeindlichen Kreuzzuges, einer Ablehnung der digitalen Medienwelt geschehen. Es gilt, diese technischen Errungenschaften dem Menschen nutzbar zu machen, nicht ihm ihren Gebrauch auszureden. Die meisten dieser Geräte und Programme sind zur Beschleunigung und Verbesserung der Kommunikation entwickelt worden. Die Kommunikation, die Begegnung der Menschen aus allen Erdteilen und Nationen aber spielt bei der Wanderung auf den Jakobswegen eine überragende Rolle. Nicht nur in Sonntagspredigten und Fensterreden wird die integrative Funktion der Pilgerfahrt gepriesen, der Jakobsweg als ein Treffpunkt Europas und der Welt dargestellt. Ohne dass die religiösen Anliegen der Pilger in den Hintergrund treten müssen oder gänzlich vernachlässigt werden, hat die Pilgerfahrt auf dem Jakobsweg dann in der Zukunft eine Chance, wenn der Mensch und seine Suche nach einem Sinn in seinem Dasein weiterhin im Mittelpunkt stehen. Der Jakobsweg, die Menschen, die auf ihm ihrem Ziel zustreben, die Länder, Landschaften und Städte am Weg haben sich gewandelt, die geistigen Inhalte jedoch kaum. Sie kommen lediglich im jeweiligen Gewand ihrer Zeit daher.

Literatur

Amis de Saint Guilhem-le-Désert: Saint Guilhem-le-Désert au Moyen Age. Nouvelles Contributions à la Connaissance de l'Abbaye de Gellone. Saint Guilhem-le-Désert 1996.

Angenendt, Arnold: Geschichte der Religiosität im Mittelalter. 5 Aufl. Darmstadt 2005.

Angenendt, Arnold: Heilige und Reliquien. Die Geschichte ihres Kultes vom frühen Christentum bis zur Gegenwart. Hamburg 2007.

Arbeiter, Achim: Alt-St. Peter in Geschichte und Wissenschaft. Berlin 1988.

Arbeiter, Achim/Noack-Haley, Sabine: Christliche Denkmäler des frühen Mittelalters vom 8. bis ins 11. Jahrhundert. Hispania Antiqua. Mainz 1999.

Arias Páramo, Lorenzo: Prerománico Asturiano. El Arte de la Monarquía Asturiana. Gijón 1993.

Arias Páramo, Lorenzo: Guia del arte prerrománico asturiano. Gijón 1994.

Arias Páramo, Lorenzo: The preromanesque in Asturias. The Art of the Asturian Monarchy. Gijón 1999.

Arroyo Puertas, Carlos: San Martin de Frómista. Palencia 2003.

Barral Iglesias, Alejandro/Suárez Otero, José: Santiago de Compostela – Cathedral. León 2004.

Barret, Pierre/Gurgand, Jean Noël: Auf dem Weg nach Santiago. In den Spuren der Jakobspilger. Darmstadt 2001.

Bartz, Gabriele/Karnein, Alfred/Lange, Claudio: Liebesfreuden im Mittelalter. Kulturgeschichte der Erotik und Sexualität in Bildern und Dokumenten. München 2001.

Bechert, Tilmann: Die Provinzen des Römischen Reiches. Einführung und Überblick. Mainz 1999.

Behlau, Dominique: Spanien und der Jakobuskult. Untersuchungen zur Stiftung einer kulturellen Identität über den Jakobsweg. Hamburg 2013.

Benesch, Kurt: Santiago de Compostela – Als Pilger auf dem Jakobsweg. Freiburg, Basel, Wien 2004.

Bernoulli, Christoph: Die Skulpturen der Abtei Conques-en-Rouergue. Basler Studien zur Kunstgeschichte Bd. XIII. Basel 1956.

Biddle, Martin: The Tomb of Christ. Phoenix Mill 1999.

Bottineau, Yves: Der Jakobs-Pilger. Geschichte, Kunst und Kultur der Wallfahrt nach Santiago de Compostela. Bergisch-Gladbach 1987.

Brall-Tuchel, Helmut/Reichert, Folker: Rom-Jerusalem-Santiago. Das Pilgertagebuch des Ritters Arnold von Harff (1496–1498). Köln, Weimar, Wien 2007.

Bravo Lozano, Millán: Praktischer Pilgerführer – Der Jakobsweg. León (1998).

Cabanot, Jean: Marcilhac – Ancienne Abbatiale Saint Pierre. Congrès Archéologique de France 1989, pp. 339–364. Paris 1993.

Campuzano Ruiz, Enrique: La Colegiata de Santa Juliana – Santillana del Mar 2004.

Casal Chico, Carolina: Königliche Abtei von Samos. Kurzführer. Léon 2010.

Casaseca, Antonio: Die Kathedrale von Salamanca. Léon o. J.

Castiñeiras, Manuel A.: El Pórtico de la Gloria. San Pablo 1999.

Caucci von Saucken, Paolo: Santiago de Compostela – Pilgerwege. Augsburg 1996.

Caucci von Saucken, Paolo (Hrsg.): Santiago, Roma, Jerusalén. Actas del III Congreso Internacional de Estudios Jacobeos. Xunta de Galicia (1999).

Caucci von Saucken, Paolo (Hrsg.): Pilgerziele der Christenheit. Jerusalem-Rom-Santiago de Compostela. 1999.

Cazes, Quitterie/Cazes, Daniel: Saint Sernin de Toulouse. De Saturnin au chef d'œuvre de l'art roman. Graulhet 2008.

Cendon Fernandez, Marta: La Catedral de Tuy en Epoca Medieval. Pontevedra 2000.

Clot. Das maurische Spanien. 800 Jahre islamische Hochkultur in Al Andalus. Düsseldorf 2004.

Coelho, Paulo: Die heiligen Geheimnisse eines Magiers. Zwölf Einweihungen eines Magiers. München 1991.

Coelho, Paulo: Auf dem Jakobsweg. Tagebuch einer Pilgerreise nach Santiago de Compostela. Zürich 1999.

Conant, Kenneth John: The early architectural history of the Cathedral of Santiago de Compostela. Cambridge 1926.

Conant, Kenneth John: Carolingian and Romanesque Architecture 800–1200. Harmondsworth 1966.

Conant, Kenneth John: Cluny. Les Églises et la Maison du Chef d'Ordre. Cambridge, Mass. Macon 1968.

Consorcio de Cidade de Santiago de Compostela (Ed.): La Catedral de Santiago. Belleza y misterio. The Cathedral of Santiago. Beauty and Mystery. Santiago de Compostela 2011.

Cramer, Horst/Koob, Manfred: Cluny – Architektur als Vision. Heidelberg 1993.

d'Albert, Jan: Das Lexikon der spirituellen Wege. Esoterisches Wissen von A bis Z. Stuttgart 2007.

Demurger, Alain: Die Templer. Aufstieg und Untergang 1120–1314. München 2004.

Deschner, Karlheinz: Das Kreuz mit der Kirche. Eine Sexualgeschichte des Christentums. München 1980.

Digulleville, Guillaume de (Probst, Veit Hrsg.): Le Pelerinage de Vie humaine – Die Pilgerreise ins Himmlische Jerusalem. Darmstadt 2013.

Domínguez Herrero, Carlos: El Románico Zamorano en su Marco del Noroeste. Iconografía y Simbolismo. Zamora 2002.

Domkapitel Aachen (Hrsg.): Der Schrein Karls des Großen. Bestand und Sicherung 1982–1988. Aachen 1998.

Domke, Helmut: Spaniens Norden. München 1967.

Droste, Thorsten: Die Pyrenäen. München 2001.

Droste, Thorsten/Gaud, Henri: Der Jakobsweg in Frankreich. München 2008.

Droste, Thorsten/Martin, Joseph S.: Der Jakobsweg. Geschichte und Kunst der mittelalterlichen Pilgerroute durch Spanien. München 2004.

Drouve, Andreas: Lexikon des Jakobswegs. Personen – Orte – Legenden. Freiburg 2006.

Drouve, Andreas: Die Wunder des heiligen Jakobus. Legenden vom Jakobsweg. Freiburg 2007.

Drouve, Andreas: Der Jakobsweg. Ein literarischer Reiseführer. Darmstadt 2011.

Drouve, Andreas/Steinbach, Silvia: Jakobsweg – Den alten Legenden auf der Spur. Innsbruck, Wien 2007.

Duque, Angel J. Martin et al.: Camino de Santiago en Navarra. Pamplona 1991.

Durliat, Marcel: Hispania Romanica. Die hohe Kunst der romanischen Epoche in Spanien. Wien, München 1962.

Durliat, Marcel: La Sculpture Romane de la Route de Saint-Jacques. De Conques à Compostelle. Dax 1990.

Durliat, Marcel: Romanisches Spanien. Darmstadt 1999.

Erhard, Alexander: Sexualität im Mittelalter – mit besonderer Fokussierung auf Kirchliche Sexualmoral und Quellen mittelalterlicher Sexualität/Erotik. (Studienarbeit). Innsbruck 2011. http://grin.com/de/e-book/183367.

Faber, Gustav: Spaniens Mitte und Katalonien. München 1977.

Fernandez Arenas, José: La Arquitectura Mozárabe. Barcelona o. J. (1972).

Ferriol, Mauel J. Ibáñez: La Colegiata de San Pedro Cervatos. Madrid 2012.

Fischer, Astrid (Ed.): Camino de Santiago – Der Jakobsweg – St. James' Way. With music along the way. Hamburg 2008.

Fontaine, Jacques: L'Art Préroman Hispanique**. L'Art Mozarabe. Zodiaque MCMLXXVII.

Frey, Nancy Louise: Santiagopilger unterwegs und danach. Auf den Spuren einer alten Route im heutigen Spanien. Volkach/Main 2002.

Gedeon, Luitgard: Spuren der Jakobusverehrung und das Zusammentreffen alter Pilgerwege in Frankfurt am Main. In: Herbers, Klaus (Hrsg.): Stadt und Pilger. Soziale Gemeinschaften und Heiligenkult. Tübingen 1999.

Giese-Vögeli, Francine: Das islamische Rippengewölbe. Ursprung, Form, Verbreitung. Berlin 2007.

Goldner, Johannes/Bahnmüller, Wilfried: Meister von Rabenden. Raubling 2001.

Grueninger, Donat: »Deambulatorium Anglorum« oder irdischer Machtanspruch. Der Chorumgang mit Kapellenkranz – von der Entstehung, Diffusion und Bedeutung einer architektonischen Form. Wiesbaden 2005.

Guerra Campos, Jose: Exploraciones Arqueologicas en Torno al Sepulcro del Apostol Santiago. Santiago 1982.

Gvozdeva, Katja/Velten, Hans Rudolf (Hrsgg.): Scham und Schamlosigkeit. Grenzverletzungen in Literatur und Kultur der Vormoderne. Berlin, Boston 2011.

Häbler, Konrad: Das Wallfahrtsbuch des Hermannus Künig von Vach und die Pilgerreisen der Deutschen nach Santiago de Compostela. Straßburg 1899.

Harmel, Jean-Regis: The Tympanum of Conques in Detail. St. Jean de Vedas 1998.

Harmel, Jean-Regis/Phillippoteau, Julien: Les Chapiteaux de Conques. Saint Gely du Fesc o. J.

Hell, Vera und Hellmut: Die große Wallfahrt des Mittelalters. Tübingen 1985.

Herbers, Klaus: Der Jakobuskult des 12. Jahrhunderts und der »Liber Sancti Jacobi«. Studien über das Verhältnis zwischen Religion und Gesellschaft im Hohen Mittelalter. Wiesbaden 1984.

Herbers, Klaus: Der Jakobsweg. Mit einem mittelalterlichen Pilgerführer unterwegs nach Santiago de Compostela. Tübingen 1998.

Herbers, Klaus: »Wol auf sant Jacobs straßen!«. Pilgerfahrten und Zeugnisse des Jakobskultes in Süddeutschland. Ostfildern 2002.

Herbers, Klaus: Geschichte Spaniens im Mittelalter. Vom Westgotenreich bis zum Ende des 15. Jahrhunderts. Stuttgart 2006.

Herbers, Klaus: Jakobus – der Heilige Europas. Geschichte und Kultur der Pilgerfahrten nach Santiago de Compostela. Luzern, Düsseldorf 2007.

Herbers, Klaus: Jakobsweg – Geschichte und Kultur einer Pilgerfahrt. München 2007.

Herbers, Klaus: Geschichte des Papsttums im Mittelalter. Darmstadt 2012.

Herbers, Klaus (Hrsg.): Der Jakobsweg – Ein Pilgerführer aus dem 12. Jahrhundert. Stuttgart 2008.

Herbers, Klaus/Ohler, Norbert/Schimmelpfennig, Bernhard/Schneider, Bernhard/Thorau, Peter: Pilgerwege im Mittelalter. Darmstadt 2005.

Herbers, Klaus/Plötz, Robert: Nach Santiago zogen sie. Berichte von Pilgerfahrten ans »Ende der Welt«. München 1996.

Herbers, Klaus/Plötz, Robert: Die Strass zu Sankt Jakob. Der älteste deutsche Pilgerführer nach Santiago de Compostela. Ostfildern 2004.

Hielscher, Kurt: Das unbekannte Spanien. Leipzig 1942.

Hirler, Helmut: Castillos. 2007.

Höllhuber, Dietrich/Schäfke, Werner: Der Spanische Jakobsweg. Landschaft, Geschichte und Kunst auf dem Weg nach Santiago de Compostela. Köln 2004.

Horst, Ronny: Santiago de Compostela. Die Sakraltopographie der romanischen Jakobus-Kathedrale. Affalterbach 2012.

Hottinger, Arnold: Die Mauren. Arabische Kultur in Spanien. Zürich 1996.

Huchet, Patrick/Boëlle, Yvon: Les Chemins de Compostelle en Terre de France. Rennes 1997.

Huchet, Patrick: Les pèlerins de Compostelle. Mille ans d'histoire. Rennes 2010.

Huerta, Pedro Luis: Siete maravillas del románico español. Aguilar del Campoo 2009.

Huerta, Pedro Luis (Hrsg.): Maestros del románico en el Camino de Santiago. Aguilar de Campo 2010.

Illana Gutierrez, Laura/Fernandez Ferrero, Alberto: The Collegiate of Toro. Zamora 2005.

Iogna-Prat, Dominique/Lauwers, Michel/Mazel, Florian/Rosé, Isabelle (Hrsg.): Cluny-Les Moines et la Societé au Premier Âge Féodal. Rennes 2013.

Ippolito, Marguerite-Marie: L'Abbaye de Saint Martial de Limoges. Mille ans d'histoire. Paris 2011.

Iwersen, Julia: Wege der Esoterik – Ideen und Ziele. Freiburg, Basel, Wien 2003.

Joos, Raimund/Kasper, Michael: Nordspanien: Jakobsweg – Camino Primitivo. Welver 2009.

Joos, Raimund/Kasper, Michael: Spanien: Jakobsweg – Via de la Plata. Mozarabischer Jakobsweg. Welver 2011.

Junkelmann, Marcus: Die Reiter Roms. 3 Bde. Mainz 1990–1992.

Kaiser, Jürgen: Jakobswege in Deutschland. Stuttgart 2006.

Kaiser, Jürgen: Jakobswege in Europa. Stuttgart 2008.

Karge, Henrik: Die Kathedrale von Burgos und die spanische Architektur des 13. Jahrhunderts. Berlin 1989.

Kat. Cluny, Toulouse 2008.

Kat. Compostela and Europe. The Story of Diego Gemirez. Milano 2010.

Kat. Saint Sernin de Toulouse. Trésors et Métamorphoses. Deux siècles de restaurations 1802–1989. Toulouse/Paris 1990.

Kat. Wallfahrt kennt keine Grenzen. Bayerisches Nationalmuseum München. München Zürich 1984.

Kaufmann, Hans-Günther/Fink, Alois: Straßen nach Santiago de Compostela. Auf den Spuren der Jakobspilger. München o. J.

Kerkeling, Hape: Ich bin dann mal weg – Meine Reise auf dem Jakobsweg. München 2006.

Kingsley Porter, Arthur: Romanesque Sculpture of the Pilgrim Roads. Boston 1923.

Kirschbaum, Engelbert SJ: Lexikon der christlichen Ikonographie. 8 Bde. Freiburg 1968–1976.

Krauß, Heidi R.: Die Entstehung der Legende von Santiago de Compostela. Symbol der ordnungspolitischen Vorstellungen der spanischen Königreiche vom 8.–12. Jahrhundert. Magisterarbeit. Konstanz 2004.

Kriss-Rettenbeck, Lenz/Möhler, Gerda (Hrsg.): Wallfahrt kennt keine Grenzen. Themen zu einer Ausstellung des Bayerischen Nationalmuseums und des Adalbert Stifter Vereins, München. München, Zürich 1984.

Krüger, Jürgen: Die Grabeskirche zu Jerusalem. Geschichte – Gestalt – Bedeutung. München 2000.

Kubach, Hans Erich: Romanik: Rheinische Baukunst der Stauferzeit. DasTriforium und seine Parallelen in Frankreich. Köln 1934.

Kubach, Hans Erich: Romanik: Weltgeschichte der Architektur. Stuttgart 1986.

Kubach, Hans Erich/Köhler-Schommer, Isolde: Romanische Hallenkirchen in Europa. Mainz 1997.

Kubisch, Natascha: Der Jakobsweg nach Santiago de Compostela. Unterwegs zu Kunst und Kultur des Mittelalters. Darmstadt 2005.

Lacoste, Jacques: Les maîtres de la sculpture romane dans l'Espagne du pèlerinage à Compostelle. Editions Sud-Ouest. 2006.

Laffont, Robert (Ed.): Dictionnaire des Églises de France. T. I–V. Paris 1966–1971.

Latini, Riccardo: A Santiago – lungo la Via della Plata e il cammino sanabrese. Milano 2010.

Legler, Rolf: Südwestfrankreich. Köln 1978.

Legler, Rolf: Sternenstraße und Pilgerweg. Der Jakobskult von Santiago de Compostela – Wahrheit und Fälschung. Bergisch-Gladbach 1999.

Lange, Claudio: Der nackte Feind. Anti-Islam in der romanischen Kunst. Berlin 2004.

Lanzi, Gioia und Nando: Der Jakobsweg. Geschichte und Kultur. Darmstadt 2012.

Lelong, Charles: La Basilique Saint-Martin de Tours. Chambray-les-Tours 1986.

Leonardy, Heribert J./Kersten, Hendrik: Burgen in Spanien. Eine Reise ins spanische Mittelalter. Darmstadt 2002.

Les Sentiers de Grande Randonnée – Sentier de Saint-Jacques(-de Compostelle). Versch. Routen. Paris versch. Jahrgänge.

Lessing, Almuth (Hrsg.): Jerusalem – Wege in die heilige Stadt. Darmstadt 2000.

Lexikon des Mittelalters. München 2003.

Lipp, Wolfgang: Der Weg nach Santiago – Jakobuswege in Süddeutschland. Ulm 1997.

Lipp, Wolfgang: Das Erbe des Jakobus. Laupheim 2008.

Lomax, Derek W.: Die Reconquista in Spanien. München 1980.

López-Calo, José (Ed.): Los instrumentos del Pórtico de la Gloria. Su reconstrucción y la música de su tiempo. 2 Bde. La Coruña 1993.

López Martinez, Nicolás: Die Kathedrale von Burgos. Léon 2004.

Lougnot, Claude: Cluny – Pouvoirs de l'an mille. Paris, Dijon 1987.

Lutterbach, Hubertus: Sexualität im Mittelalter. Eine Kulturstudie anhand von Bußbüchern des 6. bis 12. Jahrhunderts. Köln, Weimar, Wien 1999.

MacLaine, Shirley: Der Jakobsweg: Eine spirituelle Reise. München 2001.

Mann, Janice: Romanesque Architecture and its Sculptural Decoration in Christian Spain 1000–1120. Toronto, Buffalo, London 2009.

Marten, Bettina: Der spanische Jakobsweg. Ein Kunst- und Kulturführer. Stuttgart 2011.

Martin Benito, José Ignacio/Mata Guerra, Juan Carlos de la/Regueras Grande, Fernando: Los Caminos de Santiago y la Iconografía Jacobea en el Norte de Zamora. Salamanca 1994.

Martinez Díez, Gonzalo: El Camino de Santiago en la Provincia de Burgos. Burgos 1998.

Meier, Frank: Gefürchtet und bestaunt. Vom Umgang mit dem Fremden im Mittelalter. Ostfildern 2007.

Metternich, Wolfgang: Bildhauerkunst des Mittelalters – Botschaften in Stein. Darmstadt 2008.

Metternich, Wolfgang: Teufel, Geister und Dämonen. Das Unheimliche in der Kunst des Mittelalters. Darmstadt 2011.

Metternich, Wolfgang: 1200 Jahre Pilgerfahrt nach Santiago de Compostela. Darmstadt 2012.

Meulen, Jan van der/Hohmeyer, Jürgen: Chartres – Biographie der Kathedrale. Köln 1984.

Meyer, Heinz: Geschichte der Reiterkrieger. Stuttgart, Berlin, Köln, Mainz 1982.

Mischlewski, Adalbert: Un ordre hospitalier au Moyen Age. Les chanoines réguliers de Saint-Antoine-en-Viennois. Grenoble 1995.

Mischlewski, Adalbert: Wer waren die Antoniter. Sonderdruck des Vereins für Geschichte und Altertumskunde. Frankfurt am Main-Höchst o. J.

Mitterauer, Michael: St. Jakob und der Sternenweg. Mittelalterliche Wurzeln einer großen Wallfahrt. Wien, Köln, Weimar 2014.

Mocellin, Géraldine: Chroniques d'un abbaye au Moyen Âge. Guérir L'Âme et le Corps. Saint Antoine l'Abbaye 2013.

Monreal y Tejada, Luis: Mittelalterliche Burgen in Spanien. Köln 1999.

Moulier, Pierre: La Basilique Notre Dame des Miracles de Mauriac. Nonette 2006.

Müller, Beatrix: Santa Maria la Real, Sangüesa (Navarra). Die Bauplastik Santa Marias und die Skulptur Navarras und Aragóns im 12. Jahrhundert – Rezeptor, Katalysator, Innovator? Diss. Berlin 1997.

Notteboom, Kees: Der Umweg nach Santiago. Frankfurt am Main 1996.

Novola Portela, Feliciano/Ayala Martinez, Carlos de: Ritterorden im Mittelalter. Darmstadt 2005.

Ohler, Norbert: Reisen im Mittelalter. München 1986.

Ohler, Norbert: Wallfahren in Mittelalter und Neuzeit. Düsseldorf 2003.

Ortigosa López, Carmelo: The Holy Sepulchre. Jacobean Year 2010 – Torres del Río (Navarra). Torres del Río (2010).

Oursel, Raymond: Routes Romanes. 3 Bde. Zodiaque MCMLXXXII.

Oursel, Raymond/Jean-Nesmy, Claude: Les Chemins de Compostelle. Zodiaque MCMLXXXIX.

Palol, Pedro de/Hirmer, Max: Spanien. Vom Westgotenreich bis zum Ende der Romanik. München 1965.

Pastor, Vicente (Ed.): Las Catedrales de Galicia. Léon 2005.

Paulus, Nikolaus: Geschichte des Ablasses. 3 Bde. Darmstadt 1922, 1923, Darmstadt 2000.

Pereira, Paulo: The Convent of Christ – Tomar. London 2009.

Rabanal Alonso, Manuel Abilio: El Camino de Santiago en Leon. Precedentes Romanos y Epoca Medieval. Leon 1992.

Rahlves, Friedrich: Kathedralen und Klöster in Spanien. Wiesbaden o. J.

Rave, Paul Ortwin: Der Emporenbau in romanischer und frühgotischer Zeit. Bonn, Leipzig 1924.

Regueras Grande, Fernando: Santa Marta de Tera. Monasterio e Iglesia Abadía y Palacio. Benavente 2005.

Rehbein, Elfriede: Zu Wasser und zu Lande. Die Geschichte des Verkehrswesens von den Anfängen bis zum Ende des 19. Jahrhunderts. Leipzig 1984.

Renoue, Marie/Dengreville, Renaud: Conques – moyenâgeuse, mystique, contemporeine. Rodez 1997.

Reseña Histórica del Pórtico de la Gloria de la S.A.M.I. Catedral de Santiago. 1870 (Reprint1993)

Rodriguz, Dom Abundio OSB/Lojendio, Dom Luis Maria de OSB: Castille Romane. 2 Bde. Zodiaque MCMLXVI.

Röper, Ursula/Treml, Martin (Hrsg.): Heiliges Grab – Heilige Gräber. Aktualität und Nachleben von Pilgerorten. Berlin 2014.

Rottloff, Andrea: Stärker als Männer und tapferer als Ritter. Pilgerinnen in Spätantike und Mittelalter. Darmstadt 2007.

Rotzetter, Anton: Lexikon Christlicher Spiritualität. Darmstadt 2008.

Rüffer, Jens: Die Kathedrale von Santiago de Compostela (1075–1211). Eine Quellenstudie. Freiburg, Berlin, Wien 2010.

Sainz Saiz, Javier: Arte Preromanico en Castilla y Leon. Leon 1999.

Sainz Saiz, Javier: El Románico en Burgos. Leon 2005.

Sanyal, Mithu M.: Vulva – Die Enthüllung des unsichtbaren Geschlechts. Berlin 2009.

Schlink, Wilhelm: Zwischen Cluny und Clairvaux. Die Kathedrale von Langres und die burgundische Architektur des 12. Jahrhunderts. Berlin 1970.

Schmaltz, Karl: Mater Ecclesiarum – Die Grabeskirche in Jerusalem. Straßburg 1918.

Schreiber, Hermann: Auf Römerstraßen durch Europa. München 1985.

Shaver-Crandell, Annie/Gerson, Paula: The Pilgrim's Guide to Santiago de Compostela. A Gazetteer with 580 Illustrations. London 1995.

Silva Costoyas, Rafael: El Pórtico de la Gloria. Autor e interpretacion. Santiago 1999.

Spath, Emil: Zeichen der Hoffnung. Das Heilige Grab im Konstanzer Münster II. Lindenberg 2007.

Sternenweg: Zeitschrift der Deutschen St. Jakobus-Gesellschaft e.V., versch. Jahrgänge.

Stoffel, Ruth: Faszination Jakobsweg. Mönche versus Komiker – zwei Reiseberichte im Vergleich. Bachelorarbeit in der Philosophischen Fakultät IV (Sprach- und Literaturwissenschaften) der Universität Regensburg. 2008.

Strecke, Reinhart: Romanische Kunst und epische Lebensform. Das Weltgericht von Sainte Foy in Conques-en-Rouergue. Berlin 2002.

Taylor, Gordon Rattray: Kulturgeschichte der Sexualität. Frankfurt am Main 1977.

Torres Feijó, Elias J. (Ed.): Os pousos da pedra – The stone sediments. Santiago de Compostela 2000.

Travail collectif, ASEM Histoire et Traditions: Eglise Sainte Marie de Mimizan. Histoire d'un Monument. Merignac 2012.

Trinks, Stefan: Actus et Imago. Antike und Avantgarde – Skulptur am Jakobsweg im 11. Jahrhundert: Jaca-Léon-Santiago. Berlin 2012.

Unceta, María: Die Kathedrale von Santiago de Compostela. Madrid 2004.

Valiña Sampedro, Elías et al.: Der Jakobsweg. Reiseführer für den Pilger. León, Madrid 1990.

Valiña, Elías: Pilgerführer für den Camino de Santiago. Vigo 1992.

Vazquez de Parga, Luis/Lacarra, Jose Maria/Uria Riu, Juan: Las Peregrinaciones a Santiago de Compostela. Tom. I–III, Madrid 1949.

Vázquez Gallego, Jesús: Los Hospitales del Camino Francés en Galicia. A Coruña 2001.

Vielliard, Jeanne: Le Guide du Pèlerin de Saint-Jacques de Compostelle. Paris 1984.

Viñayo Gonzalez, Antonio: Pintura Romanica. Panteon Real de San isidoro – Leon. Léon 1979.

Vones, Ludwig: Die »Historia Compostellana« und die Kirchenpolitik des nordwestspanischen Raumes 1070–1130. Köln, Wien 1980.

Voragine, Jacobus de: Legenda Aurea (Benz, Richard Hrsg.). Heidelberg 1975.

Voros, Christophe: Sites clunisiens en Europe. Saint Étienne 2013.

Wander- und Streckenführer zu den einzelnen Abschnitten des Jakobsweges.

Weir, Anthony/Jerman, James: Images of Lust. Sexual carvings on Medieval Churches. London 1986.

Wengel, Tassilo: Jakobswege in Deutschland. Unterwegs auf 10 berühmten Pilgerwegen. München 2010.

Westrup, Peter: Auf der Silberstraße – 800 Kilometer zu Fuß durch die endlosen Weiten Spaniens. Leipzig 2009.

Weyer, Renate und Helfried: Jakobsweg. Freiburg 2009.

Wolf, Norbert: Die Macht der Heiligen und ihrer Bilder. Stuttgart 2004.

Wollasch, Joachim: Cluny. Licht der Welt. Zürich, Düsseldorf 1996.

Yzquierda Perrín, Ramón: Santiago de Compostela en la Edad Media. 2002.

Yzquierdo Perrín, Ramón: Reconstrucción del Coro Pétreo del Maestro Mateo. Santiago de Compostela 1999.

Yzquierdo Perrín, Ramón (Ed.): Las Catedrales de Galicia. Léon 2005.

Yzquierda Perrín, Ramón: El Pórtico de la Gloria en la Catedral de Santiago. Léon 2010.

Zvardon, Frantisek/Bernhard, Joëlle: Der Jakobsweg aus der Luft. Petersberg 2010.

Zweidler, Reinhard: Der Frankenweg – Via Francigena. Der mittelalterliche Pilgerweg von Canterbury nach Rom. Stuttgart, Darmstadt 2003.

Register

Die Begriffe Jakobus (d. Ä.), Jakobsweg, Spanien und Santiago (de Compostela) werden nicht in das Register aufgenommen, da sie auf den meisten Seiten des Buches vorkommen.

Orte

A Coruña   61
Aachen   66, 88, 92, 109, 115, 188
Agen   112
Ägypten   142, 175
Al Andalus   32
Alarcos   47
Alet-les-Bains   91
Alexandria   16, 142, 171
Alfama   139
Allier   60
Almeria   40
Alto de Perdón   60, 163
Alto de San Antón   145
Amalfi   136
Amerika   48, 85
Amiens   66, 100
Anatolien   173
Antiochia   16, 173, 175
Apulien   39
Aquitanien   70, 98, 110
Aragón   35, 36, 100
Arles   64
Asien   85
Astorga   28 f., 56 f., 60, 70, 101, 138, 146, 150, 164
Asturien   29, 32, 34, 36, 115, 117
Äthiopien   171
Aubrac   62, 70, 150 f., 182
Australien   85
Autun   98
Avignon   146
Avila   124
Avilés   61

Badajoz   36
Balkan   7, 45
Barbastro   38
Bari   39, 113
Bayern   102, 182
Bayonne   64
Beauvais   101
Berg Tabor   12
Bern   64
Besançon   142
Beverley   82 f.
Biscaya   175
Blaye   92
Bodensee   69
Bologna   171
Bordeaux   25, 53, 56, 61, 64, 92, 111
Bourges   101, 183
Braga   28, 94, 97, 124
Brandenburg   102
Brindisi   113,
Britische Inseln   14, 98, 175
Briviesca   56 f., 66
Brixen   151
Brunete   49
Brüssel   66
Burgos   25, 29, 40, 56 f., 66, 70, 74, 76, 100 f., 140, 144, 146, 150, 156, 183
Burgund   78, 98, 180
Byzantinisches Reich   16, 39

Cahors   59, 63
Calahorra   32
Calatrava   13

Camargue   6
Carríon de los Condes   101, 136
Castro Urdiales   61
Castrojeriz   101, 142, 144f., 164, 184, 187
Cebreiro   57, 60, 70, 138, 164
Cervatos   74ff.
Cevennen   64
Chambéry   142
Charente   98
Chartres   25, 66, 92, 96, 100, 109, 183
Châteaudun   66
Chiemsee   67
Chile   48
China   45
Cirauqui   56, 184
Cisa-Pass (Roncesvalles)   53
Clavijo   30ff., 41ff., 47f., 180, 187
Clermont-Ferrand   38
Cluny   28, 93, 96ff., 106ff., 110, 122f., 127,
   130ff., 133ff., 139, 149, 176, 180
Coimbra   37f., 41, 91
Colmar   143
Compiègne   66
Compludo   187
Conques   53, 57, 62f., 88ff., 99f., 111, 121ff.,
   127, 185
Córdoba   27f., 32, 34, 36, 41, 47, 97f., 101, 111f.,
   138
Cruz de Ferro   60, 70, 164, 187
Częstochowa   73

Damaskus   173
Dauphiné   70, 142, 173
Deruta   143
Deutsches Reich   145
Deutschland   60, 66, 159
Didier-la-Motte   142f.
Duero   34, 36f., 43, 136, 175
Durham   97

Ebro   34, 56, 60
Einsiedeln   64, 93, 188
Elne   123
Emmaus   25, 148
England   63, 70
Ephesus   107
Étampes   25
Etschtal   67
Eunate   138

Europa   8, 27ff., 53, 57, 60, 63, 67, 84f., 98, 102,
   104, 110, 188
Evora   91
Extremadura   40

Fatima   73, 84, 168
Finisterre   164, 173, 181
Florenz   171
Frankfurt a. M.   66, 115
Frankfurt a. M.-Höchst   143
Frankreich   21, 60, 63, 66f., 88, 91, 93, 96, 98,
   100, 110, 117, 121, 123, 127f., 134, 137, 145,
   159, 181ff., 185f.
Freyburg/Unstrut   98
Fribourg   64
Frómista   74, 98, 136, 165, 184f.

Galizien   22, 27, 35f., 48, 60, 70, 97, 114, 117,
   164, 173, 175, 183
Gap   14
Gargano   73
Gasteiz   66
Gaugamela   45
Genf   64
Genfer See   60
Gormaz   34
Granada   42, 48, 133

Hattin   181
Heiliges Land   38, 61, 104, 113, 137, 170, 178
Helsinki   53
Hildesheim   93
Huesca   38
Hull   83

Innsbruck   14
Irago   60, 70, 138
Iria Flavia (Padrón)   27, 114, 117f., 175, 121, 179
Irland   70, 77, 79
Issos   45
Istanbul   45f., 53
Italien   87, 98, 134, 140, 145, 151, 154

Jaca   98, 124, 164
Jerusalem   8, 13, 16, 19, 27, 29, 39, 60, 63, 83,
   94ff., 105, 109, 113, 121, 133, 136f. 149,
   169f., 172ff., 181
Jordan   15
Judäa   13

Kairo   171
Kantabrisches Gebirge   60 f.
Kastilien   35 f., 40, 134, 152
Katalonien   35
Kaukasien   45
Kiew   53
Kilpeck   77
Knock   73
Köln   66, 98, 171
Konstantinopel   16, 48, 142, 173
Konstanz   63 f., 182

L'Hôpital-St.Blaise   97
Laag   150, 153
Landes   70
Languedoc   62, 64, 98
Las Navas de Tolosa   138, 140
Lateinamerika   31, 48, 159
Lausanne   64, 188
Le-Puy-en-Velay   53, 60, 62, 66, 98, 109, 182
Léon   29, 34, 36, 40, 46, 56, 61, 70, 98, 100 f.,
    103, 105, 124, 134, 140, 146, 150, 156, 164
Lérida   40
Limoges   88 f., 121, 127
Lincoln   79
Lissabon   40
Logroño   56, 144, 146
Loire   66
Lombardei   173
Lot   60, 63
Lothringen   145
Lourdes   73, 84, 168
Lugo   28, 56 f., 61, 91, 97
Luzern   64

Macon   130
Madrid   50, 144
Magdeburg   93
Mahr   151
Mainz   66
Málaga   36
Manjarín   188
Mantzikert   39
Maragatería   57
Marcilhac   90 f.
Maria Laach   78
Marokko   39, 140 f.
Marrakesch   39
Mauriac   77

Meersen   117
Mekka   171
Melle   111
Mérida   36, 57, 134
Mimizan   24 ff.
Minsk   53
Missunde   67
Moissac   53, 63, 78, 98, 106 f., 127
Moletta   113
Mondoñedo   97
Monreale   98
Monte San Antonio   145
Montes Aquilanos   164
Montes de Oca   60, 138
Montesa   139
Montmajour   143
Montpellier   53
Moskau   53
München   67, 143

Nájera   136, 153
Navarra   34, 36, 57, 67, 138, 143
Neuvy-St. Sépulchre   96
Nevers   91
Niederburgund   64
Niederlande   66
Niederrhein   185
Nonstal   67
Nürnberg   63

Oberbayern   67, 154, 185
Ölberg   12
Olite   145
Oloron   97
Orient   44 f.
Orléans   66, 105
Ostabat   53
Österreich   182
Otranto   78
Ourense   22 f., 97, 144
Oviedo   25, 29, 61, 66, 105 f., 118

Padrón (s. Iria Flavia)
Palas del Rei   75, 80, 184
Palästina   107, 113, 175
Pamplona   25, 28, 34, 56, 60, 100 f., 124, 136,
    146, 163
Paris   66, 105, 109
Parthenay   54, 66, 111

Périgueux   53, 92
Perugia   144
Philippinen   159
Pisa   96 f., 171
Poitiers   53, 66, 77, 98, 111
Poitou   54, 66
Polen   73
Pompeji   45
Ponferrada   137 f.
Portomarin   75, 184
Portugal   97, 139, 154, 159
Preußen   38
Prien   68
Provence   20, 62 ff.
Puente la Reina   53, 59 f., 66
Pyrenäen   28, 58, 64, 69 f., 87, 97 f., 103, 117,
    137, 163 f., 183

Quercy   62

Rabanal   138
Ravenna   15 ff.
Regensburg   115
Reims   66, 91, 100
Rhein   45, 60
Rhône   60, 64, 142, 173, 182
Ribemont   117
Rioja   31, 34, 56, 66, 70, 98, 137, 163
Rocaforte   141
Rocamadour   93, 109
Rom   16, 27, 29, 46 f., 63, 71, 83, 95, 107 ff.,
    120 f., 127 f., 133 f., 149, 158, 169 ff., 173,
    176 ff.
Romeno   67, 151
Roncesvalles   20, 57, 60, 63 f., 67, 163, 173, 188
Ronda   36
Rosenheim   67
Russland   7

Sagrajas   40
Sahagún   124, 135 f.
Saintes   53, 64
Salamanca   57, 136
Samos, Kloster   49, 149
San Bartolomé   141
San Juan de la Peña   100, 136
San Juan de Ortega   60
San Salvador de Valdediós   118
San Sébastian   61, 66

Sanguësa   77, 100, 141
Sant'Antimo   93
Santa Marta de Tera   23 ff., 156
Santander   61
Santo Domingo de la Calzada   59, 140, 154, 173
Santo Domingo de Silos   25, 98, 148
Schlei   67
Schleswig   67
Schwaben   102
Schweiz   67, 69, 182
Seeon   67
Serbien   173
Sevilla   47, 57, 114, 133, 138
Sidon   45 f.
Siena   171
Simancas   33
Sinai   17
Sizilien   38
Skandinavien   63, 66, 87
Soissons   66
Somport-Pass   53, 57, 60, 63 f., 164
Speyer   97
St. Antoine l'Abbaye   103, 142 ff., 173, 188
St. Denis   92
St. Florian   150
St. Gallen   149
St. Gaudens   91
St. Gilles-du-Gard   53, 63 f., 93
St. Guilhem-le-Désert   64, 93
St. Jean d'Angély   53, 110
St. Jean de Sorde   152
St. Léonard-de-Noblat   53
St. Maximin   62, 110
Süditalien   38
Südtirol   150, 153
Susa   44
Syrien   45

Tabor, Berg   117, 124 f., 185
Tafers   64
Tajo   37, 40
Tarn   60
Tarragona   78
Tempzin   143
Toledo   28, 35, 39 f., 97, 116 f., 124, 133, 136,
    175 f., 180
Torenöli   64
Toro   43 f., 180
Torres del Río   98, 138

Tortosa   40 f.
Toskana   93
Toulouse   8, 11, 18 ff., 53, 64, 78, 88 ff., 92 f., 96,
   98 f., 103, 113, 121, 124, 127, 154, 173 f., 183
Tournus   93, 121
Tours   53, 63, 66, 88, 102, 109, 111
Trabadelo   165
Tramin   151
Trani   113
Trentino   67
Trient   67
Trier   66
Tschechen   182
Tuntenhausen   88

Ukraine   7
Ulm   63
Ungarn   173
Urschalling   68

Val d'Isère   173
Valencia   37, 40

Valenciennes   66
Valladolid   33
Vallejo de Mena   70
Vatikan   14, 51
Venedig   171, 173
Verdun   117
Verona   171
Vézelay   53 f., 61 f., 92, 98, 110, 185
Vienne   143
Villafranca del Bierzo   103, 136
Villaverde   136
Vintschgau   67

Walsingham   102
Wetzlar   123
Wilsnack, Bad   102
Worms   180

Zamora   23
Zaragoza   36, 37, 56, 137
Zentralmassiv   60, 69, 77

Personen

Abd ar-Rahman II.   32
Abd ar-Rahman III.   33, 36
Abraham   147
Al-Hakam   97
Al-Hakim   95
Al-Mansur bi-llah   34, 36, 118
Alberti, Giovanni Battista   128
Alcuin   111
Alexander II., Papst   38 f.
Alexander III., Papst   161
Alexander VI., Papst   170, 173
Alfons I., König von Aragón   137
Alfons I., König von Portugal   132
Alfons II. König von Asturien   27, 114 ff., 118
Alfons III. d. Große, König von Asturien   117 f.
Alfons VI. König von Kastilien   40, 119 f., 123,
   126 f., 132 ff., 136, 179
Alfons VII. König von Kastilien   35, 121, 126 f.,
   132, 142

Almohaden   15, 41, 47, 133, 175
Almoraviden   15, 39, 40 f., 47, 119, 123, 133,
   137, 175
Alphäus   20
Amadour/Amator   109
Ammann. Jost   157
Anat/Astarte   45
Andreas, Apostel   12, 16 f.
Antoniter   67, 141 f., 144, 146, 187
Antonius Eremita, Heiliger   23, 103, 142 ff.
Antonius von Padua, Heiliger   144
Aristoteles   171
Arnold von Harff   63, 156, 170 ff.
Arsenios von Jerusalem   17
Augustiner   176
Avitus von Braga   175
Aymeric Picaud   54 f., 59, 61 ff., 66, 74 ff., 80,
   87, 91 f., 104 f., 109 ff., 113, 120, 123 f., 128,
   152, 176, 183, 188

Baal   45
Barnabas (Josef), Apostel   17, 103
Bartholomäus, Apostel   12, 16f.
Basileios I., Kaiser   95
Beatus von Liébana   44, 115
Beham, Sebald   146
Benedikt von Aniane, Heiliger   115
Benedikt von Nursia, Heiliger   130, 148f.
Benedikt XVI., Papst   85, 161
Benediktiner   129, 139
Bernard Sauvetat   136
Bernhard d. Ä.   123
Bernhard von Clairvaux   23, 61, 81, 109f., 129
Berthold von Regensburg   141
Boneth, Pedro   43
Bonifaz VIII., Papst   62, 110
Braunfels, Wolfgang   10
Breydenbach, Bernhard   171f.
Burchard von Worms   80

Calixtus II., Papst   40, 54, 127, 134, 161, 180
Chlodwig   111
Coelho, Paulo   162, 168
Cresconius II.   119, 121, 123, 176f.
Cucufaz, Heiliger   28, 124

Dali, Salvador   100
Dalmatius   134
Diego I. Pelaéz   119, 120, 123
Diego II. Gelmirez   8, 25ff., 35, 40f., 46f., 53f.,
     60, 94, 97, 104, 111, 120f., 123ff., 127f.,
     132ff., 144, 161, 170, 174ff., 179ff.
Diokletian   47
Dominikaner   139
Doña Mayor   59
Drake, Sir Francis   71, 174
Dürer, Albrecht   151

Eberhard der Pilger   68
Egeria   175
Elias   117, 125
Elipand von Toledo   115
Esteban (Stephan)   124

Fagildus   120
Falkenstein, Grafen von   68
Ferdinand II., König von Aragon   48
Fernando I., König von Léon   37f., 133, 136
Fides, Heiliger   111f., 123f.

Franco, Francisco   8, 49, 50f., 85, 160
Franz von Assisi, Heiliger   139ff.
Franziskaner   139ff.
Friedrich I. Barbarossa, Kaiser   64
Fructuosus, Heiliger   28, 124

Georg, Heiliger   38, 47
Gerald von Aurillac   136
Gereon, Heiliger   38
Godeschalc von Le Puy   66
Gottschalk   155
Gregor VII., Papst   39, 121, 177
Guerra Campos, José   118

Heinrich der Löwe   181
Heinrich I., König von England   133
Heinrich II., König von England   61
Heinrich IV., Kaiser   133
Hennig, Kurt   10
Herbers, Klaus   26
Hermann Künig von Vach   63, 64, 103, 138,
     146, 153, 171
Herodes Agrippa I.   13, 27
Hieronymus, Kirchenvater   12
Hischam II.   118
Hischam III.   36
Hrabanus Maurus   171
Hugo von Cluny, Abt   29, 106, 126f., 129,
     132f., 180

Ilsung, Sebastian   103
Innozenz II., Papst   54, 133
Innozenz IV.   142
Isabella I., Königin von Kastilien   48
Isidor von Sevilla   114, 171

Jakob, Erzvater   1
Jakobus d. J., Apostel   12, 17, 20, 103
Jakobus, Herrenbruder   11f.
Jesuiten   142
Jesus Christus   10ff., 15ff., 21, 23, 25, 29,
     104f., 109ff., 117, 129, 148, 170
Jesus Sirach   148
Johannes der Täufer   15, 110f., 115f., 118,
     136
Johannes I., Tzimiskes, Kaiser   95
Johannes Paul II., Papst   14, 85, 161
Johannes von Würzburg   175
Johannes, Apostel   12, 17, 107, 109, 115ff., 125

Josef, Ziehvater Jesu   11
Joses, »Bruder« Jesu   11
Josua   47
Judas Ischarioth, Apostel   12, 16 f.
Judas Thaddäus, Apostel   17, 103
Judas, »Bruder« Jesu   11
Justinian   107

Karl der Große, Kaiser   20, 63, 92, 109 ff.,
   115 f.
Karl II. von Anjou   62, 110
Kerkeling, Hape   162, 166
Kingsley Porter, Arthur   98
Kirschbaum, Engelbert   10
Kolumban, Heiliger   119
Kolumbus, Christoph   48
Konstantin der Große, Kaiser   94
Konstanze   132
Kubach, Hans Erich   93

Lacarra, Jose M.   26
Las Navas de Tolosa   47
Legler, Rolf   10
Leinberger, Hans   143
Leo IX., Papst   121, 176 f.
Leo XIII., Papst   12, 71, 174
Leo, Papst   27
Levi, s. Matthäus   12
Ludwig I., der Fromme, Kaiser   117
Ludwig VII., König von Frankreich   181
Lukas, Evangelist   16, 117
Lupa, Königin   27, 114
Luther, Martin   71, 141, 151, 159

MacLaine, Shirley   85, 162, 168
Maiolus   132
Makedonen   45
Mandeville, John   171
Marcio, Pedro   33, 35
Maria Kl(e)opas   11
Maria Magdalena   10 f., 61 f., 110, 125
Maria von Bethanien   11
Maria, Mutter Jesu   10 f., 109
Mariano die Antonio di Francesco Nutolo   144
Markus, Evangelist,   16, 117
Martin, Heiliger   38, 66, 109, 111
Mateo, Meister   43, 125, 127, 144
Matthäus, Evangelist   16, 117
Matthäus-Levi, Apostel   12, 17

Matthias, Apostel   16 f.
Mauritius, Heiliger   38
Mauro, Abt   49
Meister von Rabenden   67, 143
Michael, Heiliger   38
Mischlewski, Adalbert   145
Moralejo, Serafin   121
Moses   117, 125
Muhammad an-Nasir (Miramolin)   140 f.

Napoleon Bonaparte   160
Narmer   44
Nikolaus von Myra   14, 112

Odilo   132

Paulus, Apostel   12, 15 ff., 29, 120 f., 170,
   177 f.
Payá y Rico, Miguel   71
Pelayo   114
Peter Andouque   136
Petrus von Pamplona   124
Petrus, Apostel   12, 15, 16, 17, 29, 105, 109,
   115 ff., 120 f., 125, 170, 175, 177 f.
Philipp IV., König von Spanien   49
Philippe II. Auguste, König von Frankreich
   61, 110
Philippus, Apostel   12, 16 f., 103
Picasso, Pablo   100
Pippin I, König von Aquitanien   110
Pius VI., Papst   142
Pius XII., Papst   51
Plinius d. Ä.   171

Raimund von Burgund   123, 127
Ramiro I., König von Asturien   32
Ramiro II., König von Léon   33
Richard Löwenherz, König von England   61, 110
Robert Guiscard   39
Robert I., Herzog von Burgund   13
Robert, Baumeister   123
Rodrigo Diaz de Vivar, »El Cid«   40
Romanos III., Kaiser   95

Salome, Schwester Mariae   12
Salomo   172
Sancho II., König von Kastilien   119
Sancho III. der Große, König von Navarra
   28, 34, 57, 59, 66, 134

San Roque (Rochus, Heiliger)   145
Santo Domingo de la Calzada, Heiliger   60
Santos Noia, Manuel   26
Schongauer, Martin   41
Seldschuken   107
Shakespeare, William   189
Simeon   174
Simon Zelotes, Apostel   16 f., 103
Simon, »Bruder« Jesu   11
Sisnand I.   118
Sixtus III., Papst   46
Sixtus V., Papst   14
Stephan, Heiliger   119,
Susanna, Heilige   28, 124
Sylvester, Heiliger   28, 119, 124

Teresa von Avila, Heilige   49
Theodemir, Bischof   27, 114
Thomas Becket, Heiliger   61
Thomas von Celano   140f.

Thomas, Apostel   12, 16
Timur Lenk   107

Uracca, Königin von Léon   40
Urban II., Papst   39, 113, 133f.
Uria Riu, Juan   26

Vasquez de Parga, Luis   26
Veronika, Heilige   109
Victor, Heiliger   38

Wilhelm I. von Aquitanien   130
Winido   154

Yaqub al-Mansur   47
Yusuf oibn Taschfin   39f.

Zachäus   109
Zebedäus   12, 21
Zisterzienser   130, 139, 142

Abbildungsnachweis

Breydenbach, Bernhard von: Peregrinatio in terram sanctam. Mainz 1486: S. 172

Caucci von Saucen, Paolo: Santiago de Compostela – Pilgerwege. Augsburg 1996: S. 62

https://de.wikipedia.org/wiki/Geschichte_Spaniens/media/File:Al-Andalus-de-910.jpg: S. 33

https://de.wikipedia.org/wiki/Jakobsweg/media/File:Ways_of_St._James_in_Europe.png: S. 8

Krüger, Jürgen: Die Grabeskirche zu Jerusalem. Geschichte-Gestalt-Bedeutung. Regensburg 2000: S. 95

Secretaria General de Turismo: Der Jakobsweg, Madrid 1987: S. 58

Tasselli, Domenico: Album di San Pietro. 1605. Biblioteca Vaticana, A 64 ter, ff. 13r, 15r: S. 178

Williams, John: The Basilica in Compostela and the Way of Pilgrimage. In: Kat. Compostela and Europe. The Story of Diego Gelmirez. Mailand 2010 (Bearbeitet von W. Metternich): S. 116

Alle anderen Abbildungen stammen vom Verfasser.

Trotz sorgfältiger Recherche ist es nicht immer möglich, die Inhaber von Urheberrechten zu ermitteln. Berechtigte Ansprüche werden selbstverständlich im Rahmen der üblichen Vereinbarungen abgeglichen.